OEUVRES

DE

VOLTAIRE.

TOME III.

DE L'IMPRIMERIE DE A. FIRMIN DIDOT,
RUE JACOB, N° 24.

OEUVRES
DE
VOLTAIRE

AVEC

PRÉFACES, AVERTISSEMENTS,
NOTES, ETC.

PAR M. BEUCHOT.

———

TOME III.

THÉATRE.—TOME II.

A PARIS,

CHEZ LEFÈVRE, LIBRAIRE,
RUE DE L'ÉPERON, N° 6.

FIRMIN DIDOT-FRÈRES, RUE JACOB, N° 24.

WERDET ET LEQUIEN FILS,
RUE DU BATTOIR, N° 20.

M DCCC XXX.

ÉRIPHYLE,

TRAGÉDIE
EN CINQ ACTES,

REPRÉSENTÉE, POUR LA PREMIÈRE FOIS, LE 7 MARS 1732.

AVERTISSEMENT

DES ÉDITEURS DE KEHL.

Cette pièce fut jouée avec succès en 1732, quoique l'ombre d'Amphiaraüs et les cris d'Ériphyle immolée par son fils ne pussent produire d'effet sur un théâtre alors rempli de spectateurs. Malgré ce succès, M. de Voltaire, plus difficile que ses critiques, vit tous les défauts d'*Ériphyle*; Il retira la pièce, ne voulut point la donner au public, et fit *Sémiramis*.

Nous donnons *Ériphyle* d'après un manuscrit trouvé dans les papiers de M. de Voltaire [1]. Il ne peut y avoir d'autres variantes dans cette tragédie que les changements faits par l'auteur entre les représentations. Nous en avons rassemblé les principales, d'après les copies les plus correctes [2].

On a indiqué par des astérisques * les vers d'*Ériphyle* que M. de Voltaire a placés dans d'autres tragédies.

[1] Cette pièce parut pour la première fois en 1779 avec cette étrange note: *Pièce que l'auteur s'était opposé qu'elle fût imprimée de son vivant.*

Il est probable que cette première édition furtive a été faite à Paris, d'après la copie que Le Kain avait de cette tragédie. Ce grand acteur était mort en 1778, presque en même temps que M. de Voltaire. Long-temps auparavant, il m'avait permis d'en prendre une copie, que je portai à Ferney, en 1777. Je la remis à M. de Voltaire, qui n'avait rien conservé de cette tragédie. C'est cette même copie, retrouvée dans ses papiers, après sa mort, qui a servi pour l'édition de Kehl. (*Note de M. Decroix.*)

[2] D'après un manuscrit de Longchamp, et que feu Decroix regardait comme le véritable texte d'*Ériphyle*, je donne de cette pièce une édition bien différente de toutes celles qui ont paru. La suppression du rôle du grand-prêtre (voyez la lettre à Formont, du 25 juin 1732), et un cinquième acte tout nouveau, sont les changements les plus considérables. Quelquefois des vers ont été changés de scènes. Pour ne point laisser de regrets au lecteur, j'ai, à quelques mots près, mis en variante ce qui n'était pas conservé de l'ancien texte.

Voltaire, dans sa lettre à Thieriot, du 15 mai 1733, parle d'une dédicace à l'abbé Franchini, qui paraît perdue.

Le *Mercure* de mars 1732 contient un *Mémoire sur Ériphyle*, par M. L. D. M., réimprimé dans l'*Almanach littéraire* de 1780, pages 55-62. Boissy fit représenter, le 20 mars 1732, sur le théâtre de la Foire, le *Triomphe de l'ignorance*, opéra-comique en un acte, non imprimé, dans lequel il y avait des traits contre *Ériphyle*. B.

DISCOURS

PRONONCÉ

AVANT LA REPRÉSENTATION D'*ÉRIPHYLE*.

Juges plus éclairés que ceux qui dans Athène
Firent naître et fleurir les lois de Melpomène ;
Daignez encourager des jeux et des écrits
Qui de votre suffrage attendent tout leur prix.
De vos décisions le flambeau salutaire
Est le guide assuré qui mène à l'art de plaire :
En vain contre son juge un auteur mutiné
Vous accuse ou se plaint quand il est condamné ;
Un peu tumultueux, mais juste et respectable,
Ce tribunal est libre, et toujours équitable.

Si l'on vit quelquefois des écrits ennuyeux
Trouver par d'heureux traits grace devant vos yeux,
Ils n'obtinrent jamais grace en votre mémoire :
Applaudis sans mérite, ils sont restés sans gloire ;
Et vous vous empressez seulement à cueillir
Ces fleurs que vous sentez qu'un moment va flétrir.
D'un acteur quelquefois la séduisante adresse
D'un vers dur et sans grace adoucit la rudesse ;
Des défauts embellis ne vous révoltent plus :
C'est Baron qu'on aimait, ce n'est pas Régulus [1].
Sous le nom de Couvreur, Constance [2] a pu paraître ;
Le public est séduit ; mais alors il doit l'être ;

---

[1] *Régulus*, tragédie de Pradon, jouée en 1688, plus de vingt fois de suite, dit Léris. B.

[2] Nom d'un des personnages de l'*Inès de Castro*, tragédie de La Motte, jouée en 1723. B.

Et, se livrant lui-même à ce charmant attrait,
Écoute avec plaisir ce qu'il lit à regret.

Souvent vous démêlez, dans un nouvel ouvrage,
De l'or faux et du vrai le trompeur assemblage :
On vous voit tour à tour applaudir, réprouver,
Et pardonner sa chute à qui peut s'élever.

Des sons fiers et hardis du théâtre tragique,
Paris court avec joie aux graces du comique.
C'est là qu'il veut qu'on change et d'esprit et de ton :
Il se plaît au naïf, il s'égaie au bouffon;
Mais il aime surtout qu'une main libre et sûre
Trace des mœurs du temps la riante peinture.
Ainsi dans ce sentier, avant lui peu battu,
Molière en se jouant conduit à la vertu.

Folâtrant quelquefois sous un habit grotesque,
Une muse descend au faux goût du burlesque :
On peut à ce caprice en passant s'abaisser,
Moins pour être applaudi, que pour se délasser.
Heureux ces purs écrits que la sagesse anime,
Qui font rire l'esprit, qu'on aime et qu'on estime!
Tel est du *Glorieux*[1] le chaste et sage auteur :
Dans ses vers épurés la vertu parle au cœur.
Voilà ce qui nous plaît, voilà ce qui nous touche;
Et non ces froids bons mots dont l'honneur s'effarouche,
Insipide entretien des plus grossiers esprits,
Qui font naître à-la-fois le rire et le mépris.
Ah! qu'à jamais la scène, ou sublime ou plaisante,
Soit des vertus du monde une école charmante!

Français, c'est dans ces lieux qu'on vous peint tour à tour
La grandeur des héros, les dangers de l'amour.
Souffrez que la terreur aujourd'hui reparaisse;

---

[1] Le *Glorieux* de Destouches avait été joué le 18 janvier 1732. B.

Que d'Eschyle au tombeau l'audace ici renaisse.
Si l'on a trop osé, si dans nos faibles chants,
Sur des tons trop hardis nous montons nos accents,
Ne découragez point un effort téméraire.
Eh! peut-on trop oser quand on cherche à vous plaire?
Daignez vous transporter dans ces temps, dans ces lieux,
Chez ces premiers humains vivant avec les dieux :
Et que votre raison se ramène à des fables
Que Sophocle et la Grèce ont rendu vénérables.
Vous n'aurez point ici ce poison si flatteur
Que la main de l'Amour apprête avec douceur.

Souvent dans l'art d'aimer Melpomène avilie,
Farda ses nobles traits du pinceau de Thalie.
On vit des courtisans, des héros déguisés,
Pousser de froids soupirs en madrigaux usés.
Non, ce n'est point ainsi qu'il est permis qu'on aime;
L'amour n'est excusé que quand il est extrême.
Mais ne vous plairez-vous qu'aux fureurs des amants,
A leurs pleurs, à leur joie, à leurs emportements?
N'est-il point d'autres coups pour ébranler une ame?
Sans les flambeaux d'amour, il est des traits de flamme
Il est des sentiments, des vertus, des malheurs,
Qui d'un cœur élevé savent tirer des pleurs.
Aux sublimes accents des chantres de la Grèce
On s'attendrit en homme, on pleure sans faiblesse;
Mais pour suivre les pas de ces premiers auteurs,
De ce spectacle utile illustres inventeurs,
Il faudrait pouvoir joindre en sa fougue tragique,
L'élégance moderne avec la force antique.
D'un œil critique et juste il faut s'examiner,
Se corriger cent fois, ne se rien pardonner;
Et soi-même avec fruit se jugeant par avance,
Par ses sévérités gagner votre indulgence.

PERSONNAGES.

ÉRIPHYLE, reine d'Argos, veuve d'Amphiaraüs.
ALCMÉON, jeune guerrier, fils inconnu d'Amphiaraüs et d'Ériphyle.
HERMOGIDE, prince du sang royal d'Argos.
THÉANDRE, vieillard qui a élevé Alcméon et dont il est cru le père.
POLÉMON, officier de la maison de la reine.
ZÉLONIDE, confidente de la reine.
EUPHORBE, confident d'Hermogide.
L'OMBRE D'AMPHIARAÜS.
CHŒUR D'ARGIENS.
PRÊTRES DU TEMPLE.
SOLDATS D'ALCMÉON.
SOLDATS D'HERMOGIDE.

La scène est à Argos, dans le parvis qui sépare le temple de Jupiter et le palais de la reine.

ÉRIPHYLE.

ACTE PREMIER.

SCÈNE I.

HERMOGIDE, EUPHORBE.

HERMOGIDE.

Tous les chefs sont d'accord, et dans ce jour tranquille,
Argos attend un roi de la main d'Ériphyle;
Nous verrons si le sort qui m'outrage et me nuit,
De vingt ans de travaux m'arrachera le fruit.

EUPHORBE.

A ce terme fatal Ériphyle amenée,
Ne peut plus reculer son second hyménée;
Argos l'en sollicite, et la voix de nos dieux
Soutient la voix du peuple et parle avec nos vœux.
Chacun sait cet oracle et cet ordre suprême
Qu'Ériphyle autrefois a reçu des dieux même :
« Lorsqu'en un même jour deux rois seront vaincus,
« Tes mains rallumeront le flambeau d'hyménée;
« Attends jusqu'à ce jour; attends la destinée
« Et du peuple, et du trône, et du sang d'Inachus. »
Ce jour est arrivé; votre élève intrépide
A vaincu les deux rois de Pilos et d'Élide.

HERMOGIDE.

Eh! c'est un des sujets du trouble où tu me vois,

Qu'un autre qu'Hermogide ait pu vaincre ces rois;
Que la fortune, ailleurs occupant mon courage,
Ait au jeune Alcméon laissé cet avantage.
Ce fils d'un citoyen, ce superbe Alcméon,
Par ses nouveaux exploits semble égaler mon nom :
La reine le protége; on l'aime : il peut me nuire;
Et j'ignore aujourd'hui si je peux le détruire.
Sans lui, toute l'armée était en mon pouvoir.
Des chefs et des soldats je tentais le devoir.
Je marchais au palais, je m'expliquais en maître;
Je saisissais un bien que je perdrai peut-être.

EUPHORBE.

Mais qui choisir que vous? cet empire aujourd'hui
Demande votre bras pour lui servir d'appui.
Ériphyle et le peuple ont besoin d'Hermogide;
Seul vous êtes du sang d'Inachus et d'Alcide;
Et pour donner le sceptre elle ne peut choisir
Des tyrans étrangers, armés pour le ravir.

HERMOGIDE.

Elle me doit sa main : je l'ai bien méritée;
A force d'attentats je l'ai trop achetée.
Sa foi m'était promise avant qu'Amphiaraüs
Vînt ravir à mes vœux l'empire d'Inachus.
Ce rival odieux, indigne de lui plaire,
L'arrachant à ma foi, l'obtint des mains d'un père.
Mais il a peu joui de cet auguste rang;
Mon bras désespéré se baigna dans son sang.
Elle le sait, l'ingrate, et du moins en son ame
Ses vœux favorisaient et mon crime et ma flamme.
Je poursuivis partout le sang de mon rival :
J'exterminai le fruit de son hymen fatal;

J'en effaçai la trace. Un voile heureux et sombre
Couvrait tous ces forfaits du secret de son ombre.
Ériphyle elle-même ignore le destin
De ce fils qu'à tes yeux j'immolai de ma main.
Son époux et son fils privés de la lumière,
Du trône à mon courage entr'ouvraient la barrière,
Quand la main de nos dieux la ferma sous mes pas.
J'avais pour moi mon nom, la reine, les soldats.
Mais la voix de ces dieux, ou plutôt de nos prêtres,
M'a dépouillé vingt ans du rang de mes ancêtres.
Il fallut succomber aux superstitions
Qui sont bien plus que nous les rois des nations.
Un oracle, un pontife, une voix fanatique,
Sont plus forts que mon bras et que ma politique;
Et ce fatal oracle a pu seul m'arrêter
Au pied du même trône où je devais monter.

EUPHORBE.

Vous n'avez jusqu'ici rien perdu qu'un vain titre :
Seul, des destins d'Argos on vous a vu l'arbitre.
Le trône d'Ériphyle aurait tombé sans vous.
L'intérêt de l'état vous nomme son époux :
Elle ne sera pas sans doute assez hardie
Pour oser hasarder le secret qui vous lie.
Votre pouvoir sur elle...

HERMOGIDE.

         Ah ! sans dissimuler,
Tout mon pouvoir se borne à la faire trembler.
Elle est femme, elle est faible ; elle a, d'un œil timide,
D'un époux immolé regardé l'homicide.
J'ai laissé, malgré moi, par le sort entraîné,
Le loisir des remords à son cœur étonné.

Elle voit mes forfaits, et non plus mes services ;
Il me faut en secret dévorer ses caprices ;
Et son amour pour moi semble s'être effacé
Dans le sang d'un époux que mon bras a versé.

EUPHORBE.

L'aimeriez-vous encor, seigneur, et cette flamme...

HERMOGIDE.

Moi ! que cette faiblesse ait amolli mon ame !
Hermogide amoureux ! ah ! qui veut être roi
Ou n'est pas fait pour l'être, ou n'aime rien que soi.
A la reine engagé, je pris sur sa jeunesse
Cet heureux ascendant que les soins, la souplesse,
L'attention, le temps, savent si bien donner
Sur un cœur sans dessein, facile à gouverner.
Le bandeau de l'amour et l'art trompeur de plaire,
De mes vastes desseins ont voilé le mystère ;
Mais de tout temps, ami, la soif de la grandeur
Fut le seul sentiment qui régna dans mon cœur.
Il est temps aujourd'hui que mon sort se décide :
Je n'aurai pas en vain commis un parricide.
J'attends la reine ici : pour la dernière fois,
Je viens voir si l'ingrate ose oublier mes droits,
Si je dois de sa main tenir le diadême,
Ou, pour le mieux saisir, me venger d'elle-même :
Mais on ouvre chez elle.

SCÈNE II.

HERMOGIDE, EUPHORBE, ZÉLONIDE.

HERMOGIDE.

Eh bien, puis-je savoir

Si la reine aujourd'hui se résout à me voir ?
Si je puis obtenir un instant d'audience ?

ZÉLONIDE.

Ah ! daignez de la reine éviter la présence.
En proie aux noirs chagrins qui viennent la troubler,
Ériphyle, seigneur, peut-elle vous parler ?
Solitaire, accablée, et fuyant tout le monde,
Ces lieux seuls sont témoins de sa douleur profonde.
Daignez vous dérober à ses yeux éperdus.

HERMOGIDE.

Il suffit, Zélonide, et j'entends ce refus.
J'épargne à ses regards un objet qui la gêne ;
Hermogide irrité respecte encor la reine ;
Mais, malgré mon respect, vous pouvez l'assurer
Qu'il serait dangereux de me désespérer.

(Il sort avec Euphorbe.)

SCÈNE III.

ÉRIPHYLE, ZÉLONIDE.

ZÉLONIDE.

La voici. Quel effroi trouble son ame émue !

ÉRIPHYLE.

Dieux ! écartez la main sur ma tête étendue.
Quel spectre épouvantable en tous lieux me poursuit !
Quels dieux l'ont déchaîné de l'éternelle nuit ?
Je l'ai vu : ce n'est point une erreur passagère
Que produit du sommeil la vapeur mensongère.
Le sommeil à mes yeux refusant ses douceurs,
N'a point sur mon esprit répandu ses erreurs.
Je l'ai vu... je le vois... il vient... cruel, arrête !

Quel est ce fer sanglant que tu tiens sur ma tête?
Il me montre sa tombe, il m'appelle, et son sang
Ruisselle sur ce marbre, et coule de son flanc.
Eh bien! m'entraînes-tu dans l'éternel abîme?
Portes-tu le trépas? Viens-tu punir le crime?

ZÉLONIDE.

Pour un hymen, ô ciel! quel appareil affreux!
Ce jour semblait pour vous des jours le plus heureux.

ÉRIPHYLE.

Qu'on détruise à jamais ces pompes solennelles.
Quelles mains s'uniraient à mes mains criminelles?
Je ne puis...

ZÉLONIDE.

Hermogide, en ce palais rendu,
S'attendait aujourd'hui...

ÉRIPHYLE.

Quel nom prononces-tu?
Hermogide, grands dieux! lui de qui la furie
Empoisonna les jours de ma fatale vie;
Hermogide! ah! sans lui, sans ses indignes feux,
Mon cœur, mon triste cœur eût été vertueux.

ZÉLONIDE.

Quoi! toujours le remords vous presse et vous tourmente?

ÉRIPHYLE.

Pardonne, Amphiaraüs, pardonne, ombre sanglante!
Cesse de m'effrayer du sein de ce tombeau:
Je n'ai point dans tes flancs enfoncé le couteau;
Je n'ai point consenti... que dis-je? misérable!

ZÉLONIDE.

De la mort d'un époux vous n'êtes point coupable [2].
Pourquoi toujours d'un autre adopter les forfaits?

ÉRIPHYLE.

Ah ! je les ai permis : c'est moi qui les ai faits.

ZÉLONIDE.

Lorsque le roi périt, lorsque la destinée
Vous affranchit des lois d'un injuste hyménée,
Vous sortiez de l'enfance, et de vos tristes jours
Seize printemps à peine avaient formé le cours.

ÉRIPHYLE.

C'est cet âge fatal et sans expérience,
Ouvert aux passions, faible, plein d'imprudence ;
C'est cet âge indiscret qui fit tout mon malheur.
Un traître avait surpris le chemin de mon cœur :
L'aurais-tu pu penser que ce fier Hermogide,
Race des demi-dieux, issu du sang d'Alcide,
Sous l'appât d'un amour si tendre, si flatteur,
Des plus noirs sentiments cachât la profondeur ?
On lui promit ma main : ce cœur faible et sincère,
Dans ses rapides vœux soumis aux lois d'un père,
Trompé par son devoir et trop tôt enflammé,
Brûla pour un barbare indigne d'être aimé :
Et quand sous d'autres lois il fallut me contraindre,
Mes feux trop allumés ne pouvaient plus s'éteindre[3].
Amphiaraüs en vain me demanda ma foi,
Et l'empire d'un cœur qui n'était plus à moi.
L'amour qui m'aveuglait... ah ! quelle erreur m'abuse !
L'amour aux attentats doit-il servir d'excuse ?
Objet de mes remords, objet de ma pitié,
Demi-dieu dont je fus la coupable moitié,
Je portai dans tes bras une ardeur étrangère ;
J'écoutai le cruel qui m'avait trop su plaire.
Il répandit sur nous et sur notre union

La discorde, la haine et la confusion.
Cette soif de régner, dont il brûlait dans l'ame,
De son coupable amour empoisonnait la flamme :
Je vis le coup affreux qu'il allait te porter,
Et je n'osai lever le bras pour l'arrêter.
Ma faiblesse a conduit les coups du parricide !
C'est moi qui t'immolai par la main d'Hermogide.
Venge-toi, mais du moins songe avec quelle horreur
J'ai reçu l'ennemi qui fut mon séducteur.
Je m'abhorre moi-même, et je me rends justice :
Je t'ai déjà vengé; mon crime est mon supplice.

ZÉLONIDE.

N'écarterez-vous point ce cruel souvenir ?
Des fureurs d'un barbare ardente à vous punir,
N'effacerez-vous point cette image si noire ?
Ce meurtre est ignoré; perdez-en la mémoire.

ÉRIPHYLE.

Tu vois trop que les dieux ne l'ont point oublié.
O sang de mon époux ! comment t'ai-je expié ?
Ainsi donc j'ai comblé mon crime et ma misère.
J'eus autrefois les noms et d'épouse et de mère,
Zélonide ! Ah ! grands dieux ! que m'avait fait mon fils ?

ZÉLONIDE.

Le destin le comptait parmi vos ennemis.
Le ciel que vous craignez vous protége et vous aime ;
Il vous fit voir ce fils armé contre vous-même ;
Par un secret oracle il vous dit que sa main....

ÉRIPHYLE.

Que n'a-t-il pu remplir son horrible destin !
Que ne m'a-t-il ôté cette vie odieuse ?

ZÉLONIDE.

Vivez, régnez, madame.

ÉRIPHYLE.

Eh! pour qui, malheureuse?
Mes jours, mes tristes jours, de trouble environnés,
Consumés dans les pleurs, de crainte empoisonnés,
D'un malheur tout nouveau renaissantes victimes,
Étaient-ils d'un tel prix? valaient-ils tant de crimes?
Je l'arrachai pleurant de mes bras maternels :
J'abandonnai son sort au plus vil des mortels.
J'ôte à mon fils son trône, à mon époux la vie;
Mais ma seule faiblesse a fait ma barbarie.

SCÈNE IV.

ÉRIPHYLE, ZÉLONIDE, POLÉMON.

ÉRIPHYLE.

Eh bien, cher Polémon, qu'avez-vous vu? parlez.
Tous les chefs de l'état, au palais assemblés,
Exigent-ils de moi que dans cette journée
J'allume les flambeaux d'un nouvel hyménée?
Veulent-ils m'y forcer? ne puis-je obtenir d'eux
Le temps de consulter et mon cœur et mes vœux?

POLÉMON.

Je ne le puis céler : l'état demande un maître;
Déjà les factions commencent à renaître;
Tous ces chefs dangereux, l'un de l'autre ennemis,
Divisés d'intérêt et pour le crime unis,
Par leurs prétentions, leurs brigues et leurs haines,
De l'état qui chancelle embarrassent les rênes.

Le peuple impatient commence à s'alarmer:
Il a besoin d'un maître, il pourrait le nommer.
Veuve d'Amphiaraüs, et digne de ce titre,
De ces grands différents et la cause et l'arbitre,
Reine, daignez d'Argos accomplir les souhaits.
Que le droit de régner soit un de vos bienfaits;
Que votre voix décide, et que cet hyménée
De la Grèce et de vous règle la destinée.

ÉRIPHYLE.

Pour qui penche ce peuple?

POLÉMON.

Il attend votre choix:
Mais on sait qu'Hermogide est du sang de nos rois.
Du souverain pouvoir il est dépositaire;
Cet hymen à l'état semble être nécessaire.
Vous le savez assez : ce prince ambitieux [4],
Sûr de ses droits au trône, et fier de ses aïeux,
Sans le frein que l'oracle a mis à son audace,
Eût malgré vous peut-être occupé cette place.

ÉRIPHYLE.

On veut que je l'épouse, et qu'il soit votre roi.

POLÉMON.

Madame, avec respect nous suivrons votre loi;
Prononcez, mais songez quelle en sera la suite!

ÉRIPHYLE.

Extrémité fatale où je me vois réduite!
Quoi! le peuple en effet penche de son côté!

POLÉMON.

Ce prince est peu chéri, mais il est respecté.
On croit qu'à son hymen il vous faudra souscrire;
Mais, madame, on le croit plus qu'on ne le desire.

ÉRIPHYLE.
Ainsi de faire un choix on m'impose la loi[5] !
On le veut ; j'y souscris ; je vais nommer un roi.
Aux états assemblés portez cette nouvelle.
(Polémon sort.)

SCÈNE V.

ÉRIPHYLE, ZÉLONIDE.

ÉRIPHYLE.
Je sens que je succombe à ma douleur mortelle.
Alcméon ne vient point. L'a-t-on fait avertir ?
ZÉLONIDE.
Déjà du camp des rois il aura dû partir.
Quoi, madame, à ce nom votre douleur redouble[6] !
ÉRIPHYLE.
Je n'éprouvai jamais de plus funeste trouble.
Si du moins Alcméon paraissait à mes yeux !
ZÉLONIDE.
Il est l'appui d'Argos, il est chéri des dieux.
ÉRIPHYLE.
Ce n'est qu'en sa vertu que j'ai quelque espérance.
Puisse-t-il de sa reine embrasser la défense !
Puisse-t-il me sauver de tous mes ennemis !
O dieux de mon époux ! et vous, dieux de mon fils !
Prenez de cet état les rênes languissantes ;
Remettez-les vous-même en des mains innocentes ;
Ou si dans ce grand jour il me faut déclarer,
Conduisez donc mon cœur, et daignez l'inspirer.

FIN DU PREMIER ACTE.

ACTE SECOND.

SCÈNE I.
ALCMÉON, THÉANDRE.

THÉANDRE.

Alcméon, c'est vous perdre. Avez-vous oublié [7]
Que de votre destin ma main seule eut pitié?
Ah! trop jeune imprudent, songez-vous qui vous êtes?
Apprenez à cacher vos ardeurs indiscrètes.
De vos desirs secrets l'orgueil présomptueux
Éclate malgré vous, et parle dans vos yeux;
Et j'ai tremblé cent fois que la reine offensée
Ne punît de vos vœux la fureur insensée.
Qui? vous! jeter sur elle un œil audacieux?
Vous le fils de Phaon! Esclave ambitieux,
Faut-il vous voir ôter, par vos fougueux caprices,
L'honneur de vos exploits, le fruit de vos services,
Le prix de tant de sang versé dans les combats?

ALCMÉON.

Pardonne, cher ami, je ne me connais pas [8].
Je l'avoue; oui, la reine et la grandeur suprême
Emportent tous mes vœux au-delà de moi-même.
J'ignore pour quel roi ce bras a triomphé:
Mais, pressé d'un dépit avec peine étouffé,
A mon cœur étonné c'est un secret outrage
Qu'un autre enlève ici le prix de mon courage;
Que ce trône ébranlé, dont je fus le rempart,

Dépende d'un coup d'œil, ou se donne au hasard.
Que dis-je? hélas! peut-être est-il le prix du crime!
Mais non, n'écoutons point le transport qui m'anime;
Hermogide... à quel roi me faut-il obéir [9]?
Quoi! toujours respecter ceux que l'on doit haïr!
Ah! si la vertu seule, et non pas la naissance...

THÉANDRE.

Écoutez. J'ai sauvé, j'ai chéri votre enfance [10];
Je vous tins lieu de père, orgueilleux Alcméon;
J'en eus l'autorité, la tendresse et le nom,
Vous passez pour mon fils; la fortune sévère,
Inégale en ses dons, pour vous marâtre et mère,
De vos jours conservés voulut mêler le fil
De l'éclat le plus grand et du sort le plus vil.
Sous le nom de soldat et du fils de Théandre [11],
Aux honneurs d'un sujet vous avez pu prétendre.
Vouloir monter plus haut, c'est tomber sans retour.
On saura le secret que je cachais au jour;
Les yeux de cent rivaux éclairés par leurs haines
Verront sous vos lauriers les marques de vos chaînes.
Reconnu, méprisé, vous serez aujourd'hui
La fable des états dont vous étiez l'appui.

ALCMÉON.

Ah! c'est ce qui m'accable et qui me désespère.
Il faut rougir de moi, trembler au nom d'un père;
Me cacher par faiblesse aux moindres citoyens,
Et reprocher ma vie à ceux dont je la tiens.
Préjugé malheureux! éclatante chimère
Que l'orgueil inventa, que le faible révère,
Par qui je vois languir le mérite abattu
Aux pieds d'un prince indigne, ou d'un grand sans vertu.

* Les mortels sont égaux : ce n'est point la naissance,
* C'est la seule vertu qui fait leur différence.
C'est elle qui met l'homme au rang des demi-dieux ;
* Et qui sert son pays n'a pas besoin d'aïeux.
Princes, rois, la fortune a fait votre partage :
Mes grandeurs sont à moi ; mon sort est mon ouvrage :
Et ces fers si honteux, ces fers où je naquis,
Je les ai fait porter aux mains des ennemis.
* Je n'ai plus rien du sang qui m'a donné la vie ;
* Il a dans les combats coulé pour la patrie :
* Je vois ce que je suis et non ce que je fus,
* Et crois valoir au moins des rois que j'ai vaincus.

THÉANDRE.

Alcméon, croyez-moi, l'orgueil qui vous inspire,
Que je dois condamner, et que pourtant j'admire,
Ce principe éclatant de tant d'exploits fameux,
En vous rendant si grand, vous fait trop malheureux.
Contentez-vous, mon fils, de votre destinée [12] ;
D'une gloire assez haute elle est environnée.
On doit...

ALCMÉON.

Non, je ne puis ; au point où je me voi
Le faîte des grandeurs n'est plus trop haut pour moi.
Je le vois d'un œil fixe, et mon ame affermie
S'élève d'autant plus que j'eus plus d'infamie.
A l'aspect d'Hermogide une secrète horreur
Malgré moi, dès long-temps, s'empara de mon cœur ;
Et cette aversion, que je retiens à peine,
S'irrite et me transporte au seul nom de la reine.

THÉANDRE.

Dissimulez du moins.

SCÈNE II.

ALCMÉON, THÉANDRE, POLÉMON.

POLÉMON.
           La reine en cet instant
Veut ici vous parler d'un objet important.
Elle vient; il s'agit du salut de l'empire.
ALCMÉON.
Elle épouse Hermogide! Eh! qu'a-t-elle à me dire [13]?
THÉANDRE.
Modérez ces transports. Sachez vous retenir.
ALCMÉON.
Pour la dernière fois je vais l'entretenir.

SCÈNE III.

ÉRIPHYLE, ALCMÉON, ZÉLONIDE, suite.

ÉRIPHYLE.
C'est à vous, Alcméon, c'est à votre victoire
Qu'Argos doit son bonheur, Ériphyle sa gloire.
C'est par vous que, maîtresse et du trône et de moi,
Dans ces murs relevés je puis choisir un roi.
Mais, prête à le nommer, ma juste prévoyance
Veut s'assurer ici de votre obéissance.
J'ai de nommer un roi le dangereux honneur:
Faites plus, Alcméon, soyez son défenseur.
ALCMÉON.
D'un prix trop glorieux ma vie est honorée:
A vous servir, madame, elle fut consacrée.

* Je vous devais mon sang, et quand je l'ai versé,
* Puisqu'il coula pour vous, je fus récompensé.
Mais telle est de mon sort la dure violence,
Qu'il faut que je vous trompe ou que je vous offense.
Reine, je vais parler : des rois humiliés
Briguent votre suffrage et tombent à vos pieds ;
Tout vous rit : que pourrais-je, en ce séjour tranquille,
Vous offrir qu'un vain zèle et qu'un bras inutile ?
Laissez-moi fuir des lieux où le destin jaloux
Me ferait, malgré moi, trop coupable envers vous.

ÉRIPHYLE.

Vous me quittez ! ô dieux ! dans quel temps !

ALCMÉON.

Les orages
Ont cessé de gronder sur ces heureux rivages ;
Ma main les écarta. La Grèce en ce grand jour
Va voir enfin l'Hymen, et peut-être l'Amour,
Par votre auguste voix nommer un nouveau maître.
Reine, jusqu'aujourd'hui vous avez pu connaître
Quelle fidélité m'attachait à vos lois,
Quel zèle inaltérable échauffait mes exploits.
J'espérais à jamais vivre sous votre empire :
Mes vœux pourraient changer, et j'ose ici vous dire
Que cet heureux époux, sur ce trône monté,
Éprouverait en moi moins de fidélité ;
Et qu'un sujet soumis, dévoué, plein de zèle,
Peut-être à d'autres lois deviendrait un rebelle.

ÉRIPHYLE.

Vous, vivre loin de moi ? vous, quitter mes états [14] ?
La vertu m'est trop chère, ah ! ne me fuyez pas.
Que craignez-vous ? parlez : il faut ne me rien taire.

ACTE II, SCÈNE III.

ALCMÉON.

Je ne dois point lever un regard téméraire
Sur les secrets du trône, et sur ces nouveaux nœuds
Préparés par vos mains pour un roi trop heureux.
Mais de ce jour enfin la pompe solennelle
De votre choix au peuple annonce la nouvelle.
Ce secret dans Argos est déjà répandu :
Princesse, à cet hymen on s'était attendu [15] ;
Ce choix sans doute est juste, et la raison le guide ;
Mais je ne serai point le sujet d'Hermogide.
Voilà mes sentiments : et mon bras aujourd'hui,
Ayant vaincu pour vous, ne peut servir sous lui.
Punissez ma fierté, d'autant plus condamnable,
Qu'ayant osé paraître, elle est inébranlable.

(Il veut sortir.)

ÉRIPHYLE.

Alcméon, demeurez ; j'atteste ici les dieux,
Ces dieux qui sur le crime ouvrent toujours les yeux,
Qu'Hermogide jamais ne sera votre maître ;
Sachez que c'est à vous à l'empêcher de l'être :
Et contre ses rivaux, et surtout contre lui,
Songez que votre reine implore votre appui.

ALCMÉON.

Qu'entends-je ! ah ! disposez de mon sang, de ma vie.
Que je meure à vos pieds en vous ayant servie !
Que ma mort soit utile au bonheur de vos jours !

ÉRIPHYLE.

C'est de vous seul ici que j'attends du secours.
Allez : assurez-vous des soldats dont le zèle
Se montre à me servir aussi prompt que fidèle.
Que de tous vos amis ces murs soient entourés ;

Qu'à tout événement leurs bras soient préparés.
Dans l'horreur où je suis, sachez que je suis prête
A marcher s'il le faut, à mourir à leur tête.
Allez.

SCÈNE IV.

ÉRIPHYLE, ZÉLONIDE, suite.

ZÉLONIDE.

Que faites-vous? Quel est votre dessein?
Que veut cet ordre affreux?

ÉRIPHYLE.

Ah! je succombe enfin.
Dieux! comme en lui parlant, mon ame déchirée
Par des nœuds inconnus se sentait attirée!
De quels charmes secrets mon cœur est combattu!
Quel état!... Achevons ce que j'ai résolu.
Je le veux : étouffons ces indignes alarmes.

ZÉLONIDE.

Vous parlez d'Alcméon, et vous versez des larmes!
Que je crains qu'en secret une fatale erreur...

ÉRIPHYLE.

Ah! que jamais l'amour ne rentre dans mon cœur!
Il m'en a trop coûté : que ce poison funeste
De mes jours languissants ne trouble point le reste!
Zélonide, sans lui, sans ses coupables feux [16],
Mon sort dans l'innocence eût coulé trop heureux.
Mes malheurs ont été le prix de mes tendresses.
Ah! barbare! est-ce à toi d'éprouver des faiblesses?
Déchiré des remords qui viennent m'alarmer,
Ce cœur plein d'amertume est-il fait pour aimer?

ZÉLONIDE.

Eh! qui peut à l'amour nous rendre inaccessibles [17]!
Les cœurs des malheureux n'en sont que plus sensibles.
L'adversité rend faible, et peut-être aujourd'hui...

ÉRIPHYLE.

*Non, ce n'est point l'amour qui m'entraîne vers lui;
Non, un dieu plus puissant me contraint à me rendre.
L'amour est-il si pur? l'amour est-il si tendre [18]?
Je l'ai connu cruel, injuste, plein d'horreur,
Entraînant après lui le meurtre et la fureur.
Irais-je encor brûler d'une ardeur insensée?
Mais, hélas! puis-je lire au fond de ma pensée?
Ces nouveaux sentiments qui m'ont su captiver,
Dont je nourris le germe, et que j'ose approuver;
Peut-être ils n'ont pour moi qu'une douceur trompeuse;
Peut-être ils me feraient coupable et malheureuse.

ZÉLONIDE.

Dans une heure au plus tard on attend votre choix.
Qu'avez-vous résolu?

ÉRIPHYLE.

D'être juste une fois.

ZÉLONIDE.

Si vous vous abaissez jusqu'au fils de Théandre,
D'Amphiaraüs encor c'est outrager la cendre.

ÉRIPHYLE.

Cendres de mon époux, mânes d'Amphiaraüs,
Mânes ensanglantés, ne me poursuivez plus!
Sur tous mes sentiments le repentir l'emporte:
L'équité dans mon cœur est enfin la plus forte.
Je suis mère, et je sens que mon malheureux fils
Joint sa voix à la vôtre et sa plainte à vos cris.

Nature, dans mon cœur si long-temps combattue,
Sentiments partagés d'une mère éperdue,
Tendre ressouvenir, amour de mon devoir,
Reprenez sur mon ame un absolu pouvoir.
Moi régner! moi bannir l'héritier véritable!
Ce sceptre ensanglanté pèse à ma main coupable.
Réparons tout : allons; et vous, dieux dont je sors,
Pardonnez des forfaits moindres que mes remords.
(à sa suite.)
Qu'on cherche Polémon. Ciel! que vois-je? Hermogide!

SCÈNE V.

ÉRIPHYLE, HERMOGIDE, ZÉLONIDE, EUPHORBE, SUITE DE LA REINE.

HERMOGIDE.

Madame, je vois trop le transport qui vous guide;
Je vois que votre cœur sait peu dissimuler;
Mais les moments sont chers, et je dois vous parler.
Souffrez de mon respect un conseil salutaire;
Votre destin dépend du choix qu'il vous faut faire.
Je ne viens point ici rappeler des serments
Dictés par votre père, effacés par le temps;
Mon cœur, ainsi que vous, doit oublier, madame,
Les jours infortunés d'une inutile flamme;
Et je rougirais trop, et pour vous, et pour moi,
Si c'était à l'amour à nous donner un roi.
*Un sentiment plus digne et de l'un et de l'autre
*Doit gouverner mon sort et commander au vôtre.
*Vos aïeux et les miens, les dieux dont nous sortons,
*Cet état périssant si nous nous divisons;

Le sang qui nous a joints, l'intérêt qui nous lie,
*Nos ennemis communs, l'amour de la patrie,
Votre pouvoir, le mien, tous deux à redouter,
Ce sont là les conseils qu'il vous faut écouter.
Bannissez pour jamais un souvenir funeste;
Le présent nous appelle, oublions tout le reste.
Le passé n'est plus rien : maître de l'avenir,
Le grand art de régner doit seul nous réunir.
*Les plaintes, les regrets, les vœux, sont inutiles :
*C'est par la fermeté qu'on rend les dieux faciles.
*Ce fantôme odieux qui vous trouble en ce jour [19],
*Qui naquit de la crainte, et l'enfante à son tour,
*Doit-il nous alarmer par tous ses vains prestiges?
*Pour qui ne les craint point, il n'est point de prodiges :
*Ils sont l'appât grossier des peuples ignorants,
*L'invention du fourbe, et le mépris des grands.
Pensez en roi, madame, et laissez au vulgaire
Des superstitions le joug imaginaire.

ÉRIPHYLE.

Quoi! vous...

HERMOGIDE.

Encore un mot, madame, et je me tais.
Le seul bien de l'état doit remplir vos souhaits :
Vous n'avez plus les noms et d'épouse et de mère,
Le ciel vous honora d'un plus grand caractère,
Vous régnez; mais songez qu'Argos demande un roi.
Vous avez à choisir, vos ennemis, ou moi;
Moi, né près de ce trône, et dont la main sanglante
A soutenu quinze ans sa grandeur chancelante;
Moi, dis-je, ou l'un des rois, sans force et sans appui,
Que mon lieutenant seul a vaincus aujourd'hui.

*Je me connais; je sais que, blanchi sous les armes,
*Ce front triste et sévère a pour vous peu de charmes.
*Je sais que vos appas, encor dans leur printemps,
*Devraient s'effaroucher de l'hiver de mes ans :
*Mais la raison d'état connaît peu ces caprices;
*Et de ce front guerrier les nobles cicatrices
*Ne peuvent se couvrir que du bandeau des rois.
Vous connaissez mon rang, mes attentats, mes droits;
Sachant ce que j'ai fait, et voyant où j'aspire,
Vous me devez, madame, ou la mort ou l'empire.
Quoi ! vos yeux sont en pleurs; et vos esprits troublés...

ÉRIPHYLE.

Non, seigneur, je me rends; mes destins sont réglés :
On le veut, il le faut; ce peuple me l'ordonne,
C'en est fait : à mon sort, seigneur, je m'abandonne.
Vous, lorsque le soleil descendra dans les flots,
Trouvez-vous dans ce temple avec les chefs d'Argos.
A mes aïeux, à vous, je vais rendre justice :
Je prétends qu'à mon choix l'univers applaudisse;
Et vous pourrez juger si ce cœur abattu
Sait conserver sa gloire et chérit la vertu.

HERMOGIDE.

Mais, madame, voyez....

ÉRIPHYLE.

Dans mon inquiétude,
Mon esprit a besoin d'un peu de solitude;
Mais jusqu'à ces moments que mon ordre a fixés,
Si je suis reine encor, seigneur, obéissez.

SCÈNE VI.
HERMOGIDE, EUPHORBE.

HERMOGIDE.

Demeure : ce n'est pas au gré de son caprice
Qu'il faut que ma fortune et que mon cœur fléchisse ;
Et je n'ai pas versé tout le sang de mes rois,
Pour dépendre aujourd'hui du hasard de son choix.
Parle : as-tu disposé cette troupe intrépide,
Ces compagnons hardis du destin d'Hermogide ?
Contre la reine même osent-ils me servir ?

EUPHORBE.

Pour vos intérêts seuls ils sont prêts à périr.

HERMOGIDE.

Je saurai me sauver du reproche et du blâme
D'attendre pour régner les bontés d'une femme.
Je fus vingt ans sans maître, et ne puis obéir.
Le fruit de tant de soins est lent à recueillir.
Mais enfin l'heure approche, et c'était trop attendre [20]
Pour suivre Amphiaraüs ou régner sur sa cendre.
Mon destin se décide ; et si le premier pas
Ne m'élève à l'empire, il m'entraîne au trépas.
*Entre le trône et moi tu vois le précipice :
*Allons, que ma fortune y tombe, ou le franchisse.

FIN DU SECOND ACTE.

ACTE TROISIÈME.

SCÈNE I.

HERMOGIDE, EUPHORBE, SUITE D'HERMOGIDE.

HERMOGIDE.

Voici l'instant fatal où, dans ce temple même,
La reine avec sa main donne son diadême.
Euphorbe, ou je me trompe, ou de bien des horreurs
Ces dangereux moments sont les avant-coureurs.

EUPHORBE.

Polémon de sa part flatte votre espérance.

HERMOGIDE.

Polémon veut en vain tromper ma défiance [21].

EUPHORBE.

En faveur de vos droits ce peuple enfin s'unit ;
Du trône devant vous le chemin s'aplanit ;
Argos, par votre main, faite à la servitude,
Long-temps de votre joug prit l'heureuse habitude :
Nos chefs seront pour vous.

HERMOGIDE.

     Je compte sur leur foi,
Tant que leur intérêt les peut joindre avec moi.
Mais surtout Alcméon me trouble et m'importune [22] ;
Son destin, je l'avoue, étonne ma fortune.
Je le crains malgré moi. La naissance et le sang
Séparent pour jamais sa bassesse et mon rang ;
Cependant par son nom ma grandeur est ternie ;

Son ascendant vainqueur impose à mon génie :
Son seul aspect ici commence à m'alarmer.
Je le hais d'autant plus qu'il sait se faire aimer,
Que des peuples séduits l'estime est son partage;
Sa gloire m'avilit, et sa vertu m'outrage.
Je ne sais, mais le nom de ce fier citoyen,
Tout obscur qu'il était, semble égaler le mien.
Et moi, près de ce trône où je dois seul prétendre,
* J'ai lassé ma fortune à force de l'attendre.
Mon crédit, mon pouvoir adoré si long-temps,
N'est qu'un colosse énorme ébranlé par les ans,
Qui penche vers sa chute, et dont le poids immense
Veut, pour se soutenir, la suprême puissance [23] :
Mais du moins en tombant je saurai me venger [24].

EUPHORBE.
Qu'allez-vous faire ici ?

HERMOGIDE.
              Ne plus rien ménager;
Déchirer, s'il le faut, le voile heureux et sombre
Qui couvrit mes forfaits du secret de son ombre;
Les justifier tous par un nouvel effort,
Par les plus grands succès, ou la plus belle mort,
Et, dans le désespoir où je vois qu'on m'entraîne,
Ma fureur... Mais on entre, et j'aperçois la reine.

SCÈNE II.

ÉRIPHYLE, ALCMÉON, HERMOGIDE,
POLÉMON, EUPHORBE, chœur d'argiens.

ALCMÉON.
Oui, ce peuple, madame, et les chefs, et les rois,

Sont prêts à confirmer, à chérir votre choix ;
Et je viens, en leur nom, présenter leur hommage
A votre heureux époux, leur maître, et votre ouvrage.
Ce jour va de la Grèce assurer le repos.

ÉRIPHYLE.

Vous, chefs qui m'écoutez, et vous, peuple d'Argos,
Qui venez en ces lieux reconnaître l'empire
Du nouveau souverain que ma main doit élire,
Je n'ai point à choisir : je n'ai plus qu'à quitter
Un sceptre que mes mains n'avaient pas dû porter.
Votre maître est vivant, mon fils respire encore.
Ce fils infortuné, qu'à sa première aurore,
Par un trépas soudain vous crûtes enlevé,
Loin des yeux de sa mère en secret élevé [25],
Fut porté, fut nourri dans l'enceinte sacrée,
Dont le ciel à mon sexe a défendu l'entrée.
Celui que je chargeai de ses tristes destins,
Ignorait quel dépôt fut mis entre ses mains.
Je voulus qu'avec lui renfermé dès l'enfance,
Mon fils de ses parents n'eût jamais connaissance.
Mon amour maternel, timide et curieux,
A cent fois sur sa vie interrogé les cieux ;
Aujourd'hui même encore, ils m'ont dit qu'il respire.
Je vais mettre en ses mains mes jours et mon empire.
Je sais trop que ce dieu, maître éternel des cieux,
Jupiter, dont l'oracle est présent en ces lieux,
Me prédit, m'assura, que ce fils sanguinaire
Porterait le poignard dans le sein de sa mère.
Puisse aujourd'hui, grand dieu, l'effort que je me fais,
Vaincre l'affreux destin qui l'entraîne aux forfaits !
Oui, peuple, je le veux : oui, le roi va paraître :

Je vais à le montrer obliger le grand-prêtre.
Les dieux qui m'ont parlé veillent encor sur lui.
Ce secret au grand jour va briller aujourd'hui.
De mon fils désormais il n'est rien que je craigne;
Qu'on me rende mon fils, qu'il m'immole, et qu'il règne.

HERMOGIDE.

Peuple, chefs, il faut donc m'expliquer à mon tour :
L'affreuse vérité va donc paraître au jour.
Ce fils qu'on redemande afin de mieux m'exclure,
Cet enfant dangereux, l'horreur de la nature,
Né pour le parricide, et dont la cruauté
Devait verser le sang du sein qui l'a porté :
Il n'est plus. Son supplice a prévenu son crime.

ÉRIPHYLE.

Ciel !

HERMOGIDE.

Aux portes du temple on frappa la victime.
Celui qui l'enlevait le suivit au tombeau [26].
Il fallait étouffer ce monstre en son berceau;
A la reine, à l'état, son sang fut nécessaire;
Les dieux le demandaient : je servis leur colère.
Peuple, n'en doutez point : Euphorbe, Nicétas,
Sont les secrets témoins de ce juste trépas.
J'atteste mes aïeux et ce jour qui m'éclaire,
Que j'immolai le fils, que j'ai sauvé la mère;
Que si ce sang coupable a coulé sous nos coups,
J'ai prodigué le mien pour la Grèce et pour vous.
Vous m'en devez le prix : vous voulez tous un maître;
L'oracle en promet un, je vais périr ou l'être;
Je vais venger mes droits contre un roi supposé;
Je vais rompre un vain charme à moi seul opposé.

Soldat par mes travaux, et roi par ma naissance,
De vingt ans de combats j'attends la récompense.
Je vous ai tous servis. Ce rang des demi-dieux
Défendu par mon bras, fondé par mes aïeux,
Cimenté de mon sang, doit être mon partage.
Je le tiendrai de vous, de moi, de mon courage,
De ces dieux dont je sors, et qui seront pour moi.
Amis, suivez mes pas, et servez votre roi.

(Il sort suivi des siens.)

SCÈNE III.

ÉRIPHYLE, ALCMÉON, POLÉMON, chœur d'argiens.

ÉRIPHYLE.

Où suis-je? de quels traits le cruel m'a frappée!
Mon fils ne serait plus! Dieux! m'auriez-vous trompée?
(à Polémon.)
Et vous que j'ai chargé de rechercher son sort...

POLÉMON.

On l'ignore en ce temple, et sans doute il est mort.

ALCMÉON.

Reine, c'est trop souffrir qu'un monstre vous outrage :
Confondez son orgueil et punissez sa rage.
Tous vos guerriers sont prêts, permettez que mon bras...

ÉRIPHYLE.

Es-tu lassé, Fortune? Est-ce assez d'attentats?
Ah! trop malheureux fils, et toi, cendre sacrée,
Cendre de mon époux de vengeance altérée,
Mânes sanglants, faut-il que votre meurtrier
Règne sur votre tombe et soit votre héritier?

Le temps, le péril presse, il faut donner l'empire.
Un dieu dans ce moment, un dieu parle et m'inspire.
Je cède ; je ne puis, dans ce jour de terreur,
Résister à la voix qui s'explique à mon cœur.
C'est vous, maître des rois et de la destinée,
C'est vous qui me forcez à ce grand hyménée.
Alcméon, si mon fils est tombé sous ses coups...
Seigneur... vengez mon fils, et le trône est à vous.

ALCMÉON.

Grande reine, est-ce à moi que ces honneurs insignes...

ÉRIPHYLE.

Ah ! quels rois dans la Grèce en seraient aussi dignes ?
Ils n'ont que des aïeux, vous avez des vertus [27].
Ils sont rois, mais c'est vous qui les avez vaincus.
C'est vous que le ciel nomme, et qui m'allez défendre :
C'est vous qui de mon fils allez venger la cendre.
Peuple, voilà ce roi si long-temps attendu,
Qui seul vous a fait vaincre, et seul vous était dû,
Le vainqueur de deux rois, prédit par les dieux même.
Qu'il soit digne à jamais de ce saint diadême !
Que je retrouve en lui les biens qu'on m'a ravis,
Votre appui, votre roi, mon époux, et mon fils !

SCÈNE IV.

ÉRIPHYLE, ALCMÉON, POLÉMON, THÉANDRE,
CHŒUR D'ARGIENS.

THÉANDRE.

Que faites-vous, madame ? et qu'allez-vous résoudre ?
Le jour fuit, le ciel gronde : entendez-vous la foudre ?

De la tombe du roi le pontife a tiré
Un fer que sur l'autel ses mains ont consacré.
Sur l'autel à l'instant ont paru les furies :
Les flambeaux de l'hymen sont dans leurs mains impies.
Tout le peuple tremblant, d'un saint respect touché,
Baisse un front immobile, à la terre attaché.

ÉRIPHYLE.

Jusqu'où veux-tu pousser ta fureur vengeresse,
O ciel ? Peuple, rentrez : Théandre, qu'on me laisse.
Quel juste effroi saisit mes esprits égarés !
Quel jour pour un hymen !

SCÈNE V.

ÉRIPHYLE, ALCMÉON.

ÉRIPHYLE.

Ah ! seigneur, demeurez.
Eh quoi ! je vois les dieux, les enfers, et la terre,
S'élever tous ensemble et m'apporter la guerre :
Mes ennemis, les morts, contre moi déchaînés ;
Tout l'univers m'outrage, et vous m'abandonnez !

ALCMÉON.

Je vais périr pour vous, ou punir Hermogide,
Vous servir, vous venger, vous sauver d'un perfide.

ÉRIPHYLE.

Je vous fesais son roi ; mais, hélas ! mais, seigneur,
Arrêtez ; connaissez mon trouble et ma douleur.
Le désespoir, la mort, le crime m'environne :
J'ai cru les écarter en vous plaçant au trône ;
J'ai cru même apaiser ces mânes en courroux,

Ces mânes soulevés de mon premier époux.
Hélas! combien de fois, de mes douleurs pressée,
Quand le sort de mon fils accablait ma pensée,
Et qu'un léger sommeil venait enfin couvrir
*Mes yeux trempés de pleurs et lassés de s'ouvrir :
Combien de fois ces dieux ont semblé me prescrire
De vous donner ma main, mon cœur, et mon empire!
Cependant, quand je touche au moment fortuné
Où vous montez au trône à mon fils destiné,
Le ciel et les enfers alarment mon courage;
Je vois les dieux armés condamner leur ouvrage :
*Et vous seul m'inspirez plus de trouble et d'effroi
*Que le ciel et ces morts irrités contre moi.
*Je tremble en vous donnant ce sacré diadême;
*Ma bouche en frémissant prononce, « Je vous aime. »
*D'un pouvoir inconnu l'invincible ascendant
*M'entraîne ici vers vous, m'en repousse à l'instant,
*Et, par un sentiment que je ne puis comprendre,
*Mêle une horreur affreuse à l'amour le plus tendre.

ALCMÉON.

Quels moments! quel mélange, ô dieux qui m'écoutez!
D'étonnement, d'horreurs, et de félicités!
L'orgueil de vous aimer, le bonheur de vous plaire,
Vos terreurs, vos bontés, la céleste colère,
Tant de biens, tant de maux, me pressent à-la-fois,
Que mes sens accablés succombent sous leur poids.
Encor loin de ce rang que vos bontés m'apprêtent,
C'est sur vos seuls dangers que mes regards s'arrêtent.
C'est pour vous délivrer de ce péril nouveau
Que votre époux lui-même a quitté le tombeau.
Vous avez d'un barbare entendu la menace;

Où ne peut point aller sa criminelle audace?
Souffrez qu'au palais même assemblant vos soldats,
J'assure au moins vos jours contre ses attentats;
Que du peuple étonné j'apaise les alarmes;
Que, prêts au moindre bruit, mes amis soient en armes.
C'est en vous défendant que je dois mériter
Le trône où votre choix m'ordonne de monter.

ÉRIPHYLE.

Allez : je vais au temple, où d'autres sacrifices
Pourront rendre les dieux à mes vœux plus propices.
Ils ne recevront pas d'un regard de courroux
Un encens que mes mains n'offriront que pour vous.

FIN DU TROISIÈME ACTE.

ACTE QUATRIÈME.

SCÈNE I.
ALCMÉON, THÉANDRE.

ALCMÉON.

Tu le vois, j'ai franchi cet intervalle immense [28]
Que mit du trône à moi mon indigne naissance.
Oui, tout me favorise; oui, tout sera pour moi.
Vainqueur de tous côtés, on m'aime et je suis roi;
Tandis que mon rival, méditant sa vengeance,
Va des rois ennemis implorer l'assistance.
L'hymen me paie enfin le prix de ma valeur;
Je ne vois qu'Ériphyle, un sceptre, et mon bonheur.

THÉANDRE.

Et les dieux!...

ALCMÉON.

   Que dis-tu? ma gloire est leur ouvrage.
Au pied de leurs autels je viens en faire hommage.
Entrons...
 (Alcméon et Théandre marchent vers la porte du temple.)
   Ces murs sacrés s'ébranlent à mes yeux!...
Quelle plaintive voix s'élève dans ces lieux?

THÉANDRE.

Ah! mon fils, de ce jour les prodiges funestes
Sont les avant-coureurs des vengeances célestes.
Craignez....

ALCMÉON.
L'air s'obscurcit... Qu'entends-je? quels éclats!
THÉANDRE.
O ciel!
ALCMÉON.
La terre tremble et fuit devant mes pas.
THÉANDRE.
Les dieux même ont brisé l'éternelle barrière
Dont ils ont séparé l'enfer et la lumière.
Amphiaraüs, dit-on, bravant les lois du sort,
Apparaît aujourd'hui du séjour de la mort :
Moi-même, dans la nuit, au milieu du silence,
J'entendais une voix qui demandait vengeance.
« Assassins, disait-elle, il est temps de trembler ;
« Assassins, l'heure approche, et le sang va couler.
« La vérité terrible éclaire enfin l'abîme
« Où dans l'impunité s'était caché le crime. »
Ces mots, je l'avouerai, m'ont glacé de terreur.
ALCMÉON.
Laisse, laisse aux méchants l'épouvante et l'horreur.
C'est sur leurs attentats que mon espoir se fonde ;
Ce sont eux qu'on menace, et si la foudre gronde,
La foudre me rassure, et ce ciel que tu crains,
Pour les mieux écraser, la mettra dans mes mains.
THÉANDRE.
Eh! c'est ce qui pour vous m'effraie et m'intimide.
ALCMÉON.
Crains-tu donc que mon bras ne punisse Hermogide?
Lui, l'ennemi des dieux, des hommes, et des lois!
Lui, dont la main versa tout le sang de nos rois!
Quand pourrai-je venger ce meurtre abominable?

ACTE IV, SCÈNE 1.

THÉANDRE.

Je souhaite, Alcméon, qu'il soit le moins coupable.

ALCMÉON.

Comment, que me dis-tu?

THÉANDRE.

De tristes vérités.
Peut-être contre vous les dieux sont irrités.

ALCMÉON.

Contre moi!

THÉANDRE.

Des héros imitateur fidèle,
Vous jurez aux forfaits une guerre immortelle;
Vous vous croyez, mon fils, armé pour les venger;
Gardez de les défendre et de les partager.

ALCMÉON.

Comment! que dites-vous?

THÉANDRE.

Vous êtes jeune encore:
A peine aviez-vous vu votre première aurore,
Quand ce roi malheureux descendit chez les morts.
Peut-être ignorez-vous ce qu'on disait alors,
Et de la cour du roi quel fut l'affreux langage.

ALCMÉON.

Eh bien?

THÉANDRE.

Je vais vous faire un trop sensible outrage;
Le secret est horrible, il faut le révéler [29]:
Je vous tiens lieu de père, et je dois vous parler.

ALCMÉON.

Eh bien! que disait-on? achève.

THÉANDRE.

Que la reine
Avait lié son cœur d'une coupable chaîne ;
Qu'au barbare Hermogide elle promit sa main,
Et jusqu'à son époux conduisit l'assassin.

ALCMÉON.

Rends grace à l'amitié qui pour toi m'intéresse :
Si tout autre que toi soupçonnait la princesse,
Si quelque audacieux avait pu l'offenser...
Mais que dis-je ! toi-même, as-tu pu le penser ?
Peux-tu me présenter ce poison que l'envie
Répand aveuglément sur la plus belle vie ?
Tu connais peu la cour ; mais la crédulité [30]
Aiguise ainsi les traits de la malignité ;
Vos oisifs courtisans que les chagrins dévorent,
S'efforcent d'obscurcir les astres qu'ils adorent :
Si l'on croit de leurs yeux le regard pénétrant [31],
Tout ministre est un traître, et tout prince un tyran :
L'hymen n'est entouré que de feux adultères,
Le frère à ses rivaux est vendu par ses frères ;
Et sitôt qu'un grand roi penche vers son déclin,
Ou son fils, ou sa femme, ont hâté son destin.
Je hais de ces soupçons la barbare imprudence ;
Je crois que sur la terre il est quelque innocence ;
Et mon cœur, repoussant ces sentiments cruels,
Aime à juger par lui du reste des mortels.
Qui croit toujours le crime, en paraît trop capable.
A mes yeux comme aux tiens Hermogide est coupable :
Lui seul a pu commettre un meurtre si fatal ;
Lui seul est parricide.

ACTE IV, SCÈNE I. 43

THÉANDRE.

Il est votre rival :
Vous écoutez sur lui vos soupçons légitimes ;
Vous trouvez du plaisir à détester ses crimes.
Mais un objet trop cher...

ALCMÉON.

Ah ! ne l'offense plus[32] ;
Et garde le silence, ou vante ses vertus.

SCÈNE II.

ÉRIPHYLE, ALCMÉON, THÉANDRE, ZÉLONIDE, SUITE DE LA REINE.

ÉRIPHYLE.

Roi d'Argos, paraissez, et portez la couronne ;
Vos mains l'ont défendue, et mon cœur vous la donne.
Je ne balance plus : je mets sous votre loi
L'empire d'Inachus, et vos rivaux, et moi.
J'ai fléchi de nos dieux les redoutables haines ;
Leurs vertus sont en vous, leur sang coule en mes veines ;
Et jamais sur la terre on n'a formé de nœuds
Plus chers aux immortels, et plus dignes des cieux.

ALCMÉON.

Ils lisent dans mon cœur : ils savent que l'empire
Est le moindre des biens où mon courage aspire.
Puissent tomber sur moi leurs plus funestes traits,
Si ce cœur infidèle oubliait vos bienfaits !
Ce peuple qui m'entend, et qui m'appelle au temple,
Me verra commander, pour lui donner l'exemple ;

Et, déjà par mes mains instruit à vous servir,
N'apprendra de son roi qu'à vous mieux obéir.

ÉRIPHYLE.

Enfin la douce paix vient rassurer mon ame :
Dieux ! vous favorisez une si pure flamme !
Vous ne rejetez plus mon encens et mes vœux !
(à Alcméon.)
Recevez donc ma main [33]....

SCÈNE III.

LES ACTEURS PRÉCÉDENTS, L'OMBRE D'AMPHIARAÜS.

(Le temple s'ouvre, l'ombre d'Amphiaraüs paraît à l'entrée de ce temple, dans une posture menaçante.)

L'OMBRE D'AMPHIARAÜS.

Arrête, malheureux !

ÉRIPHYLE.

Amphiaraüs ! ô ciel ! où suis-je ?

ALCMÉON.

Ombre fatale,
Quel dieu te fait sortir de la nuit infernale ?
Quel est ce sang qui coule ? et quel es-tu ?

L'OMBRE.

Ton roi.
Si tu prétends régner, arrête, et venge-moi [34].

ALCMÉON.

Eh bien ! mon bras est prêt ; parle, que dois-je faire ?

L'OMBRE.

Me venger sur ma tombe.

ACTE IV, SCÈNE III.

ALCMÉON.
Eh! de qui?

L'OMBRE.
De ta mère.

ALCMÉON.
Ma mère! que dis-tu? quel oracle confus!
Mais l'enfer le dérobe à mes yeux éperdus.
Les dieux ferment leur temple!

(L'ombre rentre dans le temple, qui se referme.)

SCÈNE IV.

ÉRIPHYLE, SUITE, ALCMÉON, THÉANDRE, ZÉLONIDE.

THÉANDRE.
O prodige effroyable!

ALCMÉON.
O d'un pouvoir funeste oracle impénétrable!

ÉRIPHYLE.
A peine ai-je repris l'usage de mes sens!
Quel ordre ont prononcé ces horribles accents?
De qui demandent-ils le sanglant sacrifice?

ALCMÉON.
Ciel! peux-tu commander que ma mère périsse!

ÉRIPHYLE, à Théandre.
Votre épouse, sa mère a terminé ses jours [35]?

ALCMÉON.
Hélas! le ciel vous trompe et me poursuit toujours.
Théandre jusqu'ici m'a tenu lieu de père;
Je ne suis pas son fils, et je n'ai plus de mère.

ÉRIPHYLE.

Vous n'êtes point son fils! Dieux! que d'obscurités!

ALCMÉON.

Je n'entends que trop bien ces mânes irrités.
Je commence à sentir que les destins sont justes,
Que je ne suis point né pour ces grandeurs augustes [36];
Que j'ai dû me connaître.

ÉRIPHYLE.

Ah! qui que vous soyez,
Cher Alcméon, mes jours à vos jours sont liés.

ALCMÉON.

Non, reine, devant vous je ne dois point paraître.

ÉRIPHYLE, à Théandre.

Il n'est point votre fils! et qui donc peut-il être?

ALCMÉON.

Je suis le vil jouet des destins en courroux:
Je suis un malheureux trop indigne de vous.

ÉRIPHYLE.

Hélas! au nom des traits d'une si vive flamme,
Par l'amour et l'effroi qui remplissent mon ame,
Par ce cœur que le ciel forma pour vous aimer,
Par ces flambeaux d'hymen que je veux rallumer,
Ne vous obstinez point à garder le silence.
Hélas! je m'attendais à plus de confiance.

(à Théandre, qui était dans le fond du théâtre avec la suite de la reine.)

Théandre, revenez, parlez, répondez-moi.
Sans doute il est d'un sang fait pour donner la loi.
Quel héros, ou quel dieu lui donna la naissance?

THÉANDRE.

Mes mains ont autrefois conservé son enfance;
J'ai pris soin de ses jours à moi seul confiés.

Le reste est inconnu ; mais si vous m'en croyez,
Si parmi les horreurs dont frémit la nature,
Vous daignez écouter ma triste conjecture,
Vous n'acheverez point cet hymen odieux.
ÉRIPHYLE.
Ah ! je l'acheverai, même en dépit des dieux.
(à Alcméon.)
Oui, fussiez-vous le fils d'un ennemi perfide,
Fussiez-vous né du sang du barbare Hermogide,
Je veux être éclaircie.
ALCMÉON.
Eh bien, souffrez du moins
Que je puisse un moment vous parler sans témoins.
Pour la dernière fois vous m'entendez peut-être ;
Je vous avais trompée, et vous m'allez connaître.
ÉRIPHYLE.
Sortez. De toutes parts ai-je donc à trembler ?

SCÈNE V.
ÉRIPHYLE, ALCMÉON.

ALCMÉON.
Il n'est plus de secrets que je doive céler:
Connu par ma fortune et par ma seule audace [37],
Je cachais aux humains les malheurs de ma race ;
Mais je ne me repens, au point où je me vois,
Que de m'être abaissé jusqu'à rougir de moi.
Voilà ma seule tache et ma seule faiblesse.
J'ai craint tant de rivaux dont la maligne adresse
A d'un regard jaloux sans cesse examiné,
Non pas ce que je suis, mais de qui je suis né,

Et qui de mes exploits rabaissant tout le lustre,
Pensaient ternir mon nom quand je le rends illustre.
J'ai cru que ce vil sang dans mes veines transmis,
Plus pur par mes travaux, était d'assez grand prix,
Et que lui préparant une plus digne course,
En le versant pour vous, j'ennoblissais sa source.
Je fis plus : jusqu'à vous l'on me vit aspirer,
Et, rival de vingt rois, j'osai vous adorer.
Ce ciel, enfin, ce ciel m'apprend à me connaître ;
Il veut confondre en moi le sang qui m'a fait naître ;
La mort entre nous deux vient d'ouvrir ses tombeaux,
Et l'enfer contre moi s'unit à mes rivaux.
Sous les obscurités d'un oracle sévère,
Les dieux m'ont reproché jusqu'au sang de ma mère.
Madame, il faut céder à leurs cruelles lois ;
Alcméon n'est point fait pour succéder aux rois.
Victime d'un destin que même encor je brave,
Je ne m'en cache plus, je suis fils d'un esclave.

ÉRIPHYLE.

Vous, seigneur ?

ALCMÉON.

Oui, madame ; et, dans un rang si bas,
Souvenez-vous qu'enfin je ne m'en cachai pas ;
Que j'eus l'ame assez forte, assez inébranlable,
Pour faire devant vous l'aveu qui vous accable ;
Que ce sang, dont les dieux ont voulu me former,
Me fit un cœur trop haut pour ne vous point aimer.

ÉRIPHYLE.

Un esclave !

ALCMÉON.

Une loi fatale à ma naissance

ACTE IV, SCÈNE V.

Des plus vils citoyens m'interdit l'alliance.
J'aspirais jusqu'à vous dans mon indigne sort :
J'ai trompé vos bontés, j'ai mérité la mort [38].
Madame, à mon aveu vous tremblez de répondre ?

ÉRIPHYLE.

Quels soupçons ! quelle horreur vient ici me confondre !
Dans les mains d'un esclave autrefois j'ai remis [39]...
M'avez-vous pardonné, destins trop ennemis ?
O criminelle épouse ! ô plus coupable mère !...
Alcméon, dans quel temps a péri votre père ?

ALCMÉON.

Lorsque dans ce palais le céleste courroux
Eut permis le trépas du prince votre époux.

ÉRIPHYLE.

O crime !

ALCMÉON.

Hélas ! ce fut dans ma plus tendre enfance
Qu'on fit périr, dit-on, l'auteur de ma naissance [40],
Dans la confusion que des séditieux
A la mort de leur maître excitaient en ces lieux.

ÉRIPHYLE.

Mais où vous a-t-on dit qu'il termina sa vie ?

ALCMÉON.

Ici, dans ce lieu même elle lui fut ravie,
Au pied de ce palais de tant de demi-dieux,
D'où jusque sur son fils vous abaissiez les yeux.
Près du corps tout sanglant de mon malheureux père,
Je fus laissé mourant dans la foule vulgaire
De ces vils citoyens, triste rebut du sort,
Oubliés dans leur vie, inconnus dans leur mort.
Théandre cependant sauva mes destinées [41];

Il renoua le fil de mes faibles années.
J'ai passé pour son fils : le reste vous est dû [42].
Vous fîtes mes grandeurs, et je me suis perdu.

ÉRIPHYLE.

M'alarmerais-je en vain? Mais cet oracle horrible...
Le lieu, le temps, l'esclave... ô ciel! est-il possible?
(à Alcméon.)
Théandre dès long-temps vous a sans doute appris [43]
Le nom du malheureux dont vous êtes le fils :
C'était?...

ALCMÉON.

Qu'importe; hélas! au repos de la Grèce,
Au vôtre, grande reine, un nom dont la bassesse
Redouble encor ma honte et ma confusion?

ÉRIPHYLE.

S'il m'importe? ah! parlez...

ALCMÉON, avec hésitation.

Il se nommait Phaön.

ÉRIPHYLE.
(à part.)   (à Alcméon.)
Ah! je n'en doute plus... Ma crainte, ma tendresse...

ALCMÉON.

Quelle est en me parlant la douleur qui vous presse?

ÉRIPHYLE.

Alcméon, votre sang...

ALCMÉON.

D'où vient que vous pleurez?

ÉRIPHYLE.

Ah! prince!

ALCMÉON.

De quel nom, reine, vous m'honorez!

ÉRIPHYLE.

*Eh bien ! ne tarde plus, remplis ta destinée ;
*Porte ce fer sanglant sur cette infortunée ;
*Étouffe dans mon sang cet amour malheureux
*Que dictait la nature en nous trompant tous deux ;
*Punis-moi, venge-toi, venge la mort d'un père ;
*Reconnais-moi, mon fils : frappe, et punis ta mère !

ALCMÉON.

Moi, votre fils ? grands dieux !

ÉRIPHYLE.

C'est toi dont, au berceau,
Mon indigne faiblesse a creusé le tombeau ;
Toi le fils vertueux d'une mère homicide [44] ;
Toi, dont Amphiaraüs demande un parricide ;
Toi mon sang, toi mon fils, que le ciel en courroux,
Sans ce prodige horrible, aurait fait mon époux !

ALCMÉON.

De quel coup ma raison vient d'être confondue !
Dieux ! sur elle et sur moi puis-je arrêter la vue ?
Je ne sais où je suis : dieux, qui m'avez sauvé,
Reprenez tout ce sang par vos mains conservé.
Est-il bien vrai, madame, on a tué mon père ?
Il veut votre supplice, et vous êtes ma mère ?

ÉRIPHYLE.

* Oui, je fus sans pitié : sois barbare à ton tour,
* Et montre-toi mon fils en m'arrachant le jour.
* Frappe... Mais quoi ! tes pleurs se mêlent à mes larmes ?
* O mon cher fils ! ô jour plein d'horreur et de charmes !
* Avant de me donner la mort que tu me dois,
* De la nature encor laisse parler la voix :
* Souffre au moins que les pleurs de ta coupable mère

* Arrosent une main si fatale et si chère.
ALCMÉON.
Cruel Amphiaraüs! abominable loi!
La nature me parle, et l'emporte sur toi.
O ma mère!
ÉRIPHYLE, en l'embrassant.
O cher fils que le ciel me renvoie,
Je ne méritais pas une si pure joie!
J'oublie et mes malheurs, et jusqu'à mes forfaits;
Et ceux qu'un dieu t'ordonne, et tous ceux que j'ai faits.

SCÈNE VI.
ÉRIPHYLE, ALCMÉON, POLÉMON.

POLÉMON.
Madame, en ce moment l'insolent Hermogide,
Suivi jusqu'en ces lieux d'une troupe perfide,
La flamme dans les mains, assiége ce palais,
Déjà tout est armé; déjà volent les traits.
Nos gardes rassemblés courent pour vous défendre;
Le sang de tous côtés commence à se répandre.
Le peuple épouvanté, qui s'empresse ou qui fuit,
Ne sait si l'on vous sert ou si l'on vous trahit.
ALCMÉON.
O ciel! voilà le sang que ta voix me demande;
La mort de ce barbare est ma plus digne offrande.
Reine, dans ces horreurs cessez de vous plonger;
Je suis l'ordre des dieux, mais c'est pour vous venger.

FIN DU QUATRIÈME ACTE.

ACTE CINQUIÈME.[45]

(Sur un côté du parvis on voit, dans l'intérieur du temple de Jupiter, des vieillards et de jeunes enfants qui embrassent un autel; de l'autre côté la reine, sortant de son palais, soutenue par ses femmes, est bientôt suivie et entourée d'une foule d'Argiens des deux sexes qui viennent partager sa douleur.)

SCÈNE I.

ÉRIPHYLE, ZÉLONIDE, LE CHOEUR.

ZÉLONIDE.

Oui, les dieux irrités nous perdent sans retour;
Argos n'est plus; Argos a vu son dernier jour,
Et la main d'Hermogide en ce moment déchire
Les restes malheureux de ce puissant empire.
De tous ses partisans l'adresse et les clameurs
Ont égaré le peuple et séduit tous les cœurs.
Le désordre est partout; la discorde, la rage,
D'une vaste cité font un champ de carnage;
Les feux sont allumés, le sang coule en tous lieux,
Sous les murs du palais, dans les temples des dieux;
Et les soldats sans frein, en proie à leur furie,
Pour se donner un roi renversent la patrie.
Vous voyez devant vous ces vieillards désolés
Qu'au pied de nos autels la crainte a rassemblés;
Ces vénérables chefs de nos tristes familles,
Ces enfants éplorés, ces mères et ces filles
Qui cherchent en pleurant d'inutiles secours.

Dans le temple des dieux armés contre nos jours.

ÉRIPHYLE, aux femmes qui l'entourent.

Hélas! de mes tourments compagnes gémissantes,
Puis-je au ciel avec vous lever mes mains tremblantes?
J'ai fait tous vos malheurs; oui, c'est moi qui sur vous
Des dieux que j'offensai fais tomber le courroux.
Oui, vous voyez la mère, hélas! la plus coupable,
La mère la plus tendre et la plus misérable.

LE CHŒUR.

Vous, madame!

ÉRIPHYLE.

Alcméon, ce prince, ce héros
Qui soutenait mon trône et qui vengeait Argos,
Lui pour qui j'allumais les flambeaux d'hyménée,
Lui pour qui j'outrageais la nature étonnée,
Lui dont l'amitié tendre abusait mes esprits...

LE CHŒUR.

Ah! qu'il soit votre époux.

ÉRIPHYLE.

Peuples, il est mon fils.

LE CHŒUR.

Qui! lui?

ÉRIPHYLE.

D'Amphiaraüs c'est le précieux reste.
L'horreur de mon destin l'entraînait à l'inceste:
Les dieux aux bords du crime ont arrêté ses pas.
Dieux, qui me poursuivez, ne l'en punissez pas!
Rendez ce fils si cher à sa mère éplorée;
Sa mère fut cruelle et fut dénaturée;
Que mon cœur est changé! Dieux! si le repentir
Fléchit votre vengeance et peut vous attendrir,

Ne pourrai-je attacher sur sa tête sacrée
Cette couronne, hélas! que j'ai déshonorée?
Qu'il règne, il me suffit, dût-il en sa fureur...

SCÈNE II.

ÉRIPHYLE, ZÉLONIDE, LE CHOEUR, THÉANDRE.

ÉRIPHYLE.

Ah! mon fils est-il roi? mon fils est-il vainqueur?

THÉANDRE.

Il le sera du moins si nos dieux équitables
Secourent l'innocence et perdent les coupables;
Mais jusqu'à ce moment son rival odieux
A partagé l'armée et le peuple et nos dieux.
Hermogide ignorait qu'il combattait son maître :
Le peuple doute encor du sang qui l'a fait naître;
Quelques uns à grands cris le nommaient votre époux;
Les autres s'écriaient qu'il était né de vous.
Il ne pouvait, madame, en ce tumulte horrible,
Éclaircir à leurs yeux la vérité terrible;
Il songeait à combattre, à vaincre, à vous venger:
Mais entouré des siens qu'on venait d'égorger,
De ses tristes sujets déplorant la misère,
Avec le nom de roi prenant un cœur de père,
Il se plaignait aux dieux que le sang innocent
Souillait le premier jour de son règne naissant.
Il s'avance aussitôt; ses mains ensanglantées
Montrent de l'olivier les branches respectées.
Ce signal de la paix étonne les mutins,
Et leurs traits suspendus s'arrêtent dans leurs mains.
« Amis, leur a-t-il dit, Argos et nos provinces,

« Ont gémi trop long-temps des fautes de leurs princes;
« Sauvons le sang du peuple, et qu'Hermogide et moi
« Attendent de ses mains le grand titre de roi.
« Voyons qui de nous deux est plus digne de l'être.
« Oui, peuple, en quelque rang que le ciel m'ait fait naître,
« Mon cœur est au-dessus; et ce cœur aujourd'hui
« Ne veut qu'une vengeance aussi noble que lui.
« Pour le traître et pour moi choisissez une escorte
« Qui du temple d'Argos environne la porte.
« Et toi, viens, suis mes pas sur ce tombeau sacré,
« Sur la cendre d'un roi par tes mains massacré.
« Combattons devant lui, que son ombre y décide
« Du sort de son vengeur et de son parricide. »
Ah! madame, à ces mots ce monstre s'est troublé;
Pour la première fois Hermogide a tremblé.
Bientôt il se ranime, et cette ame si fière
Dans ses yeux indignés reparaît tout entière,
Et bravant à-la-fois le ciel et les remords :
« Va, dit-il, je ne crains ni les dieux, ni les morts,
« Encor moins ton audace; et je vais te l'apprendre
« Au pied de ce tombeau qui n'attend que ta cendre. »
Il dit : un nombre égal de chefs et de soldats
Vers ce tombeau funeste accompagne leurs pas;
Et moi des justes dieux conjurant la colère,
Je viens joindre mes vœux aux larmes d'une mère.
Puisse le ciel vengeur être encor le soutien
De votre auguste fils, qui fut long-temps le mien!

ÉRIPHYLE.

Quoi! seul et sans secours il combat Hermogide?

THÉANDRE.

Oui, madame.

ÉRIPHYLE.

Mon fils se livre à ce perfide!
Mon fils, cher Alcméon! mon cœur tremble pour toi;
Le cruel te trahit s'il t'a donné sa foi.
Ta jeunesse est crédule, elle est trop magnanime;
Hermogide est savant dans l'art affreux du crime.
Dans ses piéges sans doute il va t'envelopper.
Sa seule politique est de savoir tromper.
Crains sa barbare main par le meurtre éprouvée,
Sa main de tout ton sang dès long-temps abreuvée.
Allons, je préviendrai ce lâche assassinat;
Courons au lieu sanglant choisi pour le combat.
Je montrerai mon fils.

THÉANDRE.

Reine trop malheureuse!
Osez-vous approcher de cette tombe affreuse?
Les morts et les vivants y sont vos ennemis.

ÉRIPHYLE.
Que vois-je? quel tumulte! on a trahi mon fils!

SCÈNE III.

ÉRIPHYLE, ALCMÉON, HERMOGIDE, THÉANDRE, SOLDATS qui entrent sur la scène avec Hermogide.

ÉRIPHYLE, aux soldats d'Hermogide.
Cruels, tournez sur moi votre inhumaine rage.

ALCMÉON.
J'espère en la vertu, j'espère en mon courage.

HERMOGIDE, aux siens.
Amis, suivez-moi tous, frappez, imitez-moi.

ALCMÉON, aux siens.

Vertueux citoyens, secondez votre roi.
(Alcméon, Hermogide, entrent avec leur escorte dans le temple où est le tombeau d'Amphiaraüs.)

ÉRIPHYLE, aux soldats qu'elle suit.

O peuples, écoutez votre reine et sa mère!
(Elle entre après eux dans le temple.)

SCÈNE IV.

THÉANDRE, LE CHOEUR.

THÉANDRE.

Reine, arrête! où vas-tu? crains ton destin sévère.
Ciel! remplis ta justice, et nos maux sont finis;
Mais pardonne à la mère et protége le fils.
Ah! puissent les remords dont elle est consumée
Éteindre enfin ta foudre à nos yeux allumée!
Impénétrables dieux! est-il donc des forfaits
Que vos sévérités ne pardonnent jamais?
Vieillards, qui, comme moi, blanchis dans les alarmes,
Pour secourir vos rois n'avez plus que des larmes;
Vous, enfants, réservés pour de meilleurs destins,
Levez aux dieux cruels vos innocentes mains.

LE CHOEUR.

O vous, maîtres des rois et de la destinée,
Épargnez une reine assez infortunée:
Ses crimes, s'il en est, nous étaient inconnus.
Nos cœurs reconnaissants attestent ses vertus.

THÉANDRE.

Entendez-vous ces cris?... Polémon...

SCÈNE V.

THÉANDRE, POLÉMON, LE CHOEUR, qui se compose du peuple, de ministres du temple, de soldats.

POLÉMON.

Cher Théandre...

THÉANDRE.

Quel désastre ou quel bien venez-vous nous apprendre ?
Quel est le sort du prince ?

POLÉMON.

Il est rempli d'horreur.

THÉANDRE.

Les dieux l'ont-ils trahi ?

POLÉMON.

Non : son bras est vainqueur.

THÉANDRE.

Eh bien ?

POLÉMON.

Ah ! de quel sang sa victoire est ternie ?
Par quelles mains, ô ciel ! Ériphyle est punie !
Dans l'horreur du combat, son fils, son propre fils...
Vous conduisiez ses coups, dieux toujours ennemis !
J'ai vu, n'en doutez point, une horrible furie
D'un héros malheureux guider le bras impie.
Il vole vers sa mère ; il ne la connaît pas,
Il la traîne, il la frappe... ô jour plein d'attentats !
O triste arrêt des dieux, cruel, mais légitime !
Tout est rempli, le crime est puni par le crime.
Ministre infortuné des décrets du destin,
Lui seul ignore encor les forfaits de sa main.
Hélas ! il goûte en paix sa victoire funeste.

SCÈNE VI.

ALCMÉON, HERMOGIDE, THÉANDRE, POLÉMON, SUITE D'ALCMÉON, SOLDATS D'HERMOGIDE, CAPTIFS, LE CHOEUR.

ALCMÉON, à ses soldats.

Enchaînez ce barbare, épargnez tout le reste :
Il a trop mérité ces supplices cruels
Réservés par nos lois pour les grands criminels ;
Sa perte par mes mains serait trop glorieuse :
Ainsi que ses forfaits que sa mort soit honteuse.
(à Hermogide.)
Et pour finir ta vie avec plus de douleur,
Traître, vois, en mourant, ton roi dans ton vainqueur.
Tes crimes sont connus, ton supplice commence.
Vois celui dont ta rage avait frappé l'enfance ;
Vois le fils de ton roi.

HERMOGIDE.

Son fils ! ah ! dieux vengeurs !
Quoi ! j'aurais cette joie au comble des malheurs !
Quoi ! tu serais son fils ! est-il bien vrai ?

ALCMÉON.

Perfide,
Qui peut te transporter ainsi ?

HERMOGIDE.

Ton parricide.

ALCMÉON.

Qu'on suspende sa mort... Arrête, éclaircis-moi,
Ennemi de mon sang...

HERMOGIDE.

Je le suis moins que toi.

Va, je te crois son fils, et ce nom doit me plaire ;
Je suis vengé : tu viens d'assassiner ta mère.

ALCMÉON.

Monstre !

HERMOGIDE.

Tourne les yeux : je triomphe, je voi
Que vous êtes tous deux plus à plaindre que moi.
Je n'ai plus qu'à mourir.

(On l'emmène.)

SCÈNE VII.

ALCMÉON, ÉRIPHYLE, THÉANDRE, ZÉLONIDE, SUITE DE LA REINE, LE CHOEUR.

ALCMÉON.

Ah ! grands dieux ! quelle rage !
(Il aperçoit Ériphyle.)
Malheureux !.. quel objet !.. que vois-je !

ÉRIPHYLE, *soutenue par ses femmes.*

Ton ouvrage.
Ma main, ma faible main volait à ton secours ;
Je voulais te défendre, et tu tranches mes jours.

ALCMÉON.

Qui ! moi ! j'aurais sur vous porté mon bras impie !
Moi ! qui pour vous cent fois aurais donné ma vie !
Ma mère ! vous mourez !

ÉRIPHYLE.

Je vois à ta douleur
Que les dieux malgré toi conduisaient ta fureur.
Du crime de ton bras ton cœur n'est pas complice ;
Ils égaraient tes sens pour hâter mon supplice.
Je te pardonne...

ALCMÉON.

Ah ! dieux !
(A sa suite.)
Courez... qu'un prompt secours...

ÉRIPHYLE.

Épargne-toi le soin de mes coupables jours.
Je ne demande point de revoir la lumière ;
Je finis sans regret cette horrible carrière...
Approche-toi, du moins ; malgré mes attentats,
Laisse-moi la douceur d'expirer dans tes bras.
Ferme ces tristes yeux qui s'entr'ouvrent à peine.

ALCMÉON, se jetant aux genoux d'Ériphyle.

Ah ! j'atteste des dieux la vengeance inhumaine,
Je jure par mon crime et par votre trépas
Que mon sang à vos yeux...

ÉRIPHYLE.

Mon fils, n'achève pas.

ALCMÉON.

Moi ! votre fils ! qui moi ! ce monstre sanguinaire !

ÉRIPHYLE.

Va, tu ne fus jamais plus chéri de ta mère.
Je vois ton repentir... il pénètre mon cœur...
Le mien n'a pu des dieux apaiser la fureur.
Un moment de faiblesse, et même involontaire,
A fait tous mes malheurs, a fait périr ton père...
Souviens-toi des remords qui troublaient mes esprits...
Souviens-toi de ta mère... ô mon fils... mon cher fils !
C'en est fait.
(Elle meurt.)

ALCMÉON.

Sois content, impitoyable père !

ACTE V, SCÈNE VI.

Tu frappes par mes mains ton épouse et ma mère.
Viens combler mes forfaits, viens la venger sur moi,
Viens t'abreuver du sang que j'ai reçu de toi.
Je succombe, je meurs, ta rage est assouvie.
(Il tombe évanoui.)

THÉANDRE.

Secourez Alcméon, prenez soin de sa vie.
Que de ce jour affreux l'exemple menaçant
Rende son cœur plus juste, et son règne plus grand.

FIN D'ÉRIPHYLE.

NOTES ET VARIANTES

DE LA TRAGÉDIE D'ÉRIPHYLE.

¹ Dans l'édition de 1779, qui a été suivie pour les réimpressions faites jusqu'à ce jour, il y avait un personnage de plus, le grand-prêtre de Jupiter; et voici quel était le début de la pièce :

SCÈNE I.

LE GRAND-PRÊTRE, THÉANDRE, SUITE DU GRAND-PRÊTRE.

LE GRAND-PRÊTRE.

Allez, ministres saints, annoncez à la terre
La justice du ciel et la fin de la guerre.
Des pompes de la paix que ces murs soient parés.
Quelle paix! dieux vengeurs!.. Théandre, demeurez.
Le sort va s'accomplir : la sagesse éternelle
A béni de vos soins la piété fidèle.
Cet enfant par mes mains à la mort arraché,
Ce présent des destins, chez vous long-temps caché,
Par des exploits sans nombre aujourd'hui justifie
L'œil pénétrant des dieux qui veilla sur sa vie.
Alcméon désormais est le soutien d'Argos;
La victoire a suivi le char de ce héros;
Et lorsque devant lui deux rois vaincus fléchissent,
De sa gloire sur vous les rayons rejaillissent :
Alcméon dans Argos passe pour votre fils.

THÉANDRE.

Depuis qu'entre mes mains cet enfant fut remis,
Ses vertus m'ont donné des entrailles de père.
Je m'indigne en secret de son destin sévère;
J'ose accuser des dieux l'irrévocable loi
Qui le fit naître esclave avec l'ame d'un roi;
Qui se plut à produire au sein de la bassesse
Le plus grand des héros dont s'honora la Grèce.

LE GRAND-PRÊTRE.

Aux yeux des immortels et devant leur splendeur,
Il n'est point de bassesse, il n'est point de grandeur.

Le plus vil des humains, le roi le plus auguste,
Tout est égal pour eux; rien n'est grand que le juste.
Quels que soient ses aïeux, les destins aujourd'hui
De leurs ordres sacrés se reposent sur lui.
Songez à cet oracle, à cette loi suprême,
Que la reine autrefois a reçu des dieux même:
« Lorsqu'en un même jour deux rois seront vaincus,
« Tes mains prépareront un second hyménée:
« Ces temps, ce jour affreux, feront la destinée
« Et des peuples d'Argos, et du sang d'Inachus. »
Ce jour est arrivé. Votre élève intrépide
A vaincu les deux rois de Pylos et d'Élide.
Tous vos chefs divisés qui désolaient Argos,
Ce puissant Hermogide, et tous ces rois rivaux,
Dans une ombre de paix ont assoupi leur haine;
Ils ont remis leur sort à la voix de la reine;
Et l'hymen d'Ériphyle est bientôt déclaré.
Vous, si du dernier roi le nom vous est sacré,
D'Amphiaraüs encor si vous aimez la gloire,
Si ce roi malheureux vit dans votre mémoire,
Dans le cœur d'Alcméon gravez ces sentiments:
Conduisez sa vertu... mais tremblez...

THÉANDRE.

Dieux puissants!
Que nous annoncez-vous?

LE GRAND-PRÊTRE.

Voici le jour peut-être
Qui va redemander le sang de votre maître.
La vengeance implacable, et qui marche à pas lents,
Descend du haut des cieux après plus de quinze ans.
Gardez que d'Alcméon le courage inutile
Contre ces dieux vengeurs ne protége Ériphyle.

THÉANDRE.

Quoi! ce jour qui semblait marqué par leurs bienfaits...

LE GRAND-PRÊTRE.

Jamais jour ne sera plus terrible aux forfaits:
Il faut d'Amphiaraüs venger la mort funeste.
Dans une obscure nuit les dieux cachent le reste.

THÉANDRE.

Il n'est donc que trop vrai: ce prince infortuné,
Ce grand Amphiaraüs est mort assassiné.
Quoi! sa femme elle-même aurait pu... la barbare!

Hélas! quand de bons rois le ciel toujours avare
A ses tristes sujets ravit Amphiaraüs,
Il m'en souvient assez; un murmure confus,
Quelques secrètes voix, que je croyais à peine,
De cette mort funeste osaient charger la reine.
Mais quel mortel hardi pouvait jeter les yeux
Dans la nuit qui couvrait ce mystère odieux?
Nos timides soupçons ont tremblé de paraître;
Ce bruit s'est dissipé.

LE GRAND-PRÊTRE.

Le ciel l'a fait renaître.
La Vérité terrible, avec des yeux vengeurs,
Vient sur l'aile du Temps et lit au fond des cœurs :
Son flambeau redoutable éclaire enfin l'abîme
Où dans l'impunité s'était caché le crime.

THÉANDRE.

O mon maître! ô grand roi lâchement égorgé,
Je mourrai satisfait si vous êtes vengé!
Comment dois-tu finir, solennelle journée
Que le destin fixa pour ce grand hyménée?
Ah! pour ce nouveau choix quel étrange appareil!
Ce matin, devançant le retour du soleil,
La reine était en pleurs, interdite, éperdue;
Elle a d'Amphiaraüs embrassé la statue;
Dans son appartement elle n'osait rentrer;
Une secrète horreur semblait la pénétrer.
Tel est des criminels le partage effroyable :
Ciel! qu'elle doit souffrir si son cœur est coupable!

LE GRAND-PRÊTRE.

Bientôt de ces horreurs vous serez éclairci.
Suivez-moi dans ce temple.

THÉANDRE.

Ah! seigneur, la voici.

SCÈNE II.

ÉRIPHYLE, ZÉLONIDE, LE GRAND-PRÊTRE, THÉANDRE;
SUITE DE LA REINE.

(Ériphyle paraît accablée de tristesse.)

ZÉLONIDE, à la reine.

*Princesse, rappelez votre force première;
*Que vos yeux sans frémir s'ouvrent à la lumière.

ÉRIPHYLE.
Ah dieux!

ZÉLONIDE.
Puissent ces dieux dissiper votre effroi!

ÉRIPHYLE, au grand-prêtre.
Eh quoi! ministre saint, vous fuyez devant moi!
Demeurez; secourez votre reine éperdue;
Écartez cette main sur ma tête étendue.
*Un spectre épouvantable en tous lieux me poursuit:
*Les dieux l'ont déchaîné de l'éternelle nuit.
*Je l'ai vu, ce n'est point une erreur passagère
*Que produit du sommeil la vapeur mensongère:
*Le sommeil à mes yeux refusant ses douceurs,
*N'a point sur mon esprit répandu ses erreurs.
Je l'ai vu, je le vois... Cette image effrayante
A mes sens égarés demeure encor présente.
Du sein de ces tombeaux de cent rois mes aïeux,
Il a percé l'abîme, il marche dans ces lieux.
Ces voiles malheureux qu'ici l'hymen m'apprête,
Sanglants et déchirés, semblaient couvrir sa tête,
Et cachaient son visage à mon œil alarmé:
D'un glaive étincelant son bras était armé.
J'entends encor ses cris et ses plaintes funestes.
Vous, confident sacré des volontés célestes,
Répondez: quel est donc ce fantôme cruel?
Est-ce un dieu des enfers, ou l'ombre d'un mortel?
*Quel pouvoir a brisé l'éternelle barrière
*Dont le ciel sépara l'enfer et la lumière?
*Les mânes des humains, malgré l'arrêt du sort,
*Peuvent-ils revenir du séjour de la mort?

LE GRAND-PRÊTRE.
*Oui: du ciel quelquefois la justice suprême
*Suspend l'ordre éternel établi par lui-même.
*Il permet à la mort d'interrompre ses lois,
*Pour l'effroi de la terre et l'exemple des rois.

ÉRIPHYLE.
Hélas! lorsque le ciel à vos autels m'entraîne,
Et d'un second hymen me fait subir la chaîne,
M'annonce-t-il la mort, ou défend-il mes jours?
S'arme-t-il pour ma perte, ou bien pour mon secours?
Que veut cet habitant du ténébreux abîme?
Que vient-il m'annoncer?

5.

LE GRAND-PRÊTRE.
                    Il vient punir le crime.
                        (Il sort.)

SCÈNE III.

ÉRIPHYLE, ZÉLONIDE.

ÉRIPHYLE.

Quelle réponse, ô ciel! et quel présage affreux!

ZÉLONIDE.

Ce jour semblait pour vous des jours le plus heureux.
De ces rois ennemis l'audace est confondue;
Par les mains d'Alcméon la paix vous est rendue;
Ces princes qui briguaient l'empire et votre main,
D'un mot de votre bouche attendent leur destin.

ÉRIPHYLE.

Le bras d'Alcméon seul a fait tous ces miracles.

ZÉLONIDE.

Les destins à vos vœux ne mettront plus d'obstacles.
Songez à votre gloire, à tous ces rois rivaux,
A l'hymen qui pour vous rallume ses flambeaux.

ÉRIPHYLE.

Moi, rallumer encor ces flammes détestées!
Moi, porter aux autels des mains ensanglantées!
Moi, choisir un époux! ce nom cher et sacré
Par ma faiblesse horrible est trop déshonoré:
*Qu'on détruise à jamais ces pompes solennelles.
*Quelles mains s'uniraient à mes mains criminelles?
Je ne puis...

ZÉLONIDE.

            Rassurez votre cœur éperdu;
Hermogide bientôt....

ÉRIPRYLE.

            Quel nom prononces-tu, etc.?

Deux des vers de cette version (scène 1re) se retrouvent à-peu-près dans *Mérope*, acte IV, scène 1re:

Je croirais que ses yeux ont pénétré l'abime
Où dans l'impunité s'était caché mon crime.

Dans la même scène 1re d'*Ériphyle*, suivant une autre version, après le vers: *Je mourrai satisfait si vous êtes vengé*, on lisait:

Qu'avec étonnement cependant je contemple

Les couronnes de fleurs dont vous parez le temple !
La publique allégresse ici parle à mes yeux
Du bonheur de la terre et des faveurs des dieux.

LE GRAND-PRÊTRE.

La Grèce ainsi l'ordonne ; et voici la journée
Que, pour ce nouveau choix, elle a déterminée.
Hermogide et les rois d'Élide et de Pylos
Qui briguaient cet hymen et désolaient Argos,
Suspendant aujourd'hui leur discorde et leur haine,
Ont remis leurs destins à la voix de la reine :
Elle doit en ce lieu disposer de sa foi,
Se choisir un époux et nous donner un roi.

THÉANDRE.

O ciel ! souffririez-vous que le traître Hermogide
Reçût ce noble prix d'un si lâche homicide ?

LE GRAND-PRÊTRE.

La reine hésite encore, et craint de déclarer
Celui que de son choix elle veut honorer.
Mais quel que soit enfin le dessein d'Ériphyle,
Les temps sont accomplis : son choix est inutile.

THÉANDRE.

Pour un hymen, grands dieux ! quel étrange appareil !
Ce matin, devançant le retour du soleil,
J'ai vu dans ce palais la garde redoublée ;
La reine était en pleurs, interdite, troublée ;
Dans son appartement elle n'osait rentrer ;
Une secrète horreur semblait la pénétrer ;
Elle invoquait les dieux, et tremblante, éperdue,
De son premier époux embrassait la statue.

Enfin, dans la scène 3, au lieu des vers 5, 6, 7 et 8 des variantes, une autre version présente ceux-ci :

Vous êtes libre enfin.

ÉRIPHYLE.

La liberté, la paix,
Dans mon cœur déchiré ne rentreront jamais.

ZÉLONIDE.

Aujourd'hui cependant, maîtresse de vous-même,
Vous pouvez disposer de vous, du diadème.
Songez....

ZÉLONIDE.

2 Quoi vous ! de quels forfaits seriez-vous donc coupable ?

ÉRIPHYLE.

Je n'ai pu jusqu'ici t'avouer tant d'horreurs.
Les malheureux sans peine exhalent leurs douleurs;
Mais, hélas! qu'il en coûte à déclarer sa honte!

ZÉLONIDE.

Une douleur injuste, un vain effroi vous dompte;
La vertu la plus pure eut toujours tous vos soins :
Votre cœur n'aime qu'elle.

ÉRIPHYLE.

Il le voudrait du moins.
Tu n'étais pas à moi lorsqu'un triste hyménée
Au sage Amphiaraüs unit ma destinée.

ZÉLONIDE.

Vous sortiez de l'enfance, etc.

Dans *Brutus* (acte II, scène 1re), Titus dit à Messala :

On confie aisément des malheurs qu'on surmonte;
Mais qu'il est accablant de parler de sa honte!

³ Après ce vers, une version présente ceux que voici :

D'un autre hymen alors on m'imposa la loi;
On demanda mon cœur, il n'était plus à moi.
Il fallut étouffer ma passion naissante,
D'autant plus forte en moi qu'elle était innocente,
Que la main de mon père avait formé nos nœuds,
Que mon sort en changeant ne changea point mes feux;
Et qu'enfin le devoir, armé pour me contraindre,
Les ayant allumés, eut peine à les éteindre.
Cependant tu le sais, Athènes, Sparte, Argos,
Envoyèrent à Thèbe un peuple de héros.
Mon époux y courut; le jaloux Hermogide
S'éloigna sur ses pas des champs de l'Argolide;
Je reçus ses adieux : ô funestes moments,
Cause de mes malheurs, source de mes tourments!
Je crus pouvoir lui dire, en mon désordre extrême,
Que je serais à lui si j'étais à moi-même.
J'en dis trop, Zélonide; et faible que je suis,
Mes yeux mouillés de pleurs expliquaient mes ennuis.
De mes soupirs honteux je ne fus pas maîtresse;
Même en le condamnant je flattais sa tendresse.
J'avouais ma défaite....

Dans une autre version on lit :

Amphiaraüs parut et changea mon destin :
Il obtint de mon père et l'empire et ma main.
Il régna : je l'armai de ce fer redoutable,
Du fer sacré des rois dont une main coupable
Osa depuis... enfin je lui donnai ma foi;
Je lui devais mon cœur, il n'était plus à moi.
Ingrate à ce héros, qui seul m'aurait dû plaire,
Je portais dans ses bras une amour étrangère.
Objet de mes remords, objet de ma pitié,
Demi-dieu, dont je fus la coupable moitié,
Quand tu quittas ces lieux, quand ce traître Hermogide
Te fit abandonner les champs de l'Argolide,
Pourquoi le vis-je encor? Trop faible que je suis,
Mon front mal déguisé fit parler mes ennuis.
L'aveugle ambition dont il brûlait dans l'âme
De son fatal amour empoisonna la flamme;
Il entrevit le trône ouvert à ses desirs;
Il expliqua mes pleurs, mes regrets, mes soupirs,
Comme un ordre secret que ma timide bouche
Hésitait de prescrire à sa rage farouche.
Je t'en ai dit assez; et mon époux est mort.
             ZÉLONIDE.
Le roi dans un combat vit terminer son sort?
             ÉRIPHYLE.
Argos le croit ainsi; mais une main impie,
Ou plutôt ma faiblesse a terminé sa vie.
Hermogide en secret l'immola sous ses coups.
Le cruel, tout couvert du sang de mon époux,
Vint armé de ce fer, instrument de sa rage,
Qui des droits à l'empire était l'auguste gage;
Et d'un assassinat pour moi seule entrepris,
Au pied de nos autels il demanda le prix.
Grands dieux! qui m'inspirez des remords légitimes,
Mon cœur, vous le savez, n'est point fait pour les crimes;
Il est né vertueux : je vis avec horreur
Le coupable ennemi qui fut mon séducteur;
Je détestai l'amour, et le trône, et la vie.
             ZÉLONIDE.
Eh! ne pouviez-vous point punir sa barbarie?
Étiez-vous sourde aux cris de ce sang innocent?
             ÉRIPHYLE.
Celui qui le versa fut toujours trop puissant;

Et son habileté, secondant son audace,
De ce crime aux mortels a dérobé la trace.
Je ne pus que pleurer, me taire, et le haïr.
Le ciel en même temps s'arma pour me punir;
La main des dieux sur moi toujours appesantie,
Opprima mes sujets, persécuta ma vie.
Les princes de Cyrrha, d'Élide, et de Pylos,
Se disputaient mon cœur et l'empire d'Argos;
De nos chefs divisés les brigues et les haines
De l'état qui chancelle embarrassaient les rênes :
Plus terrible qu'eux tous, plus grand, plus dangereux,
Sûr de ses droits au trône, et fier de ses aïeux,
Mêlant à ses forfaits la force et le courage,
Et briguant à l'envi ce sanglant héritage;
Le barbare Hermogide a disputé contre eux
Et le prix de son crime, et l'objet de ses feux.
Et moi, sur mon hymen, sur le sort de la guerre,
Je consultai la voix du maître du tonnerre :
A sa divinité, dont ces lieux sont remplis,
J'offris en frémissant mon encens et mes cris.
Sans doute tu l'appris : cet oracle funeste,
Ce triste avant-coureur du châtiment céleste,
Cet oracle me dit de ne choisir un roi
Que quand deux rois vaincus fléchiraient sous ma loi;
Mais qu'alors, d'un époux vengeant le sang qui crie,
Mon fils, mon propre fils m'arracherait la vie.

ZÉLONIDE.

Juste ciel! Eh! que faire en cette extrémité?

ÉRIPHYLE.

O mon fils! que de pleurs ton destin m'a coûté!
Trop de crainte, peut-être, et trop de prévoyance
M'ont fait injustement éloigner son enfance.
Je n'osais ni trancher ni sauver ses destins;
J'abandonnai son sort à d'étrangères mains;
Il mourut pour sa mère; et ma bouche infidèle
De son trépas ici répandit la nouvelle.
Je l'arrachai pleurant de mes bras maternels.
Quelle perte, grands dieux! et quels destins cruels!
J'ôte à mon fils le trône, à mon époux la vie;
Et ma seule faiblesse a fait ma barbarie.
Mais tant d'horreurs encor ne peuvent égaler
Ce détestable hymen dont tu m'oses parler.

SCÈNE IV.

ÉRIPHYLE, ZÉLONIDE, POLÉMON.

ÉRIPHYLE.

Eh bien ! cher Polémon, que venez-vous me dire ?

POLÉMON.

J'apporte à vos genoux les vœux de cet empire ;
Son sort dépend de vous ; le don de votre foi
Fait la paix de la Grèce et le bonheur d'un roi.
Ce long retardement à moi-même funeste
De nos divisions peut ranimer le reste.
Euryale, Tydée, et ces rois repoussés,
Vaincus par Alcméon, ne sont pas terrassés.
Dans Argos incertain leur parti peut renaître ;
Hermogide est puissant ; le peuple veut un maître :
Il se plaint, il murmure, et, prompt à s'alarmer,
Bientôt malgré vous-même il pourrait le nommer.

Dans une autre version, après ce vers de la scène 3,

Que quand deux rois vaincus fléchiraient sous ma loi,

on lisait :

Je chérissais mon fils : la crainte et la tendresse
De mes sens désolés partageaient la faiblesse.
Mon fils me consolait de la mort d'un époux ;
Mais il fallait le perdre ou mourir par ses coups.
Trop de crainte peut-être, etc.

4 Au lieu de ce vers et des neuf qui le suivent, l'édition de 1779 porte :

ÉRIPHYLE.

On veut que je l'épouse, et qu'il soit votre roi ?

POLÉMON.

Madame, avec respect on suivra votre loi ;
Prononcez : un seul mot réglera nos hommages.

ÉRIPHYLE.

Mais du peuple Hermogide a-t-il tous les suffrages ?

POLÉMON.

S'il faut parler, madame, avec sincérité,
Ce prince est dans ces lieux moins cher que redouté.
On croit qu'à son hymen, etc.

⁵ Ce vers et les trois qui le suivent ne sont pas dans l'édition de 1779.

⁶ Ce vers et les trois qui le suivent manquent aussi dans l'édition de 1779.

⁷ Dans l'édition de 1779, l'acte commence ainsi :

>   Alcméon, j'ai pitié de voir tant de faiblesse ;
>   L'erreur qui vous séduit, la douleur qui vous presse,
>   De vos desirs. . . . .
>   Éclatent . . . . et parlent. . . . . . .

⁸ Pardonnez, cher ami, je ne me connais pas ;
La reine, oui, je l'avoue, oui, sa fatale vue
Porte au fond de mon ame une atteinte inconnue.
Je ne veux pas voiler à vos regards discrets
L'erreur de mon jeune âge, et mes troubles secrets.
Je vous dirai bien plus : l'aspect du diadème
Semble emporter mon ame au-delà de moi-même. (1779.)

⁹ Bannissons loin de moi le funeste soupçon
Qui règne en mon esprit et trouble ma raison. (1779.)

¹⁰ Écoutez : j'ai moi-même élevé votre enfance ;
Souffrez-moi quelquefois, généreux Alcméon,
L'autorité d'un père aussi bien que le nom.

¹¹ J'ai d'un profond secret couvert votre origine ;
Mais vous la connaissez ; et cette ame divine
Du haut de sa fortune et parmi tant d'éclat
Devrait baisser les yeux sur son premier état.
Gardez que quelque jour cet orgueil téméraire
N'attire sur vous-même une triste lumière,
N'éclaire enfin l'envie, et montre à l'univers
Sous vos lauriers pompeux la honte de vos fers.

¹² Pliez à votre état ce fougueux caractère,
Qui d'un brave guerrier ferait un téméraire ;
C'est un des ennemis qu'il vous faut subjuguer.
Né pour servir le trône, et non pour le briguer,
Sachez vous contenter de votre destinée ;
D'une gloire assez haute elle est environnée :
N'en recherchez point d'autre. Eh ! qui sait si les dieux,
Qui toujours sur vos pas ont attaché les yeux,
Qui, pour venger Argos et pour calmer la Grèce,

Ont voulu vous tirer du sein de la bassesse,
N'ont point encor sur vous quelques secrets desseins?
Peut-être leur vengeance est mise entre vos mains.
Le sang de votre roi, dont la terre est fumante,
Élève encore au ciel une voix gémissante.
Sa voix est entendue, et les dieux aujourd'hui
Contre ses assassins se déclarent pour lui.
Le grand-prêtre déjà voit la foudre allumée,
Qui se cache à nos yeux dans la nue enfermée.
Enfin que feriez-vous si les arrêts du ciel
Vous pressaient de punir un meurtre si cruel?
Si, chargé malgré vous de leur ordre suprême,
Vous vous trouviez entre eux et la reine elle-même?
S'il vous fallait choisir....

SCÈNE II.

ALCMÉON, THÉANDRE, POLÉMON.

POLÉMON.
La reine en ce moment
Vous mande de l'attendre en cet appartement. (1779.)

THÉANDRE, à part.
13 Prête à nommer un roi, qu'aurait-elle à lui dire?
D'Amphiaraüs, ô dieux, daignez vous souvenir. (1779.)

14 Vous me quittez! eh quoi! pourriez-vous donc penser
Qu'Ériphyle hésitât à vous récompenser?
Que craignez-vous, etc. ? (1779.)

15 Après ce vers, on lisait dans une copie :

On ne s'étonne point que l'heureux Hermogide
L'emporte sur les rois de Pylos et d'Élide :
Il est du sang des dieux et de nos premiers rois.
Puisse-t-il mériter l'honneur de votre choix!
Ce choix sans doute....

16 Jours trop infortunés, vous ne fûtes remplis
Qu'à pleurer mon époux, qu'à regretter mon fils!
Leur souvenir fatal a toutes mes tendresses.
*Malheureuse! est-ce à toi d'éprouver des faiblesses?
Pénétré de remords, etc.

17 Pourquoi donc à son nom redoublez-vous vos plaintes?

Pardonnez à mon zèle, et permettez mes craintes.
Songez que si l'amour décidait aujourd'hui....

18 L'amour n'est pas si pur, l'amour n'est pas si tendre.
Non, plus je m'examine, et plus j'ose approuver
Les sentiments secrets qui m'ont su captiver.
* Ce n'est point par les yeux que mon ame est vaincue :
* Ne crains pas qu'à ce point de mon rang descendue,
* Écoutant de mes sens le charme empoisonneur,
* Je donne à la beauté le prix de la valeur.
Je chéris sa vertu, j'aime ce que j'admire.

ZÉLONIDE.

Ah! dieux! oseriez-vous le nommer à l'empire ?
Préférer à des rois un simple citoyen ?
- Déshonorer le trône ?

ÉRIPHYLE.

Il en est le soutien.
Et le sang dont il est fût-il plus vil encore,
Je ne vois point de rang qu'Alcméon déshonore.
En de si pures mains ce sceptre enfin remis
Deviendrait respectable à nos dieux ennemis.
Mais une loi plus sainte et m'éclaire et me guide :
Je chéris Alcméon, je déteste Hermogide ;
Et je vais rejeter, en ce funeste jour,
Les conseils de la haine et la voix de l'amour.
Nature, etc.

19 Ce vers et les trois qui le suivent sont, dans une copie, remplacés par ceux-ci :

Devons-nous redouter un fantôme odieux ?
Vivant, je l'ai vaincu : mort, est-il dangereux ?
D'un œil indifférent voyons ces vains prodiges.
Que peuvent contre nous les morts et leurs prestiges ?

Voltaire a dit depuis, dans *Alzire*, acte Ier, scène 5 :

Vivant, je l'ai vaincu ; mort, doit-il être à craindre ?

20 Argos n'a plus de rois, et c'était trop attendre
Pour les suivre aux enfers ou régner sur leur cendre.
Je n'ai plus, il est vrai ce fer si révéré
Qu'on croit ici du trône être un gage assuré ;
Mais je conserve, au moins, de cette auguste place
Des gages plus certains, la constance et l'audace :
Mon destin se décide, etc.

21 Entre ce vers et le suivant, on lisait dans l'édition de 1779 :

> EUPHORBE.
>
> Eh! qui choisir que vous? cet empire aujourd'hui
> Demande un bras puissant qui lui serve d'appui.
> Que dis-je? vous l'aimiez, seigneur, et tant de flamme...
>
> HERMOGIDE.
>
> Moi! que cette faiblesse ait amolli mon ame!
> Hermogide amoureux! ah! qui veut être roi,
> Ou n'est pas fait pour l'être, ou sait régner sur soi.
> *A la reine engagé, je pris sur sa jeunesse
> *Cet heureux ascendant que les soins, la souplesse,
> *L'attention, le temps, savent si bien donner
> *Sur un cœur sans desseins, facile à gouverner.
> Le bandeau de l'amour, et l'art trompeur de plaire,
> De mes vastes desseins ont voilé le mystère;
> Mais de tout temps, crois-moi, la soif de la grandeur
> Fut le seul sentiment qui régna sur mon cœur.
>
> EUPHORBE.
>
> Tout vous portait au trône, et les vœux de l'armée,
> Et la voix de ce peuple et de la renommée,
> Et celle de la reine en qui vous espériez.
>
> HERMOGIDE.
>
> Par quels funestes nœuds mes destins sont liés !
> *Son époux et son fils, privés de la lumière,
> *Du trône à mon courage entr'ouvraient la barrière,
> *Quand la main de nos dieux là ferma sous mes pas.
> Je sais que j'eus les vœux du peuple et des soldats;
> Mais la voix de ces dieux, ou plutôt de nos prêtres,
> M'a dépouillé quinze ans du rang de mes ancêtres.
> Il fallut succomber aux superstitions
> *Qui sont, bien plus que nous, les rois des nations;
> Et le zèle aveuglé d'un peuple fanatique
> Fut plus fort que mon bras et que ma politique.

Ces vers sont presque tous dans la scène 1re du premier acte. Au lieu des quatre derniers vers ci-dessus, on lit dans une autre version :

> Tel est l'esprit du peuple endormi dans l'erreur;
> Un prodige apparent, un pontife en fureur,
> Un oracle, une tombe, une voix fanatique,
> Sont plus forts que mon bras et que ma politique.
> Il fallut obéir aux superstitions,

Qui sont, bien plus que nous, les rois des nations;
Et, loin de les braver, moi-même avec adresse
De ce peuple aveuglé caresser la faiblesse.

22 L'un d'eux, je l'avouerai, me trouble et m'importune;
Son destin, qui s'élève, étonne ma fortune.
Je le crains malgré moi.

EUPHORBE.
Quoi! ce jeune Alcméon,
Ce soldat qui vous doit sa fortune et son nom?

HERMOGIDE.
Oui, ce fils de Théandre, et qui fut mon ouvrage,
*Qui sous moi de la guerre a fait l'apprentissage,
Maître de trop de cœurs à mon char arrachés,
Au bonheur qui le suit les a tous attachés.
Par ses heureux exploits ma grandeur est ternie.

23 On trouve une imitation de ces vers dans la *Mort de César*, acte III, scène 4. K.

24 Au lieu de ce vers et des suivants, une copie porte:

Crois-tu que d'Alcméon l'orgueil présomptueux
Jusqu'à ce rang auguste osât porter ses vœux?
Penses-tu qu'il aspire à l'hymen de la reine?

EUPHORBE.
Il n'aura pas, sans doute, une audace si vaine.
Mais, seigneur, cependant, savez-vous qu'aujourd'hui
Ériphyle en secret a vu Théandre ici?
Qu'elle les a quittés les yeux baignés de larmes?

HERMOGIDE.
Tout m'est suspect de lui: tout me remplit d'alarmes;
Ce seul moment encore il faut la ménager;
Dans un moment je règne, et je vais me venger.
Tout va sentir ici mon pouvoir et ma haine:
Je saurai.... mais on entre; et j'aperçois la reine.

25 Par l'esclave Corèbe en secret élevé,
Fut porté, fut nourri dans l'enceinte sacrée
Dont le ciel à mon sexe a défendu l'entrée;
Dans ces terribles lieux, qu'ont souvent habité
Ces dieux vengeurs, ces dieux dont je tiens la clarté.
C'est là qu'avec Corèbe, enfermé dès l'enfance,
Mon fils de son destin n'eut jamais connaissance.
Mon amour maternel....

26 Et le prince et Corèbe ont ici leur tombeau.
J'étouffai malgré moi ce monstre en son berceau :
J'enfonçai dans ses flancs cette royale épée,
Par son père autrefois sur moi-même usurpée ;
Et soit décret des dieux, soit pitié, soit horreur,
Je ne pus de son sein tirer le fer vengeur.
Sa dépouille sanglante en mes mains demeurée,
De cette mort si juste est la preuve assurée.
La reine qui m'entend, et que je vois frémir,
Me doit au moins le jour qu'un fils dut lui ravir.
J'atteste mes aïeux....

27 Et près de vous, enfin, que sont-ils à mes yeux ?
Vous avez des vertus, ils n'ont que des aïeux.
J'ai besoin d'un vengeur, et non pas d'un vain titre.
Régnez : de mon destin soyez l'heureux arbitre.
Peuple....

28 Dans l'édition de 1779, cette scène commençait tout autrement :

ALCMÉON.

Tout est en sûreté : ce palais est tranquille,
Et je réponds du peuple, et surtout d'Ériphyle.

THÉANDRE.

Pensez plus au péril dont vous êtes pressé ;
Il est rival et prince, et de plus offensé.
Il songe à la vengeance : il la jure ; il l'apprête :
J'entends gronder l'orage autour de votre tête :
Son rang lui donne ici des soutiens trop puissants,
Et ses heureux forfaits lui font des partisans.
Cette foule d'amis qu'à force d'injustices...

ALCMÉON.

Lui, des amis ! Théandre, il n'a que des complices,
Plus prêts à le trahir que prompts à le venger ;
Des cœurs nés pour le crime, et non pour le danger.
Je compte sur les miens : la guerre et la victoire
Nous ont long-temps unis par les nœuds de la gloire,
Avant que tant d'honneurs, sur ma tête amassés,
Traînassent après moi des cœurs intéressés :
Ils sont tous éprouvés, vaillants, incorruptibles ;
La vertu qui nous joint nous rend tous invincibles :
Leurs bras victorieux m'aideront à monter
A ce rang qu'avec eux j'appris à mériter.

Mon courage a franchi cet intervalle immense
Que mit du trône à moi mon indigne naissance :
L'hymen va me payer le prix de ma valeur :
Je ne vois qu'Ériphyle, un sceptre, et mon bonheur.
THÉANDRE.
Mais ne craignez-vous point ces prodiges funestes
Qu'étalent à vos yeux les vengeances célestes ?
Ces tremblements soudains, ces spectres menaçants,
Ces morts dont le retour est l'effroi des vivants !
D'une timide main ces victimes frappées,
Au fer qui les poursuit dans le temple échappées,
Ce silence des dieux, garant de leur courroux,
Tout me fait craindre ici, tout m'afflige pour vous.
Du ciel qui nous poursuit la vengeance obstinée
Semble se déclarer contre votre hyménée.
ALCMÉON.
Mon cœur fut toujours pur; il honora les dieux :
J'espère en leur justice, et je ne crains rien d'eux.
De quel indigne effroi ton ame est-elle atteinte ?
Ah! les cœurs vertueux sont-ils nés pour la crainte ?
Mon orgueilleux rival ne saurait me troubler ;
Tout chargé de forfaits, c'est à lui de trembler.
C'est sur ses attentats que mon espoir se fonde ;
C'est lui qu'un dieu menace ; et si la foudre gronde,
La foudre me rassure ; et le ciel que tu crains,
Pour l'en mieux écraser, la mettra dans mes mains.
THÉANDRE.
Le ciel n'a pas toujours puni les plus grands crimes ;
Il frappe quelquefois d'innocentes victimes.
Amphiaraüs fut juste, et vous ne savez pas
Par quelles mains ce ciel a permis son trépas.
ALCMÉON.
Hermogide !
THÉANDRE.
Souffrez que, laissant la contrainte,
Seigneur, un vieux soldat vous parle ici sans feinte.
ALCMÉON.
Tu sais combien mon cœur chérit la vérité.
THÉANDRE.
Je connais de ce cœur toute la pureté.
Des héros de la Grèce imitateur fidèle, etc.

[29] Mais je vous trahirais à le dissimuler.

30 J'ai peu connu la cour; mais la crédulité, etc.
31 Là, si vous en croyez leur coup d'œil pénétrant.
32 . . . . Ah! ne l'outragez plus.
33 Suivez mes pas : entrons....

(Le temple s'ouvre; l'ombre d'Amphiaraüs paraît dans une posture menaçante.)

L'OMBRE.

Arrête, malheureux!

ÉRIPHYLE.

Amphiaraüs lui-même! où suis-je?

L'OMBRE.

34   Arrête, obéis-moi.

ALCMÉON.

Eh bien! mon bras est prêt; parle, que faut-il faire?

35 Au lieu de ce vers et des cinq qui le suivent, on lit, dans l'édition de 1779, les six que voici :

Madame, le destin qui m'a trahi toujours,
M'a ravi dès long-temps les auteurs de mes jours.
Théandre jusqu'ici m'a tenu lieu de père;
Je ne suis point son fils, et je n'ai plus de mère.

ÉRIPHYLE.

Que prétendez-vous donc, mânes trop irrités?

ALCMÉON.

Je commence à percer dans ces obscurités.

36 Que mon sort est trop loin de ces grandeurs augustes.
J'eusse été trop heureux : mais les mânes jaloux
Du sein de leurs tombeaux s'élèvent contre nous,
Préviennent votre honte, et rompent l'hyménée
Dont s'offensaient ces dieux de qui vous êtes née.

ÉRIPHYLE.

Ah! que me dites-vous? hélas!

ALCMÉON.

Souffrez du moins, etc.

37 Connu par ma fortune et par ma seule audace,
Je cachais aux humains la honte de ma race.
J'ai cru qu'un sang trop vil en mes veines transmis....

38 Après ce vers, on lit dans une copie les quatre que voici :

Mais du rang que je perds et du cœur que j'adore,
Songez que mon rival est plus indigne encore,
Plus haï de nos dieux, et qu'avec plus d'horreur
Amphiaraüs en lui verrait son successeur.

³⁹ Un esclave !.. son âge... et ses augustes traits...
Hélas ! apaisez-vous, dieux vengeurs des forfaits ;
Voulez-vous ou finir ou combler ma misère ?
Alcméon, dans quel temps a péri votre père ?
Quel fut son nom ? Parlez.

ALCMÉON.

J'ignore encor ce nom
Qui ferait votre honte et ma confusion.

ÉRIPHYLE.

Mais comment mourut-il ? où perdit-il la vie ?
En quel temps ?

ALCMÉON.

C'est ici qu'elle lui fut ravie,
Après qu'aux champs thébains le céleste courroux.

⁴⁰ Qu'on m'enleva, dit-on, l'auteur de ma naissance,
Au pied de ce palais, etc.

⁴¹ Un prêtre de ces lieux sauva mes destinées.

⁴² Théandre m'éleva; le reste vous est dû.
J'osai trop m'élever, et je me suis perdu.

⁴³ Qu'on cherche le grand-prêtre. Hélas ! déjà les dieux,
Soit pitié, soit courroux, l'amènent à mes yeux.

SCÈNE IV*.

ÉRIPHYLE, ALCMÉON, LE GRAND-PRÊTRE, une épée à la main.

LE GRAND-PRÊTRE, à Alcméon.

L'heure vient, armez-vous, recevez cette épée ;
Jadis de votre sang un traître l'a trempée.
Allez, vengez Argos, Amphiaraüs, et vous.

ÉRIPHYLE.

Que vois-je ? c'est le fer que portait mon époux,
Le fer que lui ravit le barbare Hermogide.
Tout me retrace ici le crime et l'homicide ;
La force m'abandonne à cet objet affreux.
Parle : qui t'a remis ce dépôt malheureux ?
Quel dieu te l'a donné ?

LE GRAND-PRÊTRE.

Le dieu de la vengeance.

---

* C'est ainsi que cette scène est intitulée dans l'édition de 1779, parcequ'on n'avait pas noté comme scènes l'apparition de l'ombre d'Amphiaraüs, ni sa disparition. B.

(à Alcméon.)
Voici ce même fer qui frappa votre enfance,
Qu'un cruel, malgré lui ministre du destin,
Troublé par ses forfaits, laissa dans votre sein.
Ce dieu qui dans le crime effraya cet impie,
Qui fit trembler sa main, qui sauva votre vie,
Qui commande au trépas, ouvre et ferme le flanc,
Venge un meurtre par l'autre, et le sang par le sang,
M'ordonna de garder ce fer toujours funeste
Jusqu'à l'instant marqué par le courroux céleste.
La voix, l'affreuse voix qui vient de vous parler
Me conduit devant vous pour vous faire trembler.

ÉRIPHYLE.

Achève : romps le voile; éclaircis le mystère.
Son père, cet esclave ?...

LE GRAND-PRÊTRE.

Il n'était point son père;
Un sang plus noble crie.

ÉRIPHYLE.

Ah! seigneur! ah! mon roi!
Fils d'un héros....

ALCMÉON.

Quels noms vous prodiguez pour moi!

ÉRIPHYLE, se jetant entre les bras de Zélonide.
Je ne puis achever; je me meurs, Zélonide.

LE GRAND-PRÊTRE, à Alcméon, en lui donnant l'épée.
Je laisse entre vos mains ce glaive parricide :
C'est un don dangereux; puisse-t-il désormais
Ne point servir, grands dieux, à de nouveaux forfaits!

SCÈNE V.

ALCMÉON, ÉRIPHYLE.

ÉRIPHYLE.

Eh bien! ne tarde plus, etc.

44 C'est toi qui fus frappé par les mains d'Hermogide;
C'est toi qui m'es rendu, mais pour le parricide.

45 Le cinquième acte, tel que je le donne, étant tout différent de l'ancienne version, je conserve en variante l'acte entier de l'ancien texte, que voici : B.

ACTE CINQUIÈME.
SCÈNE I.
ALCMÉON, THÉANDRE, POLÉMON, SOLDATS.

ALCMÉON.

Vous trahirai-je en tout, ô cendres de mon père !
Quoi ! ce fier Hermogide a trompé ma colère !
Quoi ! la nuit nous sépare, et ce monstre odieux
Partage encor l'armée, et ce peuple, et les dieux !
Retranché dans ce temple, aux autels qu'il profane
Il me brave : il jouit du ciel qui le condamne !
(à Polémon.)
Allez.

POLÉMON.

Et qu'avez-vous, seigneur, à ménager ?
Tous les lieux sont égaux, quand il faut se venger ;
Vous régnez sur Argos...

ALCMÉON.

Argos m'en est plus chère ;
Avec le nom de roi, je prends un cœur de père.
Me faudrait-il verser, dans mon règne naissant,
Pour un seul ennemi, tant de sang innocent ?
Est-ce à moi de donner le sacrilège exemple
D'attaquer les dieux même, et de souiller leur temple ?
Ils poursuivent déjà ce cœur infortuné
Qui protége contre eux ce sang dont je suis né.
Va, dis-je, Polémon, va ; c'est de ta prudence

---

* Après ce vers, on lit dans une copie :

POLÉMON.

Achevez sa défaite, achevez vos projets ;
Venez, forcez ce traître.

ALCMÉON.

Épargnons mes sujets.
Dès ce moment je règne, et dès ce moment même,
Comptable aux citoyens de mon pouvoir suprême,
Au péril de mon sang je veux les épargner :
Je veux, en les sauvant, commencer à régner.
Je leur dois encor plus, je dois le grand exemple
De révérer les dieux et d'honorer leur temple.
Je ne souffrirai point que le sang innocent
Souille leur sanctuaire et mon règne naissant.
Va, dis-je, Polémon, etc.

Que ton maître et ce peuple attendent leur vengeance.
Agis, parle, promets; que surtout d'Alcméon
Il ne redoute point d'indigne trahison;
Fais qu'il s'éloigne au moins de ce temple funeste.
Rends-moi mon ennemi; mon bras fera le reste.

(Polémon sort.)
(à Théandre.)

Et vous, de cette enceinte et de ces vastes tours
Avez-vous parcouru les plus secrets détours?
Du palais de la reine a-t-on fermé les portes?

THÉANDRE.

J'ai tout vu, j'ai partout disposé vos cohortes.
Cependant votre mère...

ALCMÉON.

A-t-on soin de ses jours?

THÉANDRE.

Ses femmes en tremblant lui prêtent leur secours;
Elle a repris ses sens; son ame désolée
Sur ses lèvres encore à peine est rappelée.
Elle cherche le jour, le revoit et gémit *.
Elle vous craint, vous aime; elle pleure et frémit.
Elle va préparer un secret sacrifice
A ces mânes sacrés, armés pour son supplice.
Son désespoir l'égare; elle va s'enfermer
Au tombeau de ce roi qu'elle n'ose nommer,
De ce fatal époux, votre malheureux père,
Dont vous savez...

ALCMÉON.

Grands dieux! je sais qu'elle est ma mère.

THÉANDRE.

Les dieux veulent son sang.

ALCMÉON.

Je ne l'ai point promis.
Cruels, tonnez sur moi si je vous obéis!
Le malheur m'environne et le crime m'assiége **:
Je deviens parricide et me rends sacrilége.
Quel choix, et quel destin?

---

* Imitation de ce vers de l'*Énéide* (IV, 692):

  Quæsivit cœlo lucem, ingemuitque reperta. K.

** Séide, dans *Mahomet* (IV, 3):

  De sentiments confus une foule m'assiége,
  Je crains d'être un barbare, ou d'être sacrilége. K.

THÉANDRE.

Dans un tel désespoir
Quels conseils désormais pourriez-vous recevoir ?

ALCMÉON.

Aucun. Quand le malheur, quand la honte est extrême,
Il ne faut prendre, ami, conseil que de soi-même.
Mon père !... Que veux-tu ? chère ombre, apaise-toi *.
Le nom sacré de fils est-il affreux pour moi ?
Je t'entends, et ta voix m'appelle sur ta tombe !
De tous tes ennemis y veux-tu l'hécatombe ?
Tu demandes du sang... demeure, attends, choisis,
Ou le sang d'Hermogide, ou le sang de ton fils.

SCÈNE II.

ALCMÉON, THÉANDRE, POLÉMON.

ALCMÉON.

Eh bien ! l'as-tu revu cet ennemi farouche ?
A lui parler d'accord as-tu forcé ta bouche ?
Peut-il bien se résoudre à me voir en ces lieux,
Aux portes de ce temple, à l'aspect de ces dieux,
Dans ce parvis sacré, trop plein de sa furie,
Dans la place où lui-même attenta sur ma vie ?
Les dieux le livrent-ils à ma juste fureur ?
Sait-il ce qui se passe ?

POLÉMON.

Il l'ignore, seigneur.
Il ne soupçonne point quel sang vous a fait naître ;
Il méprise son prince, il méconnaît son maître ;
Furieux, implacable, au combat préparé,
Et plus fier que le dieu dans ce temple adoré :
Mais il consent enfin de quitter son asile,
De vous entendre ici, de revoir Ériphyle.
Il veut qu'un nombre égal de chefs et de soldats

---

* Une autre copie porte :

    Chère ombre, apaise-toi, prends pitié de ton fils :
    Arme et soutiens mon bras contre tes ennemis.
    Dans le sang d'Hermogide apaise ta colère,
    Ne me fais point frémir de t'avouer pour père.
    Quoi ! de tous les côtés, plein d'horreur et d'effroi,
    Le nom sacré de fils est horrible pour moi !

Également armés, suivent de loin vos pas.
Il reçoit votre foi qu'à regret je lui porte ;
Je règle votre suite ; il nomme son escorte.

ALCMÉON.

Il va paraître ?

POLÉMON.

Il vient ; mais a-t-il mérité
Que vous lui conserviez tant de fidélité ?
Doit-on rien aux méchants ? et quel respect frivole
Expose votre sang...

ALCMÉON.

J'ai donné ma parole.

POLÉMON.

A qui la tenez-vous ? A ce perfide ?

ALCMÉON.

A moi.

THÉANDRE.

Et que prétendez-vous ?

ALCMÉON.

Me venger, mais en roi.
Argos à mes vertus reconnaîtra son maître.
Mais près du temple, ami, ne vois-je pas le traître ?

THÉANDRE.

Un dieu poursuit ses pas, et le conduit ici :
Il entre en frémissant.

ALCMÉON.

Dieux vengeurs ! le voici.

SCÈNE III.

HERMOGIDE, dans le fond du théâtre ; ALCMÉON ; THÉANDRE, POLÉMON ; sur le devant ; SUITE D'HERMOGIDE.

HERMOGIDE.

D'où vient donc qu'en ces lieux je ne vois pas la reine ?
Quel silence ! est-ce un piége où mon destin m'entraîne ?
Rien ne paraît : un lâche a-t-il surpris ma foi ?
Qui ? moi, craindre ! avançons.

ALCMÉON.

Demeure, et connais-moi.

Connais ce fer sacré : l'oses-tu voir encore* ?
HERMOGIDE.
Oui, c'est le fer d'un roi qu'un sujet déshonore.
ALCMÉON.
Te souvient-il du sang dont l'a souillé ta main ?
HERMOGIDE.
Peux-tu bien demander...
ALCMÉON.
Malheureux assassin,
Quel esclave a percé ces mains de sang fumantes ?
Quel enfant innocent... Eh quoi ! tu t'épouvantes !
Tu t'en vantais tantôt, tu te tais ; tu frémis !
Meurtrier de ton roi, sais-tu quel est son fils ?
HERMOGIDE.
Ciel ! tous les morts ici renaissent pour ma perte..
Son fils !
ALCMÉON.
De tes forfaits l'horreur est découverte ;
Revois Amphiaraüs, vois son sang, vois ton roi.
HERMOGIDE.
Je ne vois rien ici que ton manque de foi.
Tremble, qui que tu sois ; et devant que je meure,
Puisque tu m'as trahi...
ALCMÉON.
Non, barbare, demeure.
Connais-moi tout entier : sache au moins que mon bras
Ne sait point se venger par des assassinats.
Je dois de tes forfaits te punir avec gloire ;
J'attends ton châtiment des mains de la victoire :
Et ce sang de tes rois, qui te parle aujourd'hui,
Ne veut qu'une vengeance aussi noble que lui.
Sans suite, ainsi que moi, viens, si tu l'oses, traître,
Chercher encor ma vie, et combattre ton maître.
Suis mes pas.

* Une autre version porte :
Vois-tu ce fer sacré ?
HERMOGIDE.
Que vois-je ? le fer même
Qu'Amphiaraüs reçut avec son diadème !
ALCMÉON.
Te souvient-il du sang dont l'a souillé ta main ?
HERMOGIDE.
Qu'oses-tu demander ?

HERMOGIDE.

Où vas-tu ?

ALCMÉON.

Sur ce tombeau sacré,
Sur la cendre d'un roi par tes mains massacré.
Combattons devant lui, que son ombre y décide
Du sort de son vengeur et de son homicide.
L'oses-tu ?

HERMOGIDE.

Si je l'ose ! en peux-tu bien douter ?
Et les morts où ton bras sont-ils à redouter ?
Viens te rendre au trépas : viens, jeune téméraire,
M'immoler ou mourir, joindre ou venger ton père.

ALCMÉON.

(Le grand-prêtre entre.)

Qu'aucun de vous ne suive ; et vous, prêtre des dieux,
Ne craignez rien ; mon bras n'a point souillé ces lieux.
Allez au dieu d'Argos immoler vos victimes ;
Je vais tenir sa place en punissant les crimes.

SCÈNE IV.

LE GRAND-PRÊTRE, THÉANDRE, POLÉMON.

THÉANDRE.

Ciel, sois pour la justice, et nos maux sont finis.

LE GRAND-PRÊTRE.

Nos maux sont à leur comble ! il le faut... je frémis...*

---

* Une autre version donne :

    Nos maux sont à leur comble. Alecto, Némésis,
    Du crime et du malheur messagères fatales,
    Portent vers ce tombeau leurs torches infernales.
    L'orgueil des scélérats ne peut les désarmer ;
    Les pleurs des malheureux ne peuvent les calmer ;
    Il faut que le sang coule, et leurs mains vengeresses
    Punissent les forfaits, et même les faiblesses.

THÉANDRE.

Ciel ! d'un roi vertueux daigne guider les coups !

LE GRAND-PRÊTRE.

Le ciel entend nos vœux, mais c'est dans son courroux.
O conseils éternels ! ô sévères puissances !
Quelles mains forcez-vous à servir vos vengeances !

POLÉMON.

C'est la voix de la reine ! ah ! quels lugubres cris !

L'ordre est irrévocable... Ah! mère malheureuse!
C'est la mort qui t'amène à cette tombe affreuse.
THÉANDRE.
Hermogide:...
LE GRAND-PRÊTRE.
Il expire : Alcméon est vainqueur.
C'en est assez, reviens, fuis de ce lieu d'horreur :
Amphiaraüs te suit; il t'égare, il t'anime,
Il t'aveugle; et le crime est puni par le crime.
THÉANDRE.
C'est la voix de la reine.
POLÉMON.
Ah! quels lugubres cris!
LE GRAND-PRÊTRE.
Crains ton roi, crains ton sang.
ÉRIPHYLE, derrière le théâtre.
Épargne-moi, mon fils!
ALCMÉON, derrière le théâtre.
Reçois le dernier coup, tombe à mes pieds, perfide!
(On entend un cri d'Ériphyle.)
POLÉMON.
Ciel! qu'est-ce que j'entends?
LE GRAND-PRÊTRE.
La voix du parricide.

SCÈNE V.

ALCMÉON, THÉANDRE, LE GRAND-PRÊTRE, POLÉMON.

ALCMÉON.
Je viens de l'immoler : il n'est plus; je suis roi.
Dieux! dissipez l'horreur qui s'empare de moi.
Mon bras vous a vengés, vous, ce peuple, et mon père;

LE GRAND-PRÊTRE.
Infortuné, quels dieux ont troublé tes esprits?
Que vas-tu faire? Et toi, mère trop malheureuse,
Garde-toi d'approcher de cette tombe affreuse:
Les morts et les vivants y sont tes ennemis!
Reine, crains ton époux, crains encor plus ton fils.
ÉRIPHYLE, derrière le théâtre.
Mon fils, épargne-moi!
ALCMÉON.
Tombe à mes pieds, perfide!

D'ÉRIPHYLE.

Hermogide est tombé, même aux pieds de ma mère ;
Il demandait la vie ; il s'est humilié* ;
Et mon cœur une fois s'est trouvé sans pitié.
Rendez-moi cette paix que la justice donne!
Quoi! j'ai puni le crime, et c'est moi qui frissonne!
Ah! pour les scélérats quels sont vos châtiments,
Si les cœurs vertueux éprouvent ces tourments?
Ériphyle, témoin de ma juste vengeance,
Viens régner avec moi. Quoi! tu fuis ma présence?
Tu crains ton fils : tu crains ce bras ensanglanté,
Et cet horrible arrêt que le ciel a dicté!
Vous, courez vers la reine, et calmez ses alarmes :
Dites-lui que nos mains vont essuyer ses larmes.
Mais non, je veux moi-même embrasser ses genoux ;
Allons, je veux la voir...

SCÈNE VI.

ÉRIPHYLE, soutenue par ses femmes ; ALCMÉON, LE GRAND-PRÊTRE, THÉANDRE, POLÉMON, suite.

LE GRAND-PRÊTRE.
Ah! que demandez-vous?
ALCMÉON.
Je vais mettre à ses pieds le prix de mon courage** ;

---

* Une autre version porte :

    Ce monstre enfin n'est plus ; Argos en est purgé ;
    Les dieux sont satisfaits, et mon père est vengé.
    J'ai vu sur cette tombe Ériphyle éperdue :
    D'où vient qu'en ce moment elle évite ma vue ?
    Craint-elle de son fils le bras ensanglanté,
    Et cet horrible arrêt que mon père a dicté ?
    Allez, courez vers elle, et calmez ses alarmes.

Les vers 3 et 4 de cette variante se lisent encore ainsi :

    Ériphyle est témoin de ma juste vengeance :
    D'où vient qu'en ce moment elle fuit ma présence?

** Je vais mettre à ses pieds ce fer si redoutable....
    Que dis-je ? où suis-je ? où vais-je, et quelle horreur m'accable ?
    D'où vient donc que le sang qui rejaillit sur moi,
    Si justement versé, m'inspire un tel effroi ?
    Je n'ai point cette paix que la justice donne ;
    Quoi ! j'ai puni le crime, et c'est moi qui frissonne !
    Dieux ! pour les scélérats quels sont vos châtiments,

Oui, je veux... Quel objet... que vois-je?
ÉRIPHYLE.
Ton ouvrage.
Les oracles cruels enfin sont accomplis,
Et je meurs par tes mains quand je retrouve un fils;
Le ciel est juste.
ALCMÉON.
Ah! dieux! parricide exécrable!
Vous! ma mère! elle meurt... et j'en serais coupable!
Non! je ne le suis pas, dieux cruels! et mon bras
Dans mon sang à vos yeux...
(On le désarme.)
ÉRIPHYLE.
Mon fils, n'achève pas.
Je péris par ta main; ton cœur n'est pas complice.
Les dieux t'ont aveuglé pour hâter mon supplice.
Je meurs contente... approche... après tant d'attentats
Laisse-moi la douceur d'expirer dans tes bras.
(Alcméon se jette aux genoux d'Ériphyle.)
Indigne que je sois du sacré nom de mère,
J'ose encor te dicter ma volonté dernière.

Si les cœurs vertueux éprouvent leurs tourments?
ÉRIPHYLE.
Le ciel est juste.
ALCMÉON.
Hélas! parricide exécrable!
Vous, ma mère!... elle meurt.... et j'en serais coupable!
Moi! moi! dieux inhumains!
ÉRIPHYLE.
Je vois à ta douleur
Que les dieux malgré toi conduisaient ta fureur;
Ta main qu'ils ont guidée à méconnu ta mère.
Ta parricide main ne m'en est pas moins chère:
Ton cœur est innocent; je te pardonne.... Hélas!
Laisse-moi la douceur d'expirer dans tes bras.
Ferme ces tristes yeux qui s'entr'ouvrent à peine.
ALCMÉON, à ses genoux.
J'atteste de ces dieux la vengeance et la haine;
Je jure par mon crime et par votre trépas
Que mon sang devant vous...
ÉRIPHYLE.
Mon fils, n'achève pas.
Indigne que je suis du sacré nom de mère,
J'ose encor te dicter ma volonté dernière.
Il faut vivre et régner.

Il faut vivre et régner : le fils d'Amphiaraüs
Doit réparer ma vie à force de vertus.
Un moment de faiblesse, et même involontaire,
A fait tous mes malheurs, a fait périr ton père.
Souviens-toi des remords qui troublaient mes esprits :
Souviens-toi de ta mère... ô mon fils... mon cher fils...
C'en est fait...

ALCMÉON.

Elle expire... impitoyable père*!
Sois content : j'ai tué ton épouse et ma mère.
Viens combler nos forfaits, viens la venger sur moi,
Viens t'abreuver du sang que j'ai reçu de toi.
Je renonce à ton trône, au jour que je déteste,
A tous les miens... ta tombe est tout ce qui me reste.
Mânes qui m'entendez! dieux! enfers en courroux,
*Je meurs au sein du crime, innocent malgré vous!

LE GRAND-PRÊTRE.

La lumière à ses yeux est ravie.
Secourez Alcméon ; prenez soin de sa vie;
Que de ce jour affreux l'exemple menaçant
Rende son cœur plus juste et son règne plus grand.

FIN DES NOTES ET VARIANTES D'ÉRIPHYLE.

SAMSON,

OPÉRA EN CINQ ACTES.

1732.

AVERTISSEMENT[1].

M. Rameau, le plus grand musicien de France, mit cet opéra en musique vers l'an 1732 [2]. On était prêt de le jouer, lorsque la même cabale qui depuis fit suspendre les représentations de *Mahomet* ou *du Fanatisme*, empêcha qu'on ne représentât l'opéra de *Samson*. Et tandis qu'on permettait que ce sujet parût sur le théâtre de la Comédie Italienne [3], et que Samson y fît des miracles conjointement avec Arlequin [4], on ne permit pas que ce même sujet fût ennobli sur le théâtre de l'Académie de Musique.

Le musicien employa depuis presque tous les airs de *Samson*.

---

[1] Cet *Avertissement*, que je crois de Voltaire, est dans l'édition de 1752 de ses *OEuvres*. C'est dans l'édition de 1746 que *Samson* avait paru pour la première fois, avec une *Préface* qui commençait ainsi :

« Cet opéra qu'on donne au public avait été mis en musique, il y a quel-
« ques années, par un homme reconnu pour un des plus habiles musiciens
« de l'Europe. Des intrigues, qui s'opposent quelquefois au progrès des arts
« comme à toutes les autres entreprises, privèrent Paris de cette musique.
« On publie le poëme dénué, etc. » (le reste comme dans l'*Avertissement*.)
La *Préface* existe encore dans les éditions de 1748 et 1751. B.

[2] *Samson* était composé dès 1731. Voltaire, dans sa lettre à Thieriot, du 1er décembre 1731, cite un menuet de huit vers, qui devait s'y trouver. J'ai mis cet opéra en 1732 ; c'est la date que lui ont donnée les éditeurs de Kehl.

[3] Le 28 février 1717, on avait représenté, sur le théâtre italien, *Samson*, tragi-comédie en cinq actes, de L. Riccoboni. Le 28 février 1730 on joua le *Samson*, tragi-comédie, mise en vers par Romagnesi. Voyez ce que Voltaire en a dit dans ses *Questions sur l'Encyclopédie* (tome XXXII, page 182). B.

[4] Arlequin n'est pas nommé parmi les personnages de la pièce ; mais le

dans d'autres compositions lyriques 5, que l'envie n'a pas pu supprimer.

On publie ce poëme dénué de son plus grand charme ; et on le donne seulement comme une esquisse d'un genre extraordinaire. C'est la seule excuse peut-être de l'impression d'un ouvrage fait plutôt pour être chanté que pour être lu. Les noms de Vénus et d'Adonis trouvent dans cette tragédie une place plus naturelle qu'on ne le croirait d'abord : c'est en effet sur leurs terres que l'action se passe.

Cicéron, dans son excellent livre de *la Nature des Dieux* 6, dit que la déesse Astarté, révérée des Syriens, était Vénus même, et qu'elle épousa Adonis. On sait de plus qu'on célébrait la fête d'Adonis chez les Philistins. Ainsi ce qui serait ailleurs un mélange absurde du profane et du sacré, se place ici de soi-même.

valet d'Acab emploie l'expression d'Arlequin, *ohimé!* C'est lui qui, dans le cinquième acte, se bat contre un poulet-d'Inde ; et peut-être ce rôle se jouait-il avec le costume d'arlequin. B.

5 Principalement dans son opéra de *Zoroastre*, joué en 1749. B.

6 Livre III, 23. B.

PERSONNAGES DU PROLOGUE.

LA VOLUPTÉ.
PLAISIRS ET AMOURS.
BACCHUS.
HERCULE.
LA VERTU.
SUIVANTS DE LA VERTU.

PERSONNAGES DE LA PIÈCE.

SAMSON.
DALILA.
LE ROI DES PHILISTINS.
LE GRAND-PRÊTRE.
LES CHOEURS.

PROLOGUE.

(Le théâtre représente la salle de l'opéra.)

LA VOLUPTÉ, sur son trône, entourée des PLAISIRS et des AMOURS.

LA VOLUPTÉ.

Sur les bords fortunés embellis par la Seine
Je règne dès long-temps.
Je préside aux concerts charmants
Que donne Melpomène.
Amours, Plaisirs, Jeux séducteurs,
Que le loisir fit naître au sein de la mollesse,
Répandez vos douces erreurs ;
Versez dans tous les cœurs
Votre charmante ivresse ;
Régnez, répandez mes faveurs.

CHOEUR à parodier.

Répandons, etc.

LA VOLUPTÉ.

Venez, mortels, accourez à mes yeux :
Regardez, imitez les enfants de la gloire :
Ils m'ont tous cédé la victoire.
Mars les rendit cruels, et je les rends heureux.

(Entrée de héros armés et tenant dans leurs mains des guirlandes de fleurs.)

BACCHUS, à Hercule.

Nous sommes les enfants du maître du tonnerre :

Notre nom jadis redouté
Ne périra point sur la terre;
Mais parlons avec liberté :
Parmi tant de lauriers qui ceignent votre tête,
Dites-moi quelle est la conquête
Dont le grand cœur d'Alcide était le plus flatté.

HERCULE.

Ah! ne me parlez plus de mes travaux pénibles,
Ni des cieux que j'ai soutenus :
En ces lieux je ne connais plus
Que la charmante Iole et les Plaisirs paisibles.
Mais vous, Bacchus, dont la valeur
Fit du sang des humains rougir la terre et l'onde,
Quel plaisir, quel barbare honneur
Trouvez-vous à troubler le monde?

BACCHUS.

Ariane m'ôte à jamais
Le souvenir de mes brillants forfaits;
Et par mes présents secourables
Je ravis la raison aux mortels misérables,
Pour leur faire oublier tous les maux que j'ai faits.

(Ensemble.)

Volupté, reçois nos hommages;
Enchante dans ces lieux
Les héros, les dieux, et les sages :
Sans tes plaisirs, sans tes doux avantages,
Est-il des sages et des dieux?

UN AMOUR.

Jupiter n'est point heureux
Par les coups de son tonnerre :

Amour, il doit à tes feux
Ces moments si précieux
Qu'il vient goûter sur la terre.

Le dieu qui préside au jour,
Et qui ranime le monde,
Ferait-il son vaste tour
S'il n'allait trouver l'Amour
Qui l'attend au sein de l'onde?
Ici tous les conquérants
Bornent leur grandeur à plaire :
Les sages sont des amants;
Ils cachent leurs cheveux blancs
Sous les myrtes de Cythère.

Mortels, suivez les Amours;
Toute sagesse est folie.
Profitez de vos beaux jours :
Les dieux aimeront toujours;
Soyez dieux dans votre vie.

LA VOLUPTÉ.

Ah! quelle éclatante lumière
Fait pâlir les clartés du beau jour qui nous luit?
Quelle est cette nymphe sévère
Que la sagesse conduit?

CHŒUR.

Fuyons la Vertu cruelle;
Les Plaisirs sont bannis par elle.

LA VERTU.

Mère des Plaisirs et des Jeux,

Nécessaire aux mortels, et souvent trop fatale,
Non, je ne suis point ta rivale :
Je viens m'unir à toi pour mieux régner sur eux.
Sans moi, de tes plaisirs l'erreur est passagère ;
Sans toi, l'on ne m'écoute pas :
Il faut que mon flambeau t'éclaire ;
Mais j'ai besoin de tes appas.
Je veux instruire, et je dois plaire.
Viens de ta main charmante orner la Vérité.
Disparaissez, guerriers consacrés par la fable :
Un Alcide véritable
Va paraître en ce lieu, comme vous enchanté.
Chantons sa gloire et sa faiblesse,
Et voyons ce héros, par l'amour abattu,
Adorer encor la Vertu,
Entre les bras de la Mollesse.

CHOEUR DES SUIVANTS DE LA VERTU.

Chantons, célébrons, en ce jour,
Les dangers cruels de l'amour.

FIN DU PROLOGUE.

SAMSON.

ACTE PREMIER.

SCÈNE I.

(Le théâtre représente une campagne. Les Israélites, couchés sur le bord du fleuve Adonis, déplorent leur captivité.)

DEUX CORYPHÉES.
Tribus captives,
Qui sur ces rives
Traînez vos fers;
Tribus captives,
De qui les voix plaintives
Font retentir les airs,
Adorez dans vos maux le Dieu de l'univers.

CHOEUR.
Adorons dans nos maux le Dieu de l'univers.

UN CORYPHÉE.
Ainsi depuis quarante hivers
Des Philistins le pouvoir indomptable
Nous accable;
Leur fureur est implacable,
Elle insulte aux tourments que nous avons soufferts.

CHOEUR.
Adorons dans nos maux le Dieu de l'univers.

UN CORYPHÉE.

Race malheureuse et divine,
Tristes Hébreux, frémissez tous :
Voici le jour affreux qu'un roi puissant destine
A placer ses dieux parmi nous.
Des prêtres mensongers, pleins de zèle et de rage,
Vont nous forcer à plier les genoux
Devant les dieux de ce climat sauvage :
Enfants du ciel, que ferez-vous ?

CHOEUR.

Nous bravons leur courroux ;
Le Seigneur seul a notre hommage.

CORYPHÉE.

Tant de fidélité sera chère à ses yeux.
Descendez du trône des cieux,
Fille de la Clémence,
Douce Espérance,
Trésor des malheureux ;
Venez tromper nos maux, venez remplir nos vœux.
Descendez, douce Espérance.

SCÈNE II.

SECOND CORYPHÉE.

Ah! déjà je les vois ces pontifes cruels,
Qui d'une idole horrible entourent les autels.

(Les prêtres des idoles dans l'enfoncement autour d'un autel couvert de leurs dieux.)

Ne souillons point nos yeux de ces vains sacrifices ;
Fuyons ces monstres adorés :
De leurs prêtres sanglants ne soyons point complices.

CHŒUR.
Fuyons, éloignons-nous.
LE GRAND-PRÊTRE DES IDOLES.
Esclaves, demeurez,
Demeurez : votre roi par ma voix vous l'ordonne.
D'un pouvoir inconnu lâches adorateurs,
Oubliez-le à jamais lorsqu'il vous abandonne;
Adorez les dieux ses vainqueurs.
Vous rampez dans nos fers, ainsi que vos ancêtres,
Mutins toujours vaincus, et toujours insolents :
Obéissez, il en est temps,
Connaissez les dieux de vos maîtres.
CHŒUR.
Tombe plutôt sur nous la vengeance du ciel!
Plutôt l'enfer nous engloutisse!
Périsse, périsse
Ce temple et cet autel!
LE GRAND-PRÊTRE.
Rebut des nations, vous déclarez la guerre
Aux dieux, aux pontifes, aux rois?
CHŒUR.
Nous méprisons vos dieux, et nous craignons les lois
Du maître de la terre.

SCÈNE III.

SAMSON entre, couvert d'une peau de lion; LES PERSONNAGES
DE LA SCÈNE PRÉCÉDENTE.

SAMSON.
Quel spectacle d'horreur!
Quoi! ces fiers enfants de l'erreur

Ont porté parmi vous ces monstres qu'ils adorent ?
Dieu des combats, regarde en ta fureur
Les indignes rivaux que nos tyrans implorent.
Soutiens mon zèle, inspire-moi ;
Venge ta cause, venge-toi.

LE GRAND-PRÊTRE.

Profane, impie, arrête !

SAMSON.

Lâches ! dérobez votre tête
A mon juste courroux ;
Pleurez vos dieux, craignez pour vous.
Tombez, dieux ennemis ! soyez réduits en poudre.
Vous ne méritez pas
Que le dieu des combats
Arme le ciel vengeur, et lance ici sa foudre ;
Il suffit de mon bras.
Tombez, dieux ennemis ! soyez réduits en poudre.

(Il renverse les autels.)

LE GRAND-PRÊTRE.

Le ciel ne punit point ce sacrilége effort ?
Le ciel se tait, vengeons sa querelle.
Servons le ciel en donnant la mort
A ce peuple rebelle.

LE CHOEUR DES PRÊTRES.

Servons le ciel en donnant la mort
A ce peuple rebelle.

SCÈNE IV.

SAMSON, LES ISRAÉLITES.

SAMSON.

Vos esprits étonnés sont encore incertains ?

Redoutez-vous ces dieux renversés par mes mains ?
CHOEUR DES FILLES ISRAÉLITES.
Mais qui nous défendra du courroux effroyable
  D'un roi, le tyran des Hébreux ?
SAMSON.
  Le Dieu dont la main favorable
  A conduit ce bras belliqueux,
Ne craint point de ces rois la grandeur périssable.
  Faibles tribus, demandez son appui ;
   Il vous armera du tonnerre ;
Vous serez redoutés du reste de la terre,
  Si vous ne redoutez que lui.
CHOEUR.
Mais nous sommes, hélas ! sans armes, sans défense.
SAMSON.
Vous m'avez, c'est assez ; tous vos maux vont finir.
 Dieu m'a prêté sa force, sa puissance :
Le fer est inutile au bras qu'il veut choisir ;
En domptant les lions, j'appris à vous servir :
Leur dépouille sanglante est le noble présage
  Des coups dont je ferai périr
  Les tyrans qui sont leur image.

AIR.

  Peuple, éveille-toi, romps tes fers [1],
  Remonte à ta grandeur première,
  Comme un jour Dieu du haut des airs
  Rappellera les morts à la lumière
   Du sein de la poussière,
  Et ranimera l'univers.
  Peuple, éveille-toi, romps tes fers,

La liberté t'appelle ;
Tu naquis pour elle ;
Reprends tes concerts.
Peuple, éveille-toi, romps tes fers.

AUTRE AIR.

L'hiver détruit les fleurs et la verdure ;
Mais du flambeau des jours la féconde clarté
Ranime la nature,
Et lui rend sa beauté ;
L'affreux esclavage
Flétrit le courage :
Mais la liberté
Relève sa grandeur, et nourrit sa fierté.
Liberté ! liberté !

FIN DU PREMIER ACTE.

ACTE SECOND.

SCÈNE I.

(Le théâtre représente le péristyle du palais du roi : on voit à travers les colonnes des forêts et des collines : dans le fond de la perspective le roi est sur son trône, entouré de toute sa cour habillée à l'orientale.)

LE ROI.

Ainsi ce peuple esclave, oubliant son devoir,
    Contre son roi lève un front indocile.
Du sein de la poussière il brave mon pouvoir.
      Sur quel roseau fragile
      A-t-il mis son espoir?

UN PHILISTIN.

    Un imposteur, un vil esclave,
    Samson, les séduit et vous brave :
Sans doute il est armé du secours des enfers.

LE ROI.

L'insolent vit encore? Allez, qu'on le saisisse;
    Préparez tout pour son supplice :
    Courez, soldats, chargez de fers
Des coupables Hébreux la troupe vagabonde;
Ils sont les ennemis et le rebut du monde,
Et, détestés partout, détestent l'univers.

CHOEUR DES PHILISTINS, derrière le théâtre.

Fuyons la mort, échappons au carnage;
    Les enfers secondent sa rage.

LE ROI.

J'entends encor les cris de ces peuples mutins :
De leur chef odieux va-t-on punir l'audace ?

UN PHILISTIN, entrant sur la scène.

Il est vainqueur, il nous menace ;
Il commande aux destins ;
Il ressemble au dieu de la guerre ;
La mort est dans ses mains.
Vos soldats renversés ensanglantent la terre ;
Le peuple fuit devant ses pas.

LE ROI.

Que dites-vous ? un seul homme, un barbare,
Fait fuir mes indignes soldats ?
Quel démon pour lui se déclare ?

SCÈNE II.

LE ROI, LES PHILISTINS autour de lui; SAMSON, suivi des Hébreux, portant dans une main une massue, et de l'autre une branche d'olivier.

SAMSON.

Roi, prêtres ennemis, que mon Dieu fait trembler,
Voyez ce signe heureux de la paix bienfesante,
Dans cette main sanglante
Qui vous peut immoler.

CHOEUR DES PHILISTINS.

Quel mortel orgueilleux peut tenir ce langage ?
Contre un roi si puissant quel bras peut s'élever ?

LE ROI.

Si vous êtes un dieu, je vous dois mon hommage ;
Si vous êtes un homme, osez-vous me braver ?

SAMSON.

Je ne suis qu'un mortel; mais le Dieu de la terre,
  Qui commande aux rois,
  Qui souffle à son choix
  Et la mort et la guerre,
  Qui vous tient sous ses lois,
  Qui lance le tonnerre,
  Vous parle par ma voix.

LE ROI.

Eh bien! quel est ce dieu? quel est le témoignage
  Qu'il daigne m'annoncer par vous?

SAMSON.

  Vos soldats mourant sous mes coups,
La crainte où je vous vois, mes exploits, mon courage.
Au nom de ma patrie, au nom de l'Éternel,
Respectez désormais les enfants d'Israël,
  Et finissez leur esclavage.

LE ROI.

Moi, qu'au sang philistin je fasse un tel outrage!
Moi, mettre en liberté ces peuples odieux!
Votre dieu serait-il plus puissant que mes dieux?

SAMSON.

Vous allez l'éprouver; voyez si la nature
  Reconnaît ses commandements.
Marbres, obéissez; que l'onde la plus pure
Sorte de ces rochers, et retombe en torrents.

(On voit des fontaines jaillir dans l'enfoncement.)

CHŒUR.

Ciel! ô ciel! à sa voix on voit jaillir cette onde
  Des marbres amollis!
  Les éléments lui sont soumis!

Est-il le souverain du monde?
LE ROI.
N'importe; quel qu'il soit, je ne puis m'avilir
A recevoir des lois de qui doit me servir.
SAMSON.
Eh bien! vous avez vu quelle était sa puissance,
  Connaissez quelle est sa vengeance.
Descendez, feux des cieux, ravagez ces climats :
    Que la foudre tombe en éclats;
De ces fertiles champs détruisez l'espérance.

(Tout le théâtre paraît embrasé.)

  Brûlez, moissons; séchez, guérets;
    Embrasez-vous, vastes forêts.
  (au roi.)
  Connaissez quelle est sa vengeance.
CHOEUR.
  Tout s'embrase, tout se détruit;
  Un dieu terrible nous poursuit.
  Brûlante flamme, affreux tonnerre,
    Terribles coups!
    Ciel! ô ciel! sommes-nous
  Au jour où doit périr la terre?
LE ROI.
  Suspends, suspends cette rigueur,
Ministre impérieux d'un dieu plein de fureur!
  Je commence à reconnaître
Le pouvoir dangereux de ton superbe maître;
Mes dieux long-temps vainqueurs commencent à céder;
  C'est à leur voix à me résoudre.
SAMSON.
C'est à la sienne à commander.

Il nous avait punis, il m'arme de sa foudre :
A tes dieux infernaux va porter ton effroi ;
Pour la dernière fois peut-être tu contemples
    Et ton trône et leurs temples :
    Tremble pour eux et pour toi.

SCÈNE III.
SAMSON, CHŒUR D'ISRAÉLITES.

SAMSON.

Vous que le ciel console après des maux si grands,
Peuples, osez paraître aux palais des tyrans :
    Sonnez, trompette, organe de la gloire ;
    Sonnez, annoncez ma victoire.

LES HÉBREUX.

Chantons tous ce héros, l'arbitre des combats :
    Il est le seul dont le courage
        Jamais ne partage
    La victoire avec les soldats.
    Il va finir notre esclavage.
      Pour nous est l'avantage ;
      La gloire est à son bras ;
    Il fait trembler sur leur trône
    Les rois maîtres de l'univers,
    Les guerriers au champ de Bellone,
    Les faux dieux au fond des enfers.

CHŒUR.

    Sonnez, trompette, organe de sa gloire ;
    Sonnez, annoncez sa victoire.

LES HÉBREUX.

    Le défenseur intrépide

D'un troupeau faible et timide
Garde leurs paisibles jours
Contre le peuple homicide
Qui rugit dans les antres sourds :
Le berger se repose, et sa flûte soupire
Sous ses doigts le tendre délire
De ses innocentes amours.

CHŒUR.

Sonnez, trompette, organe de sa gloire;
Sonnez, annoncez sa victoire.

FIN DU SECOND ACTE.

ACTE TROISIÈME.

SCÈNE I.

(Le théâtre représente un bocage et un autel, où sont Mars, Vénus, et les dieux de Syrie.)

LE ROI, LE GRAND-PRÊTRE DE MARS, DALILA, prêtresse de Vénus; **CHOEUR**.

LE ROI.

Dieux de Syrie,
Dieux immortels,
Écoutez, protégez un peuple qui s'écrie
Au pied de vos autels.
Éveillez-vous, punissez la furie
De vos esclaves criminels.
Votre peuple vous prie :
Livrez en nos mains
Le plus fier des humains.

CHOEUR.

Livrez en nos mains
Le plus fier des humains.

LE GRAND-PRÊTRE.

Mars terrible,
Mars invincible,
Protége nos climats;
Prépare,
A ce barbare
Les fers et le trépas.

DALILA.

O Vénus! déesse charmante,
Ne permets pas que ces beaux jours,
Destinés aux amours,
Soient profanés par la guerre sanglante.

CHOEUR.

Livrez en nos mains
Le plus fier des humains.

ORACLE DES DIEUX DE SYRIE.

« Samson nous a domptés; ce glorieux empire
« Touche à son dernier jour;
« Fléchissez ce héros; qu'il aime, qu'il soupire :
« Vous n'avez d'espoir qu'en l'Amour. »

DALILA.

Dieu des plaisirs, daigne ici nous instruire
Dans l'art charmant de plaire et de séduire;
Prête à nos yeux tes traits toujours vainqueurs;
Apprends-nous à semer de fleurs
Le piége aimable où tu veux qu'on l'attire.

CHOEUR.

Dieu des plaisirs, daigne ici nous instruire
Dans l'art charmant de plaire et de séduire.

DALILA.

D'Adonis c'est aujourd'hui la fête;
Pour ses jeux la jeunesse s'apprête.
Amour, voici le temps heureux
Pour inspirer et pour sentir tes feux.

CHOEUR DES FILLES.

Amour, voici le temps, etc.
Dieu des plaisirs, etc.

DALILA.

Il vient plein de colère, et la terreur le suit ;
Retirons-nous sous cet épais feuillage.
(Elle se retire avec les filles de Gaza et les prêtresses.)
Implorons le dieu qui séduit
Le plus ferme courage.

SCÈNE II.

SAMSON.

Le dieu des combats m'a conduit
Au milieu du carnage ;
Devant lui tout tremble et tout fuit.
Le tonnerre, l'affreux orage,
Dans les champs font moins de ravage
Que son nom seul n'en a produit
Chez le Philistin plein de rage.
Tous ceux qui voulaient arrêter
Ce fier torrent dans son passage
N'ont fait que l'irriter :
Ils sont tombés ; la mort est leur partage.
(On entend une harmonie douce.)
Ces sons harmonieux, ces murmures des eaux,
Semblent amollir mon courage.
Asile de la paix, lieux charmants, doux ombrage,
Vous m'invitez au repos.
(Il s'endort sur un lit de gazon.)

SCÈNE III.

DALILA, SAMSON.

CHOEUR DES PRÊTRESSES DE VÉNUS, *revenant sur la scène.*
Plaisirs flatteurs, amollissez son ame,

Songes charmants, enchantez son sommeil.

FILLES DE GAZA.

Tendre Amour, éclaire son réveil,
Mets dans nos yeux ton pouvoir et ta flamme.

DALILA.

Vénus, inspire-nous, préside à ce beau jour.
Est-ce là ce cruel, ce vainqueur homicide?
Vénus, il semble né pour embellir ta cour.
Armé, c'est le dieu Mars; désarmé, c'est l'Amour.
Mon cœur, mon faible cœur devant lui s'intimide.

Enchaînons de fleurs
Ce guerrier terrible;
Que ce cœur farouche, invincible,
Se rende à tes douceurs.

CHŒUR.

Enchaînons de fleurs
Ce héros terrible.

SAMSON se réveille, entouré des filles de Gaza.

Où suis-je? en quels climats me vois-je transporté?
Quels doux concerts se font entendre!
Quels ravissants objets viennent de me surprendre!
Est-ce ici le séjour de la félicité?

DALILA, à Samson.

Du charmant Adonis nous célébrons la fête;
L'Amour en ordonna les jeux;
C'est l'Amour qui les apprête :
Puissent-ils mériter un regard de vos yeux!

SAMSON.

Quel est cet Adonis dont votre voix aimable
Fait retentir ce beau séjour?

ACTE III, SCÈNE III.

DALILA.

C'était un héros indomptable,
Qui fut aimé de la mère d'Amour.
Nous chantons tous les ans cette aimable aventure.

SAMSON.

Parlez, vous m'allez enchanter :
Les vents viennent de s'arrêter ;
Ces forêts, ces oiseaux, et toute la nature,
Se taisent pour vous écouter.

DALILA se met à côté de Samson. Le chœur se range autour d'eux. Dalila chante cette cantatille, accompagnée de peu d'instruments qui sont sur le théâtre.

Vénus dans nos climats souvent daigne se rendre ;
C'est dans nos bois qu'on vient apprendre
De son culte charmant tous les secrets divins.
Ce fut près de cette onde, en ces riants jardins,
Que Vénus enchanta le plus beau des humains.
Alors tout fut heureux dans une paix profonde ;
Tout l'univers aima, dans le sein du loisir.
Vénus donnait au monde
L'exemple du plaisir.

SAMSON.

Que ses traits ont d'appas ! que sa voix m'intéresse !
Que je suis étonné de sentir la tendresse !
De quel poison charmant je me sens pénétré !

DALILA.

Sans Vénus, sans l'Amour, qu'aurait-il pu prétendre ?
Dans nos bois il est adoré.
Quand il fut redoutable, il était ignoré :
Il devint dieu dès qu'il fut tendre.
Depuis cet heureux jour

Ces prés, cette onde, cet ombrage,
Inspirent le plus tendre amour
Au cœur le plus sauvage.

SAMSON.

O ciel! ô troubles inconnus!
J'étais ce cœur sauvage, et je ne le suis plus.
Je suis changé; j'éprouve une flamme naissante.
(à Dalila.)
Ah! s'il était une Vénus,
Si des Amours cette reine charmante
Aux mortels en effet pouvait se présenter,
Je vous prendrais pour elle, et croirais la flatter.

DALILA.

Je pourrais de Vénus imiter la tendresse.
Heureux qui peut brûler des feux qu'elle a sentis!
Mais j'eusse aimé peut-être un autre qu'Adonis,
Si j'avais été la déesse.

SCÈNE IV.

LES PRÉCÉDENTS, LES HÉBREUX.

LES HÉBREUX.

Ne tardez point, venez; tout un peuple fidèle
Est prêt à marcher sous vos lois :
Soyez le premier de nos rois;
Combattez et régnez : la gloire vous appelle.

SAMSON.

Je vous suis, je le dois; j'accepte vos présents.
Ah!... quel charme puissant m'arrête!
Ah! différez du moins, différez quelque temps
Ces honneurs brillants qu'on m'apprête.

ACTE III, SCÈNE IV.

CHŒUR DES FILLES DE GAZA.

Demeurez, présidez à nos fêtes;
Que nos cœurs soient ici vos conquêtes.

DALILA.

Oubliez les combats;
Que la paix vous attire.
Vénus vient vous sourire,
L'Amour vous tend les bras.

LES HÉBREUX.

Craignez le plaisir décevant
Où votre grand cœur s'abandonne :
L'Amour nous dérobe souvent
Les biens que la gloire nous donne.

CHŒUR DES FILLES.

Demeurez, présidez à nos fêtes;
Que nos cœurs soient vos tendres conquêtes.

DEUX HÉBREUX.

Venez, venez, ne tardez pas;
Nos cruels ennemis sont prêts à nous surprendre;
Rien ne peut nous défendre
Que votre invincible bras.

CHŒUR DES FILLES.

Demeurez, présidez à nos fêtes;
Que nos cœurs soient vos tendres conquêtes.

SAMSON.

Je m'arrache à ces lieux... Allons, je suis vos pas.
Prêtresse de Vénus, vous, sa brillante image,
Je ne quitte point vos appas
Pour le trône des rois, pour ce grand esclavage;
Je les quitte pour les combats.

DALILA.

Me faudra-t-il long-temps gémir de votre absence ?

SAMSON.

Fiez-vous à vos yeux de mon impatience.
Est-il un plus grand bien que celui de vous voir ?
Les Hébreux n'ont que moi pour unique espérance,
   Et vous êtes mon seul espoir.

SCÈNE V.

DALILA.

Il s'éloigne, il me fuit, il emporte mon ame ;
   Partout il est vainqueur :
   Le feu que j'allumais m'enflamme ;
J'ai voulu l'enchaîner, il enchaîne mon cœur.
O mère des plaisirs, le cœur de ta prêtresse
Doit être plein de toi, doit toujours s'enflammer !
   O Vénus ! ma seule déesse,
La tendresse est ma loi, mon devoir est d'aimer.
   Écho, voix errante,
   Légère habitante
   De ce beau séjour,
   Écho, monument de l'amour,
Parle de ma faiblesse au héros qui m'enchante.
Favoris du printemps, de l'amour et des airs,
   Oiseaux dont j'entends les concerts,
   Chers confidents de ma tendresse extrême,
   Doux ramage des oiseaux,
   Voix fidèle des échos,
Répétez à jamais : Je l'aime, je l'aime.

FIN DU TROISIÈME ACTE.

ACTE QUATRIÈME.

SCÈNE I.
LE GRAND-PRÊTRE, DALILA.

LE GRAND-PRÊTRE.
Oui, le roi vous accorde à ce héros terrible;
Mais vous entendez à quel prix :
Découvrez le secret de sa force invincible,
Qui commande au monde surpris;
Un tendre hymen, un sort paisible,
Dépendront du secret que vous aurez appris:

DALILA.
Que peut-il me cacher? il m'aime :
L'indifférent seul est discret;
Samson me parlera, j'en juge par moi-même :
L'amour n'a point de secret.

SCÈNE II.
DALILA.

Secourez-moi, tendres Amours,
Amenez la paix sur la terre;
Cessez, trompettes et tambours,
D'annoncer la funeste guerre;
Brillez, jour glorieux, le plus beau de mes jours.
Hymen, Amour, que ton flambeau l'éclaire;

Qu'à jamais je puisse plaire,
Puisque je sens que j'aimerai toujours !
Secondez-moi, tendres Amours,
Amenez la paix sur la terre.

SCÈNE III.

SAMSON, DALILA.

SAMSON.

J'ai sauvé les Hébreux par l'effort de mon bras,
Et vous sauvez par vos appas
Votre peuple et votre roi même :
C'est pour vous mériter que j'accorde la paix.
Le roi m'offre son diadême,
Et je ne veux que vous pour prix de mes bienfaits.

DALILA.

Tout vous craint en ces lieux ; on s'empresse à vous plaire.
Vous régnez sur vos ennemis ;
Mais de tous les sujets que vous venez de faire,
Mon cœur vous est le plus soumis.

SAMSON ET DALILA, ensemble.

N'écoutons plus le bruit des armes ;
Myrte amoureux, croissez près des lauriers.
L'amour est le prix des guerriers,
Et la gloire en a plus de charmes.

SAMSON.

L'hymen doit nous unir par des nœuds éternels.
Que tardez-vous encore ?
Venez, qu'un pur amour vous amène aux autels.
Du dieu des combats que j'adore.

DALILA.

Ah ! formons ces doux nœuds au temple de Vénus.

SAMSON.

Non, son culte est impie, et ma loi le condamne ;
Non, je ne puis entrer dans ce temple profane.

DALILA.

Si vous m'aimez, il ne l'est plus.
Arrêtez, regardez cette aimable demeure,
C'est le temple de l'univers ;
Tous les mortels, à tout âge, à toute heure,
Y viennent demander des fers.
Arrêtez, regardez cette aimable demeure,
C'est le temple de l'univers.

SCÈNE IV.

SAMSON, DALILA, CHŒUR DE DIFFÉRENTS PEUPLES, DE GUERRIERS, DE PASTEURS.

(Le temple de Vénus paraît dans toute sa splendeur.)

DALILA.

AIR.

Amour, volupté pure,
Ame de la nature,
Maître des éléments,
L'univers n'est formé, ne s'anime et ne dure
Que par tes regards bienfesants.
Tendre Vénus, tout l'univers t'implore,
Tout n'est rien sans tes feux !
On craint les autres dieux, c'est Vénus qu'on adore :
Ils règnent sur le monde, et tu règnes sur eux.

GUERRIERS.

Vénus, notre fier courage,
Dans le sang, dans le carnage,
Vainement s'endurcit ;
Tu nous désarmes ;
Nous rendons les armes :
L'horreur à ta voix s'adoucit.

UNE PRÊTRESSE.

Chantez, oiseaux ; chantez ; votre ramage tendre
Est la voix des plaisirs.
Chantez ; Vénus doit vous entendre ;
Portez-lui nos soupirs.
Les filles de Flore
S'empressent d'éclore
Dans ce séjour ;
La fraîcheur brillante
De la fleur naissante
Se passe en un jour :
Mais une plus belle
Naît auprès d'elle,
Plaît à son tour ;
Sensible image
Des plaisirs du bel âge,
Sensible image
Du charmant Amour !

SAMSON.

Je n'y résiste plus : le charme qui m'obsède
Tyrannise mon cœur, enivre tous mes sens :
Possédez à jamais ce cœur qui vous possède,
Et gouvernez tous mes moments.
Venez : vous vous troublez...

DALILA.
                    Ciel! que vais-je lui dire?
SAMSON.
D'où vient que votre cœur soupire?
DALILA.
Je crains de vous déplaire, et je dois vous parler.
SAMSON.
Ah! devant vous c'est à moi de trembler.
Parlez, que voulez-vous?
DALILA.
                    Cet amour qui m'engage
        Fait ma gloire et mon bonheur;
        Mais il me faut un nouveau gage
        Qui m'assure de votre cœur.
SAMSON.
Prononcez; tout sera possible
        A ce cœur amoureux.
DALILA.
Dites-moi, par quel charme heureux,
Par quel pouvoir secret cette force invincible?...
SAMSON.
Que me demandez-vous? C'est un secret terrible
        Entre le ciel et moi.
DALILA.
Ainsi vous doutez de ma foi?
Vous doutez, et m'aimez!...
SAMSON.
                    Mon cœur est trop sensible;
Mais ne m'imposez point cette funeste loi.
DALILA.
Un cœur sans confiance est un cœur sans tendresse.

SAMSON.

N'abusez point de ma faiblesse.

DALILA.

Cruel! quel injuste refus!
Notre hymen en dépend; nos nœuds seraient rompus.

SAMSON.

Que dites-vous?...

DALILA.

Parlez, c'est l'amour qui vous prie.

SAMSON.

Ah! cessez d'écouter cette funeste envie.

DALILA.

Cessez de m'accabler de refus outrageants.

SAMSON.

Eh bien! vous le voulez; l'amour me justifie:
Mes cheveux, à mon Dieu consacrés dès long-temps,
De ses bontés pour moi sont les sacrés garants:
Il voulut attacher ma force et mon courage
    A de si faibles ornements :
  Ils sont à lui; ma gloire est son ouvrage.

DALILA.

Ces cheveux, dites-vous?

SAMSON.

        Qu'ai-je dit? malheureux!
  Ma raison revient; je frissonne
De l'abîme où j'entraîne avec moi les Hébreux.

TOUS DEUX ensemble.

  La terre mugit, le ciel tonne,
Le temple disparaît, l'astre du jour s'enfuit,
  L'horreur épaisse de la nuit
  De son voile affreux m'environne.

SAMSON.

J'ai trahi de mon Dieu le secret formidable.
Amour! fatale volupté!
C'est toi qui m'as précipité
Dans un piége effroyable;
Et je sens que Dieu m'a quitté.

SCÈNE V.

LES PHILISTINS, SAMSON, DALILA.

LE GRAND-PRÊTRE DES PHILISTINS.
Venez; ce bruit affreux, ces cris de la nature,
Ce tonnerre, tout nous assure
Que du dieu des combats il est abandonné.

DALILA.
Que faites-vous, peuple parjure?

SAMSON.
Quoi! de mes ennemis je suis environné!
(Il combat.)
Tombez, tyrans...

LES PHILISTINS.
Cédez, esclave.
(Ensemble.)
Frappons l'ennemi qui nous brave.

DALILA.
Arrêtez, cruels! arrêtez;
Tournez sur moi vos cruautés.

SAMSON.
Tombez, tyrans...

LES PHILISTINS, combattant.
Cédez, esclave.

SAMSON.

Ah ! quelle mortelle langueur !...
Ma main ne peut porter cette fatale épée.
Ah Dieu ! ma valeur est trompée ;
Dieu retire son bras vainqueur.

LES PHILISTINS.

Frappons l'ennemi qui nous brave :
Il est vaincu ; cédez, esclave.

SAMSON, entre leurs mains.

Non, lâches ! non, ce bras n'est point vaincu par vous ;
C'est Dieu qui me livre à vos coups.

(On l'emmène.)

SCÈNE VI.

DALILA.

O désespoir ! ô tourments ! ô tendresse !
Roi cruel ! peuples inhumains !
O Vénus, trompeuse déesse !
Vous abusiez de ma faiblesse.
Vous avez préparé, par mes fatales mains,
L'abîme horrible où je l'entraîne ;
Vous m'avez fait aimer le plus grand des humains
Pour hâter sa mort et la mienne.
Trône, tombez ; brûlez, autels,
Soyez réduits en poudre.
Tyrans affreux, dieux cruels,
Puisse un dieu plus puissant écraser de sa foudre
Vous et vos peuples criminels !

CHOEUR, derrière le théâtre.

Qu'il périsse,

Qu'il tombe en sacrifice
A nos dieux.
DALILA.
Voix barbares ! cris odieux !
Allons partager son supplice.

FIN DU QUATRIÈME ACTE.

ACTE CINQUIÈME.

SCÈNE I.

SAMSON enchaîné, GARDES.

Profonds abîmes de la terre,
Enfer, ouvre-toi !
Frappez, tonnerre,
Écrasez-moi !
Mon bras a refusé de servir mon courage ;
Je suis vaincu, je suis dans l'esclavage ;
Je ne te verrai plus, flambeau sacré des cieux ;
Lumière, tu fuis de mes yeux.
Lumière, brillante image
D'un Dieu ton auteur,
Premier ouvrage
Du créateur ;
Douce lumière,
Nature entière,
Des voiles de la nuit l'impénétrable horreur
Te cache à ma triste paupière.
Profonds abîmes, etc.

SCÈNE II.

SAMSON, CHŒUR D'HÉBREUX.

PERSONNAGES DU CHŒUR.
Hélas ! nous t'amenons nos tribus enchaînées,

Compagnes infortunées
De ton horrible douleur.

SAMSON.

Peuple saint, malheureuse race,
Mon bras relevait ta grandeur;
Ma faiblesse a fait ta disgrace.
Quoi! Dalila me fuit! Chers amis, pardonnez
A de si honteuses alarmes.

PERSONNAGES DU CHOEUR.

Elle a fini ses jours infortunés.
Oublions à jamais la cause de nos larmes.

SAMSON.

Quoi! j'éprouve un malheur nouveau!
Ce que j'adore est au tombeau!
Profonds abîmes de la terre,
Enfer, ouvre-toi!
Frappez, tonnerre,
Écrasez-moi!

SAMSON ET DEUX CORYPHÉES.

TRIO.

Amour, tyran que je déteste,
Tu détruis la vertu, tu traînes sur tes pas
L'erreur, le crime, le trépas :
Trop heureux qui ne connaît pas
Ton pouvoir aimable et funeste!

UN CORYPHÉE.

Vos ennemis cruels s'avancent en ces lieux;
Ils viennent insulter au destin qui nous presse;
Ils osent imputer au pouvoir de leurs dieux
Les maux affreux où Dieu nous laisse.

SCÈNE III.

LE ROI, chœur de philistins, SAMSON, chœur d'hébreux.

LE ROI.
Élevez vos accents vers vos dieux favorables ;
Vengez leurs autels, vengez-nous.

CHŒUR DE PHILISTINS.
Élevons nos accents, etc.

CHŒUR D'ISRAÉLITES.
Terminons nos jours déplorables.

SAMSON.
O Dieu vengeur ! ils ne sont point coupables ;
Tourne sur moi tes coups.

CHŒUR DE PHILISTINS.
Élevons nos accents vers nos dieux favorables ;
Vengeons leurs autels, vengeons-nous.

SAMSON.
O Dieu !... pardonne.

CHŒUR DE PHILISTINS.
Vengeons-nous.

LE ROI.
Inventons, s'il se peut, un nouveau châtiment :
Que le trait de la mort, suspendu sur sa tête,
Le menace encore et s'arrête ;
Que Samson dans sa rage entende notre fête,
Que nos plaisirs soient son tourment.

SCÈNE IV.

SAMSON, LES ISRAÉLITES, LE ROI, LES PRÊTRESSES DE VÉNUS, LES PRÊTRES DE MARS.

UNE PRÊTRESSE.

Tous nos dieux étonnés, et cachés dans les cieux,
  Ne pouvaient sauver notre empire :
   Vénus avec un sourire
  Nous a rendus victorieux :
  Mars a volé, guidé par elle :
   Sur son char tout sanglant,
   La Victoire immortelle
  Tirait son glaive étincelant
  Contre tout un peuple infidèle,
   Et la nuit éternelle
Va dévorer leur chef interdit et tremblant.

UNE AUTRE.

  C'est Vénus qui défend aux tempêtes
   De gronder sur nos têtes.
    Notre ennemi cruel
    Entend encor nos fêtes,
    Tremble de nos conquêtes,
    Et tombe à son autel.

LE ROI.

Eh bien ! qu'est devenu ce dieu si redoutable,
  Qui par tes mains devait nous foudroyer ?
Une femme a vaincu ce fantôme effroyable,
Et son bras languissant ne peut se déployer.
  Il t'abandonne, il cède à ma puissance ;
Et tandis qu'en ces lieux j'enchaîne les destins,
Son tonnerre, étouffé dans ses débiles mains,

Se repose dans le silence.
SAMSON.
Grand Dieu ! j'ai soutenu cet horrible langage,
Quand il n'offensait qu'un mortel ;
On insulte ton nom, ton culte, ton autel ;
Lève-toi, venge ton outrage.
CHOEUR DES PHILISTINS.
Tes cris, tes cris ne sont point entendus.
Malheureux, ton dieu n'est plus.
SAMSON.
Tu peux encore armer cette main malheureuse ;
Accorde-moi du moins une mort glorieuse.
LE ROI.
Non, tu dois sentir à longs traits
L'amertume de ton supplice.
Qu'avec toi ton dieu périsse,
Et qu'il soit comme toi méprisé pour jamais.
SAMSON.
Tu m'inspires enfin ; c'est sur toi que je fonde
Mes superbes desseins ;
Tu m'inspires ; ton bras seconde
Mes languissantes mains.
LE ROI.
Vil esclave, qu'oses-tu dire ?
Prêt à mourir dans les tourments,
Peux-tu bien menacer ce formidable empire
A tes derniers moments ?
Qu'on l'immole, il est temps ;
Frappez ; il faut qu'il expire.
SAMSON.
Arrêtez ; je dois vous instruire

ACTE V, SCÈNE IV.

Des secrets de mon peuple, et du Dieu que je sers :
Ce moment doit servir d'exemple à l'univers.

LE ROI.

Parle, apprends-nous tous tes crimes,
Livre-nous toutes nos victimes.

SAMSON.

Roi, commande que les Hébreux
Sortent de ta présence et de ce temple affreux.

LE ROI.

Tu seras satisfait.

SAMSON.

La cour qui t'environne,
Tes prêtres, tes guerriers, sont-ils autour de toi ?

LE ROI.

Ils y sont tous, explique-toi.

SAMSON.

Suis-je auprès de cette colonne
Qui soutient ce séjour si cher aux Philistins ?

LE ROI.

Oui, tu la touches de tes mains.

SAMSON, *ébranlant les colonnes.*

Temple odieux ! que tes murs se renversent,
Que tes débris se dispersent
Sur moi, sur ce peuple en fureur !

CHOEUR.

Tout tombe, tout périt. O ciel ! ô Dieu vengeur !

SAMSON.

J'ai réparé ma honte, et j'expire en vainqueur.

FIN DE SAMSON.

NOTE

SUR L'OPÉRA DE *SAMSON*.

[1] Lors de la translation de Voltaire au Panthéon, le 10 juillet 1791, le cortége s'arrêta devant les Tuileries, et l'on y chanta ce chœur, mis en musique par Gossec. B.

Nota. J'ai cru inutile de rapporter ici les huit vers cités par Voltaire dans sa lettre à Thieriot, du 1er décembre 1731, comme fesant partie de *Samson*; je ne saurais indiquer à quelle scène ces vers appartenaient.

ZAÏRE,

TRAGÉDIE EN CINQ ACTES,

REPRÉSENTÉE, POUR LA PREMIÈRE FOIS, LE 13 AOUT 1732.

Est etiam crudelis amor.

AVERTISSEMENT[1].

Ceux qui aiment l'histoire littéraire seront bien aises de savoir comment cette pièce fut faite. Plusieurs dames avaient reproché à l'auteur qu'il n'y avait pas assez d'amour dans ses tragédies; il leur répondit qu'il ne croyait pas que ce fût la véritable place de l'amour, mais que, puisqu'il leur fallait absolument des héros amoureux, il en ferait tout comme un autre. La pièce fut achevée en vingt-deux jours : elle eut un grand succès. On l'appelle à Paris *tragédie chrétienne*, et on l'a jouée fort souvent à la place de *Polyeucte*.

Zaïre a fourni depuis peu un événement singulier à Londres. Un gentilhomme anglais, nommé M. Bond, passionné pour les spectacles, avait fait traduire cette pièce; et avant de la donner au théâtre public, il la fit jouer, dans la grande salle des bâtiments d'Yorck, par ses amis. Il y représentait le rôle de Lusignan : il mourut sur le théâtre au moment de la reconnaissance. Les comédiens l'ont jouée depuis avec succès [2].

[1] Des deux alinéa qui composent cet *Avertissement*, le premier existait dès 1738; le second fut ajouté en 1742, et supprimé dès 1746. B.

[2] Le 4 décembre 1732 on joua sur le théâtre italien *Arlequin au Parnasse, ou la Folie de Melpomène*, comédie critique de la tragédie de *Zaïre* (par l'abbé Nadal), imprimée dans le tome Ier des *Parodies du nouveau théâtre italien*, où l'on trouve aussi *Les Enfants-trouvés, ou le Sultan poli par l'amour*, autre parodie, par Dominique, Romagnesi et Fr. Riccoboni, jouée sur le théâtre italien le 9 décembre 1732, imprimée plusieurs fois séparément. M. de Soleinne possède le manuscrit d'une *Zaïre, parodie en un acte et en vers*. Une quatrième parodie, en cinq actes et en vers, a été imprimée à la fin du dix-huitième siècle, sous le titre de *Caquire*, par *M. de Vessaire*. On l'attribue à un Lyonnais nommé Bécombes. J.-B. Rousseau fit insérer dans le *Glaneur* (n° 28 de 1733) une critique de *Zaïre*; on y répondit dans le *Mercure* d'avril 1733, page 651. L'extrait d'une *Lettre sur Zaïre* fait partie du tome XVII de la *Bibliothèque française*, page 384. L'abbé Nadal, outre la parodie qu'il a faite, a écrit une *Lettre à madame la comtesse de F..., sur la tragédie de Zaïre* : on la trouve dans ses *OEuvres*. Des *Notes critiques sur Zaïre*, par *D'Açarq*, sont imprimées aux pages 148-165 de ses *Observations sur Boileau*, etc., 1770, in-8°. Un émailleur mit, en 1756, *Zaïre* en figures d'émail : voyez l'*Année littéraire*, 1756, tome VIII, p. 45.

C'est parmi les *Épîtres* (tome XIII) que j'ai placé celle à mademoiselle Gaussin; et dans la *Correspondance* (année 1732, tome LI) que j'ai mis la *Lettre de Voltaire à M. de Laroque*; pièces qui, jusqu'à ce jour, ont fait partie des préliminaires de *Zaïre*. B.

ÉPITRE DÉDICATOIRE

A M. FALKENER, MARCHAND ANGLAIS[1].

1733.

Vous êtes Anglais, mon cher ami, et je suis né en France; mais ceux qui aiment les arts sont tous concitoyens. Les honnêtes gens qui pensent ont à peu près les mêmes principes, et ne composent qu'une république : ainsi il n'est pas plus étrange de voir aujourd'hui une tragédie française dédiée à un Anglais, ou à un Italien, que si un citoyen d'Éphèse ou d'Athènes avait autrefois adressé son ouvrage à un Grec d'une autre ville. Je vous offre donc cette tragédie comme à mon compatriote dans la littérature, et comme à mon ami intime.

Je jouis en même temps du plaisir de pouvoir dire à ma nation de quel œil les négociants sont regardés chez vous; quelle estime on sait avoir en Angleterre pour une profession qui fait la grandeur de l'état; et avec quelle supériorité quelques-uns d'entre vous représentent leur patrie dans le parlement, et sont au rang des législateurs.

Je sais bien que cette profession est méprisée de nos petits-maîtres; mais vous savez aussi que nos petits-maîtres et les vôtres sont l'espèce la plus ridicule qui rampe avec orgueil sur la surface de la terre.

Une raison encore qui m'engage à m'entretenir de belles-lettres avec un Anglais plutôt qu'avec un autre, c'est votre heureuse

---

[1] L'intitulé que je donne à cette *Épître* est celui qu'elle a dans les premières éditions. On voit, par les lettres de Voltaire à Cideville et à Formont, de la fin de 1732 et du commencement de 1733, ainsi que par celle à Thieriot du 24 février 1733, que l'on n'accorda la permission d'imprimer cette dédicace qu'avec des suppressions. Une copie de la pièce entière ayant été communiquée à M. Lequien, en 1820, les morceaux supprimés en 1733 furent par lui donnés en variantes, et c'est sous cette forme qu'on les trouvera ici. B.

liberté de penser; elle en communique à mon esprit; mes idées se trouvent plus hardies avec vous.

>Quiconque avec moi s'entretient
>Semble disposer de mon ame :
>S'il sent vivement, il m'enflamme;
>Et s'il est fort, il me soutient.
>Un courtisan pétri de feinte
>Fait dans moi tristement passer
>Sa défiance et sa contrainte;
>Mais un esprit libre et sans crainte
>M'enhardit et me fait penser.
>Mon feu s'échauffe à sa lumière,
>Ainsi qu'un jeune peintre, instruit
>Sous Le Moine et sous Largillière,
>De ces maîtres qui l'ont conduit
>Se rend la touche familière;
>Il prend malgré lui leur manière,
>Et compose avec leur esprit.
>C'est pourquoi Virgile se fit
>Un devoir d'admirer Homère;
>Il le suivit dans sa carrière,
>Et son émule il se rendit,
>Sans se rendre son plagiaire [1].

Ne craignez pas qu'en vous envoyant ma pièce je vous en fasse une longue apologie : je pourrais vous dire pourquoi je n'ai pas donné à Zaïre une vocation plus déterminée au christianisme, avant qu'elle reconnût son père, et pourquoi elle cache son secret à son amant, etc.; mais les esprits sages qui aiment à rendre jus-

---

[1] Passage retranché en 1733, et imprimé pour la première fois en 1820.

>Sans se rendre son plagiaire.
>Ainsi dans les bras d'un mari,
>Une femme lui fesant fête,
>De son amant tendre et chéri
>Se remplit vivement la tête :
>Elle voit là son cher objet;
>Elle en a l'ame possédée,
>Et fait un fils qui, trait pour trait,
>Est bientôt le vivant portrait
>De celui dont elle eut l'idée.

tice verront bien mes raisons sans que je les indique : pour les critiques déterminés, qui sont disposés à ne pas me croire, ce serait peine perdue que de les leur dire.

Je me vanterai seulement avec vous d'avoir fait une pièce assez simple, qualité dont on doit faire cas de toutes façons.

> Cette heureuse simplicité
> Fut un des plus dignes partages
> De la savante antiquité.
> Anglais, que cette nouveauté
> S'introduise dans vos usages.
> Sur votre théâtre infecté
> D'horreurs, de gibets, de carnages,
> Mettez donc plus de vérité,
> Avec de plus nobles images.
> Addison l'a déjà tenté ;
> C'était le poëte des sages,
> Mais il était trop concerté ;
> Et dans son Caton si vanté,
> Ses deux filles, en vérité,
> Sont d'insipides personnages.
> Imitez du grand Addison
> Seulement ce qu'il a de bon ;
> Polissez la rude action
> De vos Melpomènes sauvages ;
> Travaillez pour les connaisseurs
> De tous les temps, de tous les âges ;
> Et répandez dans vos ouvrages
> La simplicité de vos mœurs.

Que messieurs les poëtes anglais ne s'imaginent pas que je veuille leur donner *Zaïre* pour modèle : je leur prêche la simplicité naturelle et la douceur des vers ; mais je ne me fais point du tout le saint de mon sermon. Si *Zaïre* a eu quelque succès, je le dois beaucoup moins à la bonté de mon ouvrage, qu'à la prudence que j'ai eue de parler d'amour le plus tendrement qu'il m'a été possible. J'ai flatté en cela le goût de mon auditoire : on est assez sûr de réussir, quand on parle aux passions des gens plus qu'à leur raison. On veut de l'amour, quelque bon chrétien que l'on soit, et je suis très persuadé que bien en prit au grand Corneille de ne s'être pas borné, dans *Polyeucte*, à faire casser les statues de

Jupiter par les néophytes; car telle est la corruption du genre humain, que peut-être

> De Polyeucte la belle ame
> Aurait faiblement attendri,
> Et les vers chrétiens qu'il déclame
> Seraient tombés dans le décri,
> N'eût été l'amour de sa femme
> Pour ce païen son favori,
> Qui méritait bien mieux sa flamme
> Que son bon dévot de mari.

Même aventure à peu près est arrivée à Zaïre. Tous ceux qui vont aux spectacles m'ont assuré que, si elle n'avait été que convertie, elle aurait peu intéressé; mais elle est amoureuse de la meilleure foi du monde, et voilà ce qui a fait sa fortune. Cependant il s'en faut bien que j'aie échappé à la censure.

> Plus d'un éplucheur intraitable
> M'a vétillé, m'a critiqué:
> Plus d'un railleur impitoyable
> Prétendait que j'avais croqué,
> Et peu clairement expliqué
> Un roman très peu vraisemblable,
> Dans ma cervelle fabriqué;
> Que le sujet en est tronqué,
> Que la fin n'est pas raisonnable;
> Même on m'avait pronostiqué
> Ce sifflet tant épouvantable,
> Avec quoi le public choqué
> Régale un auteur misérable.
> Cher ami, je me suis moqué
> De leur censure insupportable:
> J'ai mon drame en public risqué;
> Et le parterre favorable,
> Au lieu de siffler, m'a claqué.
> Des larmes même ont offusqué
> Plus d'un œil, que j'ai remarqué
> Pleurer de l'air le plus aimable.
> Mais je ne suis point requinqué
> Par un succès si desirable:
> Car j'ai comme un autre marqué

ÉPITRE DÉDICATOIRE.

Tous les déficit de ma fable.
Je sais qu'il est indubitable
Que, pour former œuvre parfait,
Il faudrait se donner au diable ;
Et c'est ce que je n'ai pas fait [1].

[1] Var. Et c'est ce que je n'ai pas fait.

Si on peut répondre de quelque chose, j'imagine que cette pièce de théâtre sera la dernière que je risquerai. J'aime les lettres ; mais plus je les aime, plus je suis fâché de les voir peu accueillir : on jouit ici avec un peu trop d'indifférence des plaisirs qu'un homme procure avec beaucoup de peine. Voici, par exemple, un spectacle représenté à la cour : on y va par étiquette, comme à une cérémonie ordinaire, sans daigner s'y intéresser, sans s'informer souvent du nom de l'auteur, que pour l'accabler en passant d'un mot de critique médisante, et souvent absurde. Enfin ce même public qui l'a applaudi va le voir tourner en ridicule au théâtre italien et à la foire, et jouit de son humiliation avec plus de joie qu'il n'a joui de ses veilles. Ce n'est pas tout : la calomnie le poursuit avec fureur ; on cherche à le perdre quand on ne peut l'avilir. Si l'homme de lettres est médiocre, il tombe dans le mépris le plus humiliant ; s'il réussit, il se fait les ennemis les plus cruels. Je sais, et il faut le dire aux étrangers pour l'honneur de ma nation ; il n'y a point de pays dans l'Europe où il y ait tant de belles fondations pour les arts. Nous avons des académies de toute espèce ; mais le frelon y prend trop souvent la place de l'abeille. Ce n'est pas assez de ces honneurs frivoles souvent avilis par ceux qu'on en veut orner ; on trouve dans ces lieux avec étonnement le feseur de madrigaux, souvent encore des gens plus obscurs, que rien ne sauve du mépris public que leur peu de renommée. Le mérite, que quelquefois on y admet, ou s'y refuse, ou s'y voit avec indignation : il semble même que, pour remplir cette place, il faille être plus accablé de la risée publique qu'honoré des applaudissements qu'on donne aux auteurs révérés. Les têtes qu'on y couronne de laurier n'en sont pas à tel point couvertes qu'on n'y découvre encore les restes du chardon qui ceignait leur front sacré. Mais quand il serait vrai que ces places fondées pour le mérite ne fussent remplies que par lui, que sont-elles sans les récompenses ? et que deviennent les arts, s'ils ne sont soutenus par les regards du maître, et par l'attrait *le* plus flatteur de la considération ? Ils peuvent dépérir au milieu des abris élevés par eux ; abris que le temps détruit tous les jours ; bâtiments dont la mémoire subsiste, et dont à peine on reconnaît la trace : les arbres plantés par Louis XIV dégénèrent faute de culture. Le public aura toujours du goût ; mais les grands maîtres manqueront : un sculpteur, dans son académie, verra des hommes médiocres à côté de lui, et n'élèvera pas sa pensée jusqu'à Girardon et à Pu-

Je n'ose me flatter que les Anglais fassent à *Zaïre* le même honneur qu'ils ont fait à *Brutus*[1], dont on a joué la traduction sur le théâtre de Londres. Vous avez ici la réputation de n'être ni assez dévots pour vous soucier beaucoup du vieux Lusignan, ni assez tendres pour être touchés de Zaïre. Vous passez pour aimer mieux une intrigue de conjurés qu'une intrigue d'amants. On croit qu'à votre théâtre on bat des mains au mot de *patrie*, et chez nous à celui d'*amour;* cependant la vérité est que vous mettez de l'amour tout comme nous dans vos tragédies. Si vous n'avez pas la réputation d'être tendres, ce n'est pas que vos héros de théâtre ne soient amoureux, mais c'est qu'ils expriment rarement leur passion d'une manière naturelle. Nos amants parlent en amants, et les vôtres ne parlent encore qu'en poëtes.

Si vous permettez que les Français soient vos maîtres en galanterie, il y a bien des choses en récompense que nous pourrions prendre de vous. C'est au théâtre anglais que je dois la hardiesse que j'ai eue de mettre sur la scène les noms de nos rois et des anciennes familles du royaume. Il me paraît que cette nouveauté pourrait être la source d'un genre de tragédie qui nous est inconnu jusqu'ici, et dont nous avons besoin. Il se trouvera sans doute des génies heureux qui perfectionneront cette idée, dont *Zaïre* n'est qu'une faible ébauche. Tant que l'on continuera en France de protéger les lettres, nous aurons assez d'écrivains. La nature forme presque toujours des hommes en tout genre de talent; il ne s'agit que de les encourager et de les employer. Mais si ceux qui se distinguent un peu n'étaient soutenus par quelque récompense honorable, et par l'attrait plus flatteur de la considération, tous les beaux-arts pourraient bien dépérir au milieu des abris élevés pour eux, et ces arbres plantés par Louis XIV dégénéreraient faute de

get; un peintre se contentera d'être supérieur à son confrère, et ne songera pas à égaler Le Poussin. Louis XIV donnait d'un coup d'œil une noble émulation à tous les artistes. M. Colbert, le père des arts, sous ce grand roi, encourageait à-la-fois un Racine et un Van-Robais; il portait notre commerce et notre gloire par-delà les Indes; il étendait les libéralités de son maître sur des étrangers, étonnés d'être connus et récompensés par notre cour. Partout où était le mérite, il avait un protecteur dans Louis XIV.

[1] M. de Voltaire s'est trompé; on a traduit et joué *Zaïre* en Angleterre avec beaucoup de succès (note de 1738). Voyez, ci-après, la lettre à M. le chevalier Falkener. B.

culture : le public aurait toujours du goût, mais les grands maîtres manqueraient. Un sculpteur, dans son académie, verrait des hommes médiocres à côté de lui, et n'élèverait pas sa pensée jusqu'à Girardon et au Puget ; un peintre se contenterait de se croire supérieur à son confrère, et ne songerait pas à égaler Le Poussin. Puissent les successeurs de Louis XIV suivre toujours l'exemple de ce grand roi, qui donnait d'un coup d'œil une noble émulation à tous les artistes ! Il encourageait à-la-fois un Racine et un Van-Robais.... Il portait notre commerce et notre gloire par-delà les Indes ; il étendait ses graces sur des étrangers étonnés d'être connus et récompensés par notre cour. Partout où était le mérite, il avait un protecteur dans Louis XIV.

> Car de son astre bienfesant
> Les influences libérales,
> Du Caire au bord de l'Occident,
> Et sous les glaces boréales,
> Cherchaient le mérite indigent.
> Avec plaisir ses mains royales
> Répandaient la gloire et l'argent :
> Le tout sans brigue et sans cabales.
> Guillelmini, Viviani,
> Et le céleste Cassini,
> Auprès des lis venaient se rendre,
> Et quelque forte pension
> Vous aurait pris le grand Newton,
> Si Newton avait pu se prendre.
> Ce sont là les heureux succès
> Qui fesaient la gloire immortelle
> De Louis et du nom français.
> Ce Louis était le modèle
> De l'Europe et de vos Anglais.
> On craignait que, par ses progrès,
> Il n'envahît à tout jamais
> La monarchie universelle ;
> Mais il l'obtint par ses bienfaits.

Vous n'avez pas chez vous des fondations pareilles aux monuments de la munificence de nos rois, mais votre nation y supplée. Vous n'avez pas besoin des regards du maître pour honorer et récompenser les grands talents en tout genre. Le chevalier Steele et le chevalier Wanbruck étaient en même temps auteurs comiques et membres du parlement. La primatie du docteur Tillotson, l'ambassade de M. Prior, la charge de M. Newton, le ministère de M. Addison, ne sont que les suites ordinaires de la considération qu'ont chez vous les grands hommes. Vous les comblez de biens pendant leur vie, vous leur élevez des mausolées et des statues après leur mort; il n'y a point jusqu'aux actrices célèbres qui n'aient chez vous leur place dans les temples à côté des grands poëtes.

> Votre Oldfield [1] et sa devancière
> Bracegirdle la minaudière,
> Pour avoir su dans leurs beaux jours
> Réussir au grand art de plaire,
> Ayant achevé leur carrière,
> S'en furent avec le concours
> De votre république entière,
> Sous un grand poêle de velours,
> Dans votre église pour toujours
> Loger de superbe manière.
> Leur ombre en paraît encor fière,
> Et s'en vante avec les Amours :
> Tandis que le divin Molière [2],

[1] Fameuse actrice mariée à un seigneur d'Angleterre (1748).

[2] Var.   Tandis que le sage Molière,
> Bien plus digne d'un tel honneur,
> Obtient à peine la faveur
> D'un misérable cimetière,
> Et que l'aimable Le Couvreur,
> A qui j'ai fermé la paupière,
> Ne put trouver un enterreur,
> Et que monsieur de Laubinière
> Porta la nuit, par charité,
> Ce corps autrefois si vanté,
> Dans un vieux fiacre empaqueté,
> Vers les bords de notre rivière.
> Que mon cœur en a palpité!
> Cher ami, que j'ai détesté
> La rigueur inhospitalière
> Dont ce cher objet fut traité!
> Cette gothique indignité
> N'a-t-elle donc pas révolté
> Les muses et l'Europe entière?
> Voyez-vous pas, etc.

ÉPITRE DÉDICATOIRE.

Bien plus digne d'un tel honneur,
A peine obtint le froid bonheur
De dormir dans un cimetière ;
Et que l'aimable Le Couvreur,
A qui j'ai fermé la paupière,
N'a pas eu même la faveur
De deux cierges et d'une bière,
Et que monsieur de Laubinière
Porta la nuit, par charité,
Ce corps autrefois si vanté,
Dans un vieux fiacre empaqueté,
Vers le bord de notre rivière.
Voyez-vous pas à ce récit
L'Amour irrité qui gémit,
Qui s'envole en brisant ses armes,
Et Melpomène tout en larmes,
Qui m'abandonne, et se bannit
Des lieux ingrats qu'elle embellit
Si long-temps de ses nobles charmes [1] ?

Tout semble ramener les Français à la barbarie dont Louis XIV et le cardinal de Richelieu les ont tirés. Malheur aux politiques qui ne connaissent pas le prix des beaux-arts ! La terre est couverte de nations aussi puissantes que nous. D'où vient cependant que nous les regardons presque toutes avec peu d'estime ? c'est par la raison qu'on méprise dans la société un homme riche dont l'esprit est sans goût et sans culture. Surtout ne croyez pas que cet empire de l'esprit, et cet honneur d'être le modèle des autres peuples, soit une gloire frivole : ce sont les marques infaillibles de la grandeur d'un peuple. C'est toujours sous les plus grands princes que les arts ont fleuri, et leur décadence est quelquefois l'époque de celle d'un état. L'histoire est pleine de ces exemples ; mais ce sujet me mènerait trop loin. Il faut que je finisse cette lettre déjà trop

---

[1] Var.   Si long-temps de ses nobles charmes.

Voilà en partie, mon cher Falkener, les raisons pour lesquelles je prends congé, comme je le crois, et comme je ne l'assure pourtant pas, de notre théâtre français. Permettez-moi d'ajouter à cette épître dédicatoire, dictée par mon cœur et par ma liberté, une petite pièce de vers assez connue dans ce pays-ci, et qui trouve naturellement, etc. »

longue, en vous envoyant un petit ouvrage qui trouve naturellement sa place à la tête de cette tragédie. C'est une épître en vers à celle qui a joué le rôle de Zaïre[1] : je lui devais au moins un compliment pour la façon dont elle s'en est acquittée :

> Car le prophète de la Mecque
> Dans son sérail n'a jamais eu
> Si gentille Arabesque ou Grecque ;
> Son œil noir, tendre et bien fendu,
> Sa voix, et sa grace intrinsèque,
> Ont mon ouvrage défendu
> Contre l'auditeur qui rebèque ;
> Mais quand le lecteur morfondu
> L'aura dans sa bibliothèque,
> Tout mon honneur sera perdu.

Adieu, mon ami ; cultivez toujours les lettres et la philosophie, sans oublier d'envoyer des vaisseaux dans les échelles du Levant. Je vous embrasse de tout mon cœur.

VOLTAIRE.

---

[1] Voyez, tome XIII, l'*Épitre à mademoiselle Gaussin*. B.

A M. LE CHEVALIER
FALKENER,

AMBASSADEUR D'ANGLETERRE A LA PORTE OTTOMANE.

1736.

Mon cher ami, (car votre nouvelle dignité d'ambassadeur rend seulement notre amitié plus respectable, et ne m'empêche pas de me servir ici d'un titre plus sacré que le titre de ministre : le nom d'ami est bien au-dessus de celui d'excellence).

Je dédie à l'ambassadeur d'un grand roi et d'une nation libre le même ouvrage que j'ai dédié au simple citoyen, au négociant anglais [1].

Ceux qui savent combien le commerce est honoré dans votre patrie n'ignorent pas aussi qu'un négociant y est quelquefois un législateur, un bon officier, un ministre public.

Quelques personnes corrompues par l'indigne usage de ne rendre hommage qu'à la grandeur, ont essayé de jeter un ridicule sur la nouveauté d'une dédicace faite à un homme qui n'avait alors que du mérite. On a osé, sur un théâtre consacré au mauvais goût et à la médisance, insulter à l'auteur de cette dédicace, et à celui qui l'avait reçue : on a osé lui reprocher d'être [2] un négociant. Il

---

[1] Ce que M. de Voltaire avait prévu dans sa dédicace de *Zaïre* est arrivé : M. Falkener a été un des meilleurs ministres, et est devenu un des hommes les plus considérables de l'Angleterre. C'est ainsi que les auteurs devraient dédier leurs ouvrages, au lieu d'écrire des lettres d'esclave à des gens dignes de l'être (1752).

[2] On joua une mauvaise farce à la comédie italienne de Paris, dans laquelle on insultait grossièrement plusieurs personnes de mérite, et entre autres M. Falkener. Le sieur Hérault, lieutenant de police, permit cette indignité, et le public la siffla (1748).—C'est ce même Hérault à qui M. de Voltaire disait un jour : « Monsieur, que fait-on à ceux qui fabriquent de fausses « lettres de cachet?—On les pend.—C'est toujours bien fait, en attendant « qu'on traite de même ceux qui en signent de vraies. » K.

ne faut point imputer à notre nation une grossièreté si honteuse, dont les peuples les moins civilisés rougiraient. Les magistrats qui veillent parmi nous sur les mœurs, et qui sont continuellement occupés à réprimer le scandale, furent surpris alors; mais le mépris et l'horreur du public pour l'auteur connu de cette indignité sont une nouvelle preuve de la politesse des Français.

Les vertus qui forment le caractère d'un peuple sont souvent démenties par les vices d'un particulier. Il y a eu quelques hommes voluptueux à Lacédémone. Il y a eu des esprits légers et bas en Angleterre. Il y a eu dans Athènes des hommes sans goût, impolis et grossiers; et on en trouve dans Paris.

Oublions-les, comme ils sont oubliés du public; et recevez ce second hommage: je le dois d'autant plus à un Anglais, que cette tragédie vient d'être embellie à Londres. Elle y a été traduite et jouée avec tant de succès, on a parlé de moi sur votre théâtre avec tant de politesse et de bonté, que j'en dois ici un remercîment public à votre nation.

Je ne peux mieux faire, je crois, pour l'honneur des lettres, que d'apprendre ici à mes compatriotes les singularités de la traduction et de la représentation de *Zaïre* sur le théâtre de Londres.

M. Hill, homme de lettres, qui paraît connaître le théâtre mieux qu'aucun auteur anglais, me fit l'honneur de traduire ma pièce, dans le dessein d'introduire sur votre scène quelques nouveautés, et pour la manière d'écrire les tragédies, et pour celle de les réciter. Je parlerai d'abord de la représentation.

L'art de déclamer était chez vous un peu hors de la nature: la plupart de vos acteurs tragiques s'exprimaient souvent plus en poëtes saisis d'enthousiasme, qu'en hommes que la passion inspire. Beaucoup de comédiens avaient encore outré ce défaut; ils déclamaient des vers ampoulés, avec une fureur et une impétuosité qui est au beau naturel ce que les convulsions sont à l'égard d'une démarche noble et aisée.

Cet air d'emportement semblait étranger à votre nation; car elle est naturellement sage, et cette sagesse est quelquefois prise pour de la froideur par les étrangers. Vos prédicateurs ne se permettent jamais un ton de déclamateur. On rirait chez vous d'un avocat qui s'échaufferait dans son plaidoyer. Les seuls comédiens étaient outrés. Nos acteurs, et surtout nos actrices de Paris, avaient ce défaut, il y a quelques années: ce fut mademoiselle Le Couvreur qui les en corrigea. Voyez ce qu'en dit un auteur italien de beaucoup d'esprit et de sens :

> La leggiadra Couvreur sola non trotta
> Per quella strada dove i suoi compagni
> Van di galoppo tutti quanti in frotta;
> Se avvien ch' ella pianga, o che si lagni
> Senza quegli urli spaventosi loro,
> Ti muove sì che in pianger l'accompagni.

Ce même changement que mademoiselle Le Couvreur avait fait sur notre scène, mademoiselle Cibber vient de l'introduire sur le théâtre anglais, dans le rôle de Zaïre. Chose étrange, que dans tous les arts ce ne soit qu'après bien du temps qu'on vienne enfin au naturel et au simple !

Une nouveauté qui va paraître plus singulière aux Français, c'est qu'un gentilhomme de votre pays [1], qui a de la fortune et de la considération, n'a pas dédaigné de jouer sur votre théâtre le rôle d'Orosmane. C'était un spectacle assez intéressant de voir les deux principaux personnages remplis, l'un par un homme de condition, et l'autre par une jeune actrice de dix-huit ans, qui n'avait pas encore récité un vers en sa vie.

Cet exemple d'un citoyen qui a fait usage de son talent pour la déclamation, n'est pas le premier parmi vous. Tout ce qu'il y a de surprenant en cela, c'est que nous nous en étonnions.

Nous devrions faire réflexion que toutes les choses de ce monde dépendent de l'usage et de l'opinion. La cour de France a dansé sur le théâtre avec les acteurs de l'Opéra, et on n'a rien trouvé en cela d'étrange, sinon que la mode de ces divertissements ait fini. Pourquoi sera-t-il plus étonnant de réciter que de danser en public? Y a-t-il d'autre différence entre ces deux arts, sinon que l'un est autant au-dessus de l'autre, que les talents où l'esprit a quelque part sont au-dessus de ceux du corps? Je le répète encore, et je le dirai toujours : aucun des beaux-arts n'est méprisable; et il n'est véritablement honteux que d'attacher de la honte aux talents.

Venons à présent à la traduction de *Zaïre*, et au changement qui vient de se faire chez vous dans l'art dramatique.

Vous aviez une coutume à laquelle M. Addison, le plus sage de vos écrivains, s'est asservi lui-même; tant l'usage tient lieu de rai-

---

[1] M. Bond. Voyez, page 140, le second alinéa de l'*Avertissement*. B.

son et de loi. Cette coutume peu raisonnable était de finir chaque acte par des vers d'un goût différent du reste de la pièce; et ces vers devaient nécessairement renfermer une comparaison. Phèdre, en sortant du théâtre, se comparait poétiquement à une biche; Caton, à un rocher; Cléopâtre, à des enfants qui pleurent jusqu'à ce qu'ils soient endormis.

Le traducteur de *Zaire* est le premier qui ait osé maintenir les droits de la nature contre un goût si éloigné d'elle. Il a proscrit cet usage; il a senti que la passion doit parler un langage vrai, et que le poëte doit se cacher toujours pour ne laisser paraître que le héros.

C'est sur ce principe qu'il a traduit, avec naïveté et sans aucune enflure, tous les vers simples de la pièce, que l'on gâterait, si on voulait les rendre beaux.

> On ne peut desirer ce qu'on ne connaît pas. (Acte I, scène 1.)
> J'eusse été près du Gange esclave des faux dieux,
> Chrétienne dans Paris, musulmane en ces lieux. (I, 1.)
> Mais Orosmane m'aime, et j'ai tout oublié. (I, 1.)
> Non, la reconnaissance est un faible retour,
> Un tribut offensant, trop peu fait pour l'amour. (I, 1.)
> Je me croirais haï d'être aimé faiblement. (I, 2.)
> Je veux avec excès vous aimer et vous plaire. (I, 2.)
> L'art n'est pas fait pour toi, tu n'en as pas besoin. (IV, 2.)
> L'art le plus innocent tient de la perfidie. (IV, 2.)

Tous les vers qui sont dans ce goût simple et vrai sont rendus mot à mot dans l'anglais. Il eût été aisé de les orner, mais le traducteur a jugé autrement que quelques uns de mes compatriotes: il a aimé et il a rendu toute la naïveté de ces vers. En effet, le style doit être conforme au sujet. *Alzire*, *Brutus*, et *Zaire*, demandaient, par exemple, trois sortes de versifications différentes.

Si Bérénice se plaignait de Titus, et Ariane de Thésée, dans le style de *Cinna*, Bérénice et Ariane ne toucheraient point.

Jamais on ne parlera bien d'amour, si l'on cherche d'autres ornements que la simplicité et la vérité.

Il n'est pas question ici d'examiner s'il est bien de mettre tant d'amour dans les pièces de théâtre. Je veux que ce soit une faute, elle est et sera universelle; et je ne sais quel nom donner aux fautes qui font le charme du genre humain.

Ce qui est certain, c'est que, dans ce défaut, les Français ont réussi plus que toutes les autres nations anciennes et modernes mises ensemble. L'amour paraît sur nos théâtres avec des bienséances, une délicatesse, une vérité qu'on ne trouve point ailleurs. C'est que de toutes les nations, la française est celle qui a le plus connu la société.

Le commerce continuel si vif et si poli des deux sexes a introduit en France une politesse assez ignorée ailleurs.

La société dépend des femmes. Tous les peuples qui ont le malheur de les enfermer sont insociables. Et des mœurs encore austères parmi vous, des querelles politiques, des guerres de religion, qui vous avaient rendus farouches, vous ôtèrent, jusqu'au temps de Charles II, la douceur de la société, au milieu même de la liberté. Les poëtes ne devaient donc savoir, ni dans aucun pays, ni même chez les Anglais, la manière dont les honnêtes gens traitent l'amour.

La bonne comédie fut ignorée jusqu'à Molière, comme l'art d'exprimer sur le théâtre des sentiments vrais et délicats fut ignoré jusqu'à Racine, parceque la société ne fut, pour ainsi dire, dans sa perfection que de leur temps. Un poëte, du fond de son cabinet, ne peut peindre des mœurs qu'il n'a point vues ; il aura plus tôt fait cent odes et cent épîtres qu'une scène où il faut faire parler la nature.

Votre Dryden, qui d'ailleurs était un très grand génie, mettait dans la bouche de ses héros amoureux, ou des hyperboles de rhétorique, ou des indécences, deux choses également opposées à la tendresse.

Si M. Racine fait dire à Titus [1],

« Depuis cinq ans entiers chaque jour je la vois,
« Et crois toujours la voir pour la première fois ; »

votre Dryden fait dire à Antoine,

« Ciel ! comme j'aimai ! Témoin les jours et les nuits qui sui-
« vaient en dansant sous vos pieds. Ma seule affaire était de vous
« parler de ma passion ; un jour venait et ne voyait rien qu'amour ;
« un autre venait, et c'était de l'amour encore. Les soleils étaient
« las de nous regarder, et moi je n'étais point las d'aimer. »

[1] *Bérénice*, acte II, scène 2. K.

Il est bien difficile d'imaginer qu'Antoine ait en effet tenu de pareils discours à Cléopâtre.

Dans la même pièce, Cléopâtre parle ainsi à Antoine :

« Venez à moi, venez dans mes bras, mon cher soldat; j'ai été
« trop long-temps privée de vos caresses. Mais quand je vous
« embrasserai, quand vous serez tout à moi, je vous punirai
« de vos cruautés, en laissant sur vos lèvres l'impression de mes
« ardents baisers. »

Il est très vraisemblable que Cléopâtre parlait souvent dans ce goût, mais ce n'est point cette indécence qu'il faut représenter devant une audience respectable.

Quelques uns de vos compatriotes ont beau dire : C'est là la pure nature; on doit leur répondre que c'est précisément cette nature qu'il faut voiler avec soin.

Ce n'est pas même connaître le cœur humain, de penser qu'on doit plaire davantage en présentant ces images licencieuses; au contraire, c'est fermer l'entrée de l'ame aux vrais plaisirs. Si tout est d'abord à découvert, on est rassasié; il ne reste plus rien à desirer, et on arrive tout d'un coup à la langueur en croyant courir à la volupté. Voilà pourquoi la bonne compagnie a des plaisirs que les gens grossiers ne connaissent pas.

Les spectateurs, en ce cas, sont comme les amants qu'une jouissance trop prompte dégoûte : ce n'est qu'à travers cent nuages qu'on doit entrevoir ces idées qui feraient rougir, présentées de trop près. C'est ce voile qui fait le charme des honnêtes gens; il n'y a point pour eux de plaisir sans bienséance.

Les Français ont connu cette règle plus tôt que les autres peuples, non pas parcequ'ils sont *sans génie et sans hardiesse,* comme le dit ridiculement l'inégal et impétueux Dryden, mais parceque, depuis la régence d'Anne d'Autriche, ils ont été le peuple le plus sociable et le plus poli de la terre; et cette politesse n'est point une chose arbitraire, comme ce qu'on appelle civilité; c'est une loi de la nature qu'ils ont heureusement cultivée plus que les autres peuples.

Le traducteur de *Zaïre* a respecté presque partout ces bienséances théâtrales, qui vous doivent être communes comme à nous; mais il y a quelques endroits où il s'est livré encore à d'anciens usages.

Par exemple, lorsque, dans la pièce anglaise, Orosmane vient annoncer à Zaïre qu'il croit ne la plus aimer, Zaïre lui répond en se roulant par terre. Le sultan n'est point ému de la voir dans cette posture ridicule et de désespoir, et le moment d'après il est tout étonné que Zaïre pleure.

Il lui dit cet hémistiche (acte IV, scène 2) :

Zaïre, vous pleurez !

Il aurait dû lui dire auparavant :

Zaïre, vous vous roulez par terre !

Aussi ces trois mots, *Zaïre, vous pleurez*, qui font un grand effet sur notre théâtre, n'en ont fait aucun sur le vôtre, parcequ'ils étaient déplacés. Ces expressions familières et naïves tirent toute leur force de la seule manière dont elles sont amenées. *Seigneur, vous changez de visage*, n'est rien par soi-même; mais le moment où ces paroles si simples sont prononcées dans *Mithridate* (acte III, scène 6) fait frémir.

Ne dire que ce qu'il faut, et de la manière dont il le faut, est, ce me semble, un mérite dont les Français, si vous m'en exceptez, ont plus approché que les écrivains des autres pays. C'est, je crois, sur cet art que notre nation doit en être crue. Vous nous apprenez des choses plus grandes et plus utiles: il serait honteux à nous de ne le pas avouer. Les Français qui ont écrit contre les découvertes du chevalier Newton sur la lumière en rougissent; ceux qui combattent la gravitation en rougiront bientôt.

Vous devez vous soumettre aux règles de notre théâtre, comme nous devons embrasser votre philosophie. Nous avons fait d'aussi bonnes expériences sur le cœur humain que vous sur la physique. L'art de plaire semble l'art des Français, et l'art de penser paraît le vôtre. Heureux, monsieur, qui, comme vous, les réunit !

AVERTISSEMENT[1].

On a imprimé Français par un *a*, et on en usera ainsi dans la nouvelle édition de la *Henriade*. Il faut en tout se conformer à l'usage, et écrire autant qu'on peut comme on prononce ; il serait ridicule de dire en vers, les *François* et les *Anglois*, puisqu'en prose tout le monde prononce *Français*. Il n'est pas même à croire que jamais cette dure prononciation, *François*, revienne à la mode. Tous les peuples adoucissent insensiblement la prononciation de leur langue. Nous ne disons plus la *Roine*, mais la *Reine*. *Août* se prononce *Oût*, etc. On dira toujours *Gaulois* et *Français*, parceque l'idée d'une nation grossière inspire naturellement un son plus dur, et que l'idée d'une nation plus polie communique à la voix un son plus doux. Les Italiens en sont venus jusqu'à retrancher l'*h* absolument [2]. Chez les Anglais, la moitié des consonnes qui remplissaient leurs mots, et qui les rendaient trop durs, ne se prononcent plus. En un mot, tout ce qui contribue à rendre une langue plus douce sans affectation doit être admis.

[1] Cet *Avertissement* ne se trouve que dans l'édition de 1736. B.
[2] Voyez tome XXVI, page 15. B.

ZAÏRE.

PERSONNAGES.

OROSMANE, soudan de Jérusalem.
LUSIGNAN, prince du sang des rois de Jérusalem.
ZAÏRE,
FATIME, } esclaves du soudan.
NÉRESTAN,
CHATILLON, } chevaliers français.
CORASMIN,
MÉLÉDOR, } officiers du soudan.
UN ESCLAVE.
SUITE.

La scène est au sérail de Jérusalem.

ZAÏRE.

ACTE PREMIER.

SCÈNE I.

ZAIRE, FATIME.

FATIME.

Je ne m'attendais pas, jeune et belle Zaïre,
Aux nouveaux sentiments que ce lieu vous inspire.
Quel espoir si flatteur, ou quels heureux destins
De vos jours ténébreux ont fait des jours sereins ?
La paix de votre cœur augmente avec vos charmes.
Cet éclat de vos yeux n'est plus terni de larmes ;
Vous ne les tournez plus vers ces heureux climats
Où ce brave Français devait guider nos pas !
Vous ne me parlez plus de ces belles contrées
Où d'un peuple poli les femmes adorées
Reçoivent cet encens que l'on doit à vos yeux ;
Compagnes d'un époux et reines en tous lieux,
Libres sans déshonneur, et sages sans contrainte,
Et ne devant jamais leurs vertus à la crainte !
Ne soupirez-vous plus pour cette liberté ?
Le sérail d'un soudan, sa triste austérité,
Ce nom d'esclave enfin, n'ont-ils rien qui vous gêne ?

Préférez-vous Solyme aux rives de la Seine?

ZAÏRE.

On ne peut desirer ce qu'on ne connaît pas.
Sur les bords du Jourdain le ciel fixa nos pas.
Au sérail des soudans dès l'enfance enfermée,
Chaque jour ma raison s'y voit accoutumée.
Le reste de la terre, anéanti pour moi,
M'abandonne au soudan qui nous tient sous sa loi;
Je ne connais que lui, sa gloire, sa puissance :
Vivre sous Orosmane est ma seule espérance;
Le reste est un vain songe.

FATIME.

Avez-vous oublié
Ce généreux Français, dont la tendre amitié
Nous promit si souvent de rompre notre chaîne?
Combien nous admirions son audace hautaine!
Quelle gloire il acquit dans ces tristes combats
Perdus par les chrétiens sous les murs de Damas!
Orosmane vainqueur, admirant son courage,
Le laissa sur sa foi partir de ce rivage.
Nous l'attendons encor; sa générosité
Devait payer le prix de notre liberté :
N'en aurions-nous conçu qu'une vaine espérance?

ZAÏRE.

Peut-être sa promesse a passé sa puissance.
Depuis plus de deux ans il n'est point revenu.
Un étranger, Fatime, un captif inconnu,
Promet beaucoup, tient peu, permet à son courage
Des serments indiscrets pour sortir d'esclavage.
Il devait délivrer dix chevaliers chrétiens,
Venir rompre leurs fers, ou reprendre les siens :

J'admirai trop en lui cet inutile zèle;
Il n'y faut plus penser.

FATIME.

Mais s'il était fidèle,
S'il revenait enfin dégager ses serments,
Ne voudriez-vous pas?...

ZAÏRE.

Fatime, il n'est plus temps.
Tout est changé...

FATIME.

Comment? que prétendez-vous dire?

ZAÏRE.

Va, c'est trop te céler le destin de Zaïre;
Le secret du soudan doit encor se cacher;
Mais mon cœur dans le tien se plaît à s'épancher.
Depuis près de trois mois, qu'avec d'autres captives
On te fit du Jourdain abandonner les rives,
Le ciel, pour terminer les malheurs de nos jours,
D'une main plus puissante a choisi le secours.
Ce superbe Orosmane...

FATIME.

Eh bien!

ZAÏRE.

Ce soudan même,
Ce vainqueur des chrétiens... chère Fatime... il m'aime...
Tu rougis... je t'entends... garde-toi de penser
Qu'à briguer ses soupirs je puisse m'abaisser;
Que d'un maître absolu la superbe tendresse,
M'offre l'honneur honteux du rang de sa maîtresse,
Et que j'essuie enfin l'outrage et le danger
Du malheureux éclat d'un amour passager.

Cette fierté qu'en nous soutient la modestie,
Dans mon cœur à ce point ne s'est pas démentie.
Plutôt que jusque-là j'abaisse mon orgueil,
Je verrais sans pâlir les fers et le cercueil.
Je m'en vais t'étonner; son superbe courage
A mes faibles appas présente un pur hommage :
Parmi tous ces objets à lui plaire empressés,
J'ai fixé ses regards à moi seule adressés;
Et l'hymen, confondant leurs intrigues fatales,
Me soumettra bientôt son cœur et mes rivales.

FATIME.

Vos appas, vos vertus, sont dignes de ce prix;
Mon cœur en est flatté plus qu'il n'en est surpris.
Que vos félicités, s'il se peut, soient parfaites.
Je me vois avec joie au rang de vos sujettes.

ZAÏRE.

Sois toujours mon égale, et goûte mon bonheur :
Avec toi partagé, je sens mieux sa douceur.

FATIME.

Hélas! puisse le ciel souffrir cet hyménée!
Puisse cette grandeur qui vous est destinée,
Qu'on nomme si souvent du faux nom de bonheur,
Ne point laisser de trouble au fond de votre cœur!
N'est-il point en secret de frein qui vous retienne?
Ne vous souvient-il plus que vous fûtes chrétienne?

ZAÏRE.

Ah! que dis-tu? pourquoi rappeler mes ennuis?
Chère Fatime, hélas! sais-je ce que je suis?
Le ciel m'a-t-il jamais permis de me connaître?
Ne m'a-t-il pas caché le sang qui m'a fait naître?

ACTE I, SCÈNE I.

FATIME.

Nérestan, qui naquit non loin de ce séjour,
Vous dit que d'un chrétien vous reçûtes le jour.
Que dis-je? cette croix qui sur vous fut trouvée,
Parure de l'enfance, avec soin conservée,
Ce signe des chrétiens, que l'art dérobe aux yeux
Sous le brillant éclat d'un travail précieux;
Cette croix, dont cent fois mes soins vous ont parée,
Peut-être entre vos mains est-elle demeurée
Comme un gage secret de la fidélité
Que vous deviez au Dieu que vous avez quitté.

ZAÏRE.

Je n'ai point d'autre preuve; et mon cœur qui s'ignore
Peut-il admettre un dieu que mon amant abhorre ?
La coutume, la loi, plia mes premiers ans
A la religion des heureux musulmans.
Je le vois trop : les soins qu'on prend de notre enfance
Forment nos sentiments, nos mœurs, notre croyance.
J'eusse été près du Gange esclave des faux dieux,
Chrétienne dans Paris, musulmane en ces lieux.
L'instruction fait tout; et la main de nos pères
Grave en nos faibles cœurs ces premiers caractères
Que l'exemple et le temps nous viennent retracer,
Et que peut-être en nous Dieu seul peut effacer.
Prisonnière en ces lieux, tu n'y fus renfermée
Que lorsque ta raison, par l'âge confirmée,
Pour éclairer ta foi te prêtait son flambeau :
Pour moi, des Sarrasins esclave en mon berceau,
La foi de nos chrétiens me fut trop tard connue.
Contre elle cependant, loin d'être prévenue,
Cette croix, je l'avoue, a souvent malgré moi

Saisi mon cœur surpris de respect et d'effroi :
J'osais l'invoquer même avant qu'en ma pensée
D'Orosmane en secret l'image fût tracée.
J'honore, je chéris ces charitables lois
Dont ici Nérestan me parla tant de fois;
Ces lois qui, de la terre écartant les misères,
Des humains attendris font un peuple de frères;
Obligés de s'aimer, sans doute ils sont heureux.

FATIME.

Pourquoi donc aujourd'hui vous déclarer contre eux ?
A la loi musulmane à jamais asservie,
Vous allez des chrétiens devenir l'ennemie;
Vous allez épouser leur superbe vainqueur.

ZAÏRE.

Qui lui refuserait le présent de son cœur [2] ?
De toute ma faiblesse il faut que je convienne;
Peut-être sans l'amour j'aurais été chrétienne;
Peut-être qu'à ta loi j'aurais sacrifié :
Mais Orosmane m'aime, et j'ai tout oublié.
Je ne vois qu'Orosmane, et mon ame enivrée
Se remplit du bonheur de s'en voir adorée.
Mets-toi devant les yeux sa grace, ses exploits;
Songe à ce bras puissant, vainqueur de tant de rois;
A cet aimable front que la gloire environne :
Je ne te parle point du sceptre qu'il me donne;
Non, la reconnaissance est un faible retour,
Un tribut offensant, trop peu fait pour l'amour.
Mon cœur aime Orosmane, et non son diadême [3];
Chère Fatime, en lui je n'aime que lui-même.
Peut-être j'en crois trop un penchant si flatteur;
Mais si le ciel sur lui déployant sa rigueur,

Aux fers que j'ai portés eût condamné sa vie,
Si le ciel sous mes lois eût rangé la Syrie,
Ou mon amour me trompe, ou Zaïre aujourd'hui
Pour l'élever à soi descendrait jusqu'à lui.

FATIME.

On marche vers ces lieux ; sans doute c'est lui-même.

ZAÏRE.

Mon cœur qui le prévient, m'annonce ce que j'aime.
Depuis deux jours, Fatime, absent de ce palais,
Enfin son tendre amour le rend à mes souhaits.

SCÈNE II.

OROSMANE, ZAIRE, FATIME.

OROSMANE.

Vertueuse Zaïre, avant que l'hyménée
Joigne à jamais nos cœurs et notre destinée,
J'ai cru, sur mes projets, sur vous, sur mon amour,
Devoir en musulman vous parler sans détour.
Les soudans qu'à genoux cet univers contemple,
Leurs usages, leurs droits, ne sont point mon exemple ;
Je sais que notre loi, favorable aux plaisirs,
Ouvre un champ sans limite à nos vastes desirs ;
Que je puis à mon gré, prodiguant mes tendresses,
Recevoir à mes pieds l'encens de mes maîtresses ;
Et tranquille au sérail, dictant mes volontés,
Gouverner mon pays du sein des voluptés.
Mais la mollesse est douce, et sa suite est cruelle ;
Je vois autour de moi cent rois vaincus par elle ;
Je vois de Mahomet ces lâches successeurs,

Ces califes tremblants dans leurs tristes grandeurs,
Couchés sur les débris de l'autel et du trône,
Sous un nom sans pouvoir languir dans Babylone :
Eux qui seraient encore, ainsi que leurs aïeux,
Maîtres du monde entier, s'ils l'avaient été d'eux.
Bouillon leur arracha Solyme et la Syrie ;
Mais bientôt, pour punir une secte ennemie,
Dieu suscita le bras du puissant Saladin ;
Mon père, après sa mort, asservit le Jourdain ;
Et moi, faible héritier de sa grandeur nouvelle,
Maître encore incertain d'un état qui chancelle,
Je vois ces fiers chrétiens, de rapine altérés,
Des bords de l'Occident vers nos bords attirés ;
Et lorsque la trompette et la voix de la guerre
Du Nil au Pont-Euxin font retentir la terre,
Je n'irai point, en proie à de lâches amours,
Aux langueurs d'un sérail abandonner mes jours.
J'atteste ici la gloire, et Zaïre, et ma flamme,
De ne choisir que vous pour maîtresse et pour femme,
De vivre votre ami, votre amant, votre époux,
De partager mon cœur entre la guerre et vous.
Ne croyez pas non plus que mon honneur confie
La vertu d'une épouse à ces monstres d'Asie,
Du sérail des soudans gardes injurieux,
Et des plaisirs d'un maître esclaves odieux.
Je sais vous estimer autant que je vous aime,
Et sur votre vertu me fier à vous-même.
Après un tel aveu, vous connaissez mon cœur ;
Vous sentez qu'en vous seule il a mis son bonheur.
Vous comprenez assez quelle amertume affreuse
Corromprait de mes jours la durée odieuse,

Si vous ne receviez les dons que je vous fais
Qu'avec ces sentiments que l'on doit aux bienfaits.
Je vous aime, Zaïre, et j'attends de votre ame
Un amour qui réponde à ma brûlante flamme.
Je l'avouerai, mon cœur ne veut rien qu'ardemment ;
Je me croirais haï d'être aimé faiblement.
De tous mes sentiments tel est le caractère.
Je veux avec excès vous aimer et vous plaire.
Si d'un égal amour votre cœur est épris,
Je viens vous épouser, mais c'est à ce seul prix ;
Et du nœud de l'hymen l'étreinte dangereuse
Me rend infortuné, s'il ne vous rend heureuse.

ZAÏRE.

Vous, seigneur, malheureux ! Ah ! si votre grand cœur
A sur mes sentiments pu fonder son bonheur,
S'il dépend en effet de mes flammes secrètes,
Quel mortel fut jamais plus heureux que vous l'êtes !
Ces noms chers et sacrés, et d'amant, et d'époux,
Ces noms nous sont communs : et j'ai par-dessus vous
Ce plaisir si flatteur à ma tendresse extrême,
De tenir tout, seigneur, du bienfaiteur que j'aime ;
De voir que ses bontés font seules mes destins ;
D'être l'ouvrage heureux de ses augustes mains ;
De révérer, d'aimer un héros que j'admire.
Oui, si parmi les cœurs soumis à votre empire
Vos yeux ont discerné les hommages du mien,
Si votre auguste choix....

SCÈNE III.

OROSMANE, ZAIRE, FATIME, CORASMIN.

CORASMIN.
Cet esclave chrétien
Qui sur sa foi, seigneur, a passé dans la France,
Revient au moment même, et demande audience.

FATIME.
O ciel !

OROSMANE.
Il peut entrer. Pourquoi ne vient-il pas ?

CORASMIN.
Dans la première enceinte il arrête ses pas.
Seigneur, je n'ai pas cru qu'aux regards de son maître,
Dans ces augustes lieux un chrétien pût paraître.

OROSMANE.
Qu'il paraisse. En tous lieux, sans manquer de respect,
Chacun peut désormais jouir de mon aspect.
Je vois avec mépris ces maximes terribles
Qui font de tant de rois des tyrans invisibles.

SCÈNE IV.

OROSMANE, ZAIRE, FATIME, CORASMIN,
NÉRESTAN.

NÉRESTAN.
Respectable ennemi qu'estiment les chrétiens,
Je reviens dégager mes serments et les tiens ;
J'ai satisfait à tout ; c'est à toi d'y souscrire ;
Je te fais apporter la rançon de Zaïre,

Et celle de Fatime, et de dix chevaliers,
Dans les murs de Solyme illustres prisonniers.
Leur liberté par moi trop long-temps retardée,
Quand je reparaîtrais leur dut être accordée :
Sultan, tiens ta parole; ils ne sont plus à toi,
Et dès ce moment même ils sont libres par moi.
Mais, graces à mes soins, quand leur chaîne est brisée,
A t'en payer le prix ma fortune épuisée,
Je ne le cèle pas, m'ôte l'espoir heureux
De faire ici pour moi ce que je fais pour eux.
Une pauvreté noble est tout ce qui me reste.
J'arrache des chrétiens à leur prison funeste;
Je remplis mes serments, mon honneur, mon devoir;
Il me suffit : je viens me mettre en ton pouvoir;
Je me rends prisonnier, et demeure en otage.

OROSMANE.

Chrétien, je suis content de ton noble courage;
Mais ton orgueil ici se serait-il flatté
D'effacer Orosmane en générosité?
Reprends ta liberté, remporte tes richesses,
A l'or de ces rançons joins mes justes largesses :
Au lieu de dix chrétiens que je dus t'accorder,
Je t'en veux donner cent; tu les peux demander.
Qu'ils aillent sur tes pas apprendre à ta patrie
Qu'il est quelques vertus au fond de la Syrie;
Qu'ils jugent en partant qui méritait le mieux,
Des Français ou de moi, l'empire de ces lieux [4].
Mais parmi ces chrétiens que ma bonté délivre,
Lusignan ne fut point réservé pour te suivre :
De ceux qu'on peut te rendre il est seul excepté;
Son nom serait suspect à mon autorité :

Il est du sang français qui régnait à Solyme;
On sait son droit au trône, et ce droit est un crime :
Du destin qui fait tout, tel est l'arrêt cruel :
Si j'eusse été vaincu, je serais criminel.
Lusignan dans les fers finira sa carrière,
Et jamais du soleil ne verra la lumière.
Je le plains, mais pardonne à la nécessité
Ce reste de vengeance et de sévérité.
Pour Zaïre, crois-moi, sans que ton cœur s'offense,
Elle n'est pas d'un prix qui soit en ta puissance;
Tes chevaliers français, et tous leurs souverains,
S'uniraient vainement pour l'ôter de mes mains;
Tu peux partir.

NÉRESTAN.

Qu'entends-je? Elle naquit chrétienne.
J'ai pour la délivrer ta parole et la sienne;
Et quant à Lusignan, ce vieillard malheureux,
Pourrait-il ?....

OROSMANE.

Je t'ai dit, chrétien, que je le veux.
J'honore ta vertu; mais cette humeur altière,
Se fesant estimer, commence à me déplaire :
Sors, et que le soleil levé sur mes états,
Demain près du Jourdain ne te retrouve pas.

(Nérestan sort.)

FATIME.

O Dieu, secourez-nous !

OROSMANE.

Et vous, allez, Zaïre,
Prenez dans le sérail un souverain empire;
Commandez en sultane, et je vais ordonner
La pompe d'un hymen qui vous doit couronner.

SCÈNE V.

OROSMANE, CORASMIN.

OROSMANE.

Corasmin, que veut donc cet esclave infidèle ?
Il soupirait.... ses yeux se sont tournés vers elle;
Les as-tu remarqués ?

CORASMIN.

Que dites-vous, seigneur ?
De ce soupçon jaloux écoutez-vous l'erreur ?

OROSMANE.

Moi, jaloux ! qu'à ce point ma fierté s'avilisse !
Que j'éprouve l'horreur de ce honteux supplice !
Moi, que je puisse aimer comme l'on sait haïr[5] !
Quiconque est soupçonneux invite à le trahir.
Je vois à l'amour seul ma maîtresse asservie ;
Cher Corasmin, je l'aime avec idolâtrie :
Mon amour est plus fort, plus grand que mes bienfaits.
Je ne suis point jaloux... si je l'étais jamais...
Si mon cœur... Ah ! chassons cette importune idée :
D'un plaisir pur et doux mon ame est possédée.
Va, fais tout préparer pour ces moments heureux
Qui vont joindre ma vie à l'objet de mes vœux.
Je vais donner une heure aux soins de mon empire,
Et le reste du jour sera tout à Zaïre.

FIN DU PREMIER ACTE.

ACTE SECOND.

SCÈNE I.
NÉRESTAN, CHATILLON.

CHATILLON.
O brave Nérestan, chevalier généreux,
Vous qui brisez les fers de tant de malheureux,
Vous, sauveur des chrétiens, qu'un Dieu sauveur envoie,
Paraissez, montrez-vous, goûtez la douce joie
De voir nos compagnons pleurant à vos genoux,
Baiser l'heureuse main qui nous délivre tous.
Aux portes du sérail en foule ils vous demandent;
Ne privez point leurs yeux du héros qu'ils attendent,
Et qu'unis à jamais sous notre bienfaiteur...

NÉRESTAN.
Illustre Chatillon, modérez cet honneur;
J'ai rempli d'un Français le devoir ordinaire;
J'ai fait ce qu'à ma place on vous aurait vu faire.

CHATILLON.
Sans doute; et tout chrétien, tout digne chevalier,
Pour sa religion se doit sacrifier;
Et la félicité des cœurs tels que les nôtres
Consiste à tout quitter pour le bonheur des autres.
Heureux, à qui le ciel a donné le pouvoir
De remplir comme vous un si noble devoir!
Pour nous, tristes jouets du sort qui nous opprime,

Nous, malheureux Français, esclaves dans Solyme,
Oubliés dans les fers, où long-temps, sans secours,
Le père d'Orosmane abandonna nos jours,
Jamais nos yeux sans vous ne reverraient la France.
NÉRESTAN.
Dieu s'est servi de moi, seigneur : sa providence
De ce jeune Orosmane a fléchi la rigueur.
Mais quel triste mélange altère ce bonheur!
Que de ce fier soudan la clémence odieuse
Répand sur ses bienfaits une amertume affreuse!
Dieu me voit et m'entend ; il sait si dans mon cœur
J'avais d'autres projets que ceux de sa grandeur.
Je fesais tout pour lui : j'espérais de lui rendre
Une jeune beauté, qu'à l'âge le plus tendre
Le cruel Noradin fit esclave avec moi,
Lorsque les ennemis de notre auguste foi,
Baignant de notre sang la Syrie enivrée,
Surprirent Lusignan vaincu dans Césarée.
Du sérail des sultans sauvé par des chrétiens,
Remis depuis trois ans dans mes premiers liens,
Renvoyé dans Paris sur ma seule parole,
Seigneur, je me flattais, espérance frivole!
De ramener Zaïre à cette heureuse cour
Où Louis des vertus a fixé le séjour.
Déjà même la reine, à mon zèle propice,
Lui tendait de son trône une main protectrice.
Enfin, lorsqu'elle touche au moment souhaité,
Qui la tirait du sein de la captivité,
On la retient... Que dis-je?... Ah! Zaïre elle-même,
Oubliant les chrétiens pour ce soudan qui l'aime...
N'y pensons plus... Seigneur, un refus plus cruel

Vient m'accabler encor d'un déplaisir mortel ;
Des chrétiens malheureux l'espérance est trahie.

CHATILLON.

Je vous offre pour eux ma liberté, ma vie;
Disposez-en, seigneur, elle vous appartient.

NÉRESTAN.

Seigneur, ce Lusignan, qu'à Solyme on retient,
Ce dernier d'une race en héros si féconde,
Ce guerrier dont la gloire avait rempli le monde,
Ce héros malheureux, de Bouillon descendu,
Aux soupirs des chrétiens ne sera point rendu.

CHATILLON.

Seigneur, s'il est ainsi, votre faveur est vaine :
Quel indigne soldat voudrait briser sa chaîne,
Alors que dans les fers son chef est retenu ?
Lusignan, comme à moi, ne vous est pas connu.
Seigneur, remerciez le ciel, dont la clémence
A pour votre bonheur placé votre naissance
Long-temps après ces jours à jamais détestés,
Après ces jours de sang et de calamités,
Où je vis sous le joug de nos barbares maîtres
Tomber ces murs sacrés conquis par nos ancêtres.
Ciel ! si vous aviez vu ce temple abandonné,
Du Dieu que nous servons le tombeau profané,
Nos pères, nos enfants, nos filles et nos femmes,
Au pied de nos autels expirant dans les flammes,
Et notre dernier roi, courbé du faix des ans,
Massacré sans pitié sur ses fils expirants !
Lusignan, le dernier de cette auguste race,
Dans ces moments affreux ranimant notre audace,
Au milieu des débris des temples renversés,

Des vainqueurs, des vaincus, et des morts entassés,
Terrible, et d'une main reprenant cette épée,
Dans le sang infidèle à tout moment trempée,
Et de l'autre à nos yeux montrant avec fierté
De notre sainte foi le signe redouté,
Criant à haute voix : « Français, soyez fidèles... »
Sans doute en ce moment, le couvrant de ses ailes,
La vertu du Très-Haut, qui nous sauve aujourd'hui,
Aplanissait sa route, et marchait devant lui ;
Et des tristes chrétiens la foule délivrée
Vint porter avec nous ses pas dans Césarée.
Là, par nos chevaliers, d'une commune voix,
Lusignan fut choisi pour nous donner des lois.
O mon cher Nérestan ! Dieu, qui nous humilie,
N'a pas voulu, sans doute, en cette courte vie,
Nous accorder le prix qu'il doit à la vertu ;
Vainement pour son nom nous avons combattu.
Ressouvenir affreux, dont l'horreur me dévore !
Jérusalem en cendre, hélas ! fumait encore,
Lorsque dans notre asile attaqués et trahis,
Et livrés par un Grec à nos fiers ennemis,
La flamme, dont brûla Sion désespérée,
S'étendit en fureur aux murs de Césarée :
Ce fut là le dernier de trente ans de revers ;
Là, je vis Lusignan chargé d'indignes fers :
Insensible à sa chute, et grand dans ses misères,
Il n'était attendri que des maux de ses frères.
Seigneur, depuis ce temps, ce père des chrétiens,
Resserré loin de nous, blanchi dans ses liens,
Gémit dans un cachot, privé de la lumière,
Oublié de l'Asie et de l'Europe entière.

Tel est son sort affreux : qui pourrait aujourd'hui [6],
Quand il souffre pour nous, se voir heureux sans lui ?

NÉRESTAN.

Ce bonheur, il est vrai, serait d'un cœur barbare.
Que je hais le destin qui de lui nous sépare !
Que vers lui vos discours m'ont sans peine entraîné !
Je connais ses malheurs, avec eux je suis né ;
Sans un trouble nouveau je n'ai pu les entendre ;
Votre prison, la sienne, et Césarée en cendre,
Sont les premiers objets, sont les premiers revers
Qui frappèrent mes yeux à peine encore ouverts.
Je sortais du berceau ; ces images sanglantes
Dans vos tristes récits me sont encor présentes.
Au milieu des chrétiens dans un temple immolés,
Quelques enfants, seigneur, avec moi rassemblés,
Arrachés par des mains de carnage fumantes
Aux bras ensanglantés de nos mères tremblantes,
Nous fûmes transportés dans ce palais des rois,
Dans ce même sérail, seigneur, où je vous vois.
Noradin m'éleva près de cette Zaïre,
Qui depuis... pardonnez si mon cœur en soupire,
Qui depuis égarée en ce funeste lieu,
Pour un maître barbare abandonna son Dieu.

CHATILLON.

Telle est des musulmans la funeste prudence.
De leurs chrétiens captifs ils séduisent l'enfance ;
Et je bénis le ciel, propice à nos desseins,
Qui dans vos premiers ans vous sauva de leurs mains.
Mais, seigneur, après tout, cette Zaïre même,
Qui renonce aux chrétiens pour le soudan qui l'aime,
De son crédit au moins nous pourrait secourir :

Qu'importe de quel bras Dieu daigne se servir?
M'en croirez-vous? Le juste, aussi bien que le sage,
Du crime et du malheur sait tirer avantage.
Vous pourriez de Zaïre employer la faveur
A fléchir Orosmane, à toucher son grand cœur,
A nous rendre un héros que lui-même a dû plaindre,
Que sans doute il admire, et qui n'est plus à craindre.

NÉRESTAN.

Mais ce même héros, pour briser ses liens,
Voudra-t-il qu'on s'abaisse à ces honteux moyens?
Et quand il le voudrait, est-il en ma puissance
D'obtenir de Zaïre un moment d'audience?
Croyez-vous qu'Orosmane y daigne consentir?
Le sérail à ma voix pourra-t-il se rouvrir?
Quand je pourrais enfin paraître devant elle,
Que faut-il espérer d'une femme infidèle,
A qui mon seul aspect doit tenir lieu d'affront,
Et qui lira sa honte écrite sur mon front?
Seigneur, il est bien dur, pour un cœur magnanime,
D'attendre des secours de ceux qu'on mésestime:
Leurs refus sont affreux, leurs bienfaits font rougir.

CHATILLON.

Songez à Lusignan, songez à le servir.

NÉRESTAN.

Eh bien!... Mais, quels chemins jusqu'à cette infidèle
Pourront... On vient à nous. Que vois-je! ô ciel! c'est elle.

SCÈNE II.

ZAIRE, CHATILLON, NÉRESTAN.

ZAÏRE, à Nérestan.

C'est vous, digne Français, à qui je viens parler.
Le soudan le permet, cessez de vous troubler;
Et rassurant mon cœur, qui tremble à votre approche,
Chassez de vos regards la plainte et le reproche.
Seigneur, nous nous craignons, nous rougissons tous deux;
Je souhaite et je crains de rencontrer vos yeux.
L'un à l'autre attachés depuis notre naissance,
Une affreuse prison renferma notre enfance;
Le sort nous accabla du poids des mêmes fers,
Que la tendre amitié nous rendait plus légers.
Il me fallut depuis gémir de votre absence;
Le ciel porta vos pas aux rives de la France:
Prisonnier dans Solyme, enfin je vous revis;
Un entretien plus libre alors m'était permis.
Esclave dans la foule, où j'étais confondue,
Aux regards du soudan je vivais inconnue:
Vous daignâtes bientôt, soit grandeur, soit pitié,
Soit plutôt digne effet d'une pure amitié,
Revoyant des Français le glorieux empire,
Y chercher la rançon de la triste Zaïre:
Vous l'apportez : le ciel a trompé vos bienfaits;
Loin de vous, dans Solyme, il m'arrête à jamais.
Mais quoi que ma fortune ait d'éclat et de charmes,
Je ne puis vous quitter sans répandre des larmes.
Toujours de vos bontés je vais m'entretenir,
Chérir de vos vertus le tendre souvenir,

Comme vous, des humains soulager la misère,
Protéger les chrétiens, leur tenir lieu de mère;
Vous me les rendez chers, et ces infortunés...

NÉRESTAN.

Vous, les protéger! vous, qui les abandonnez!
Vous, qui des Lusignans foulant aux pieds la cendre...,

ZAÏRE.

Je la viens honorer, seigneur, je viens vous rendre
Le dernier de ce sang, votre amour, votre espoir :
Oui, Lusignan est libre, et vous l'allez revoir.

CHATILLON.

O ciel! nous reverrions notre appui, notre père!

NÉRESTAN.

Les chrétiens vous devraient une tête si chère!

ZAÏRE.

J'avais sans espérance osé la demander :
Le généreux soudan veut bien nous l'accorder :
On l'amène en ces lieux.

NÉRESTAN.

    Que mon ame est émue!

ZAÏRE.

Mes larmes, malgré moi, me dérobent sa vue;
Ainsi que ce vieillard, j'ai langui dans les fers :
Qui ne sait compatir aux maux qu'on a soufferts 7 !

NÉRESTAN.

Grand Dieu! que de vertu dans une ame infidèle!

SCÈNE III.

ZAÏRE, LUSIGNAN, CHATILLON, NÉRESTAN,
PLUSIEURS ESCLAVES CHRÉTIENS.

LUSIGNAN.

Du séjour du trépas quelle voix me rappelle ?
Suis-je avec des chrétiens ?... Guidez mes pas tremblants.
Mes maux m'ont affaibli plus encor que mes ans.
(en s'asseyant.)
Suis-je libre en effet ?

ZAÏRE.

Oui, seigneur, oui, vous l'êtes.

CHATILLON.

Vous vivez, vous calmez nos douleurs inquiètes.
Tous nos tristes chrétiens...

LUSIGNAN.

O jour ! ô douce voix !
Chatillon, c'est donc vous ? c'est vous que je revois !
Martyr, ainsi que moi, de la foi de nos pères,
Le Dieu que nous servons finit-il nos misères ?
En quels lieux sommes-nous ? Aidez mes faibles yeux.

CHATILLON.

C'est ici le palais qu'ont bâti vos aïeux ;
Du fils de Noradin c'est le séjour profane.

ZAÏRE.

Le maître de ces lieux, le puissant Orosmane,
Sait connaître, seigneur, et chérir la vertu.
(en montrant Nérestan.)
Ce généreux Français, qui vous est inconnu,
Par la gloire amené des rives de la France,

Venait de dix chrétiens payer la délivrance :
Le soudan, comme lui, gouverné par l'honneur,
Croit, en vous délivrant, égaler son grand cœur.

LUSIGNAN.

Des chevaliers français tel est le caractère ;
Leur noblesse en tout temps me fut utile et chère.
Trop digne chevalier, quoi ! vous passez les mers
Pour soulager nos maux, et pour briser nos fers ?
Ah ! parlez, à qui dois-je un service si rare ?

NÉRESTAN.

Mon nom est Nérestan ; le sort, long-temps barbare,
Qui dans les fers ici me mit presque en naissant,
Me fit quitter bientôt l'empire du Croissant.
A la cour de Louis, guidé par mon courage,
De la guerre sous lui j'ai fait l'apprentissage ;
Ma fortune et mon rang sont un don de ce roi,
Si grand par sa valeur, et plus grand par sa foi.
Je le suivis, seigneur, au bord de la Charente,
Lorsque du fier Anglais la valeur menaçante,
Cédant à nos efforts trop long-temps captivés,
Satisfit en tombant aux lis qu'ils ont bravés [8].
Venez, prince, et montrez au plus grand des monarques
De vos fers glorieux les vénérables marques :
Paris va révérer le martyr de la croix,
Et la cour de Louis est l'asile des rois [9].

LUSIGNAN.

Hélas ! de cette cour j'ai vu jadis la gloire.
Quand Philippe à Bovine enchaînait la victoire,
Je combattais, seigneur, avec Montmorenci,
Melun, d'Estaing, de Nesle, et ce fameux Couci.
Mais à revoir Paris je ne dois plus prétendre :

Vous voyez qu'au tombeau je suis prêt à descendre :
Je vais au Roi des rois demander aujourd'hui
Le prix de tous les maux que j'ai soufferts pour lui.
Vous, généreux témoins de mon heure dernière,
Tandis qu'il en est temps, écoutez ma prière :
Nérestan, Chatillon, et vous... de qui les pleurs
Dans ces moments si chers honorent mes malheurs,
Madame, ayez pitié du plus malheureux père,
Qui jamais ait du ciel éprouvé la colère,
Qui répand devant vous des larmes que le temps
Ne peut encor tarir dans mes yeux expirants.
Une fille, trois fils, ma superbe espérance,
Me furent arrachés dès leur plus tendre enfance :
O mon cher Chatillon, tu dois t'en souvenir !

CHATILLON.

De vos malheurs encor vous me voyez frémir.

LUSIGNAN.

Prisonnier avec moi dans Césarée en flamme,
Tes yeux virent périr mes deux fils et ma femme.

CHATILLON.

Mon bras chargé de fers ne les put secourir.

LUSIGNAN.

Hélas! et j'étais père, et je ne pus mourir !
Veillez du haut des cieux, chers enfants que j'implore,
Sur mes autres enfants, s'ils sont vivants encore.
Mon dernier fils, ma fille, aux chaînes réservés,
Par de barbares mains pour servir conservés,
Loin d'un père accablé, furent portés ensemble
Dans ce même sérail où le ciel nous rassemble.

CHATILLON.

Il est vrai, dans l'horreur de ce péril nouveau,

ACTE II, SCÈNE III.

Je tenais votre fille à peine en son berceau :
Ne pouvant la sauver, seigneur, j'allais moi-même
Répandre sur son front l'eau sainte du baptême,
Lorsque les Sarrasins, de carnage fumants,
Revinrent l'arracher à mes bras tout sanglants.
Votre plus jeune fils, à qui les destinées
Avaient à peine encore accordé quatre années,
Trop capable déjà de sentir son malheur,
Fut dans Jérusalem conduit avec sa sœur.

NÉRESTAN.

De quel ressouvenir mon ame est déchirée !
A cet âge fatal j'étais dans Césarée ;
Et tout couvert de sang, et chargé de liens,
Je suivis en ces lieux la foule des chrétiens.

LUSIGNAN.

Vous... seigneur !... Ce sérail éleva votre enfance ?...
(en les regardant.)
Hélas ! de mes enfants auriez-vous connaissance ?
Ils seraient de votre âge, et peut-être mes yeux...
Quel ornement, madame, étranger en ces lieux ?
Depuis quand l'avez-vous ?

ZAÏRE.

                Depuis que je respire.
Seigneur... eh quoi ! d'où vient que votre ame soupire ?
(elle lui donne la croix.)

LUSIGNAN.

Ah ! daignez confier à mes tremblantes mains...

ZAÏRE.

De quel trouble nouveau tous mes sens sont atteints !
(il l'approche de sa bouche en pleurant.)
Seigneur, que faites-vous ?

LUSIGNAN.

O ciel! ô Providence!
Mes yeux, ne trompez point ma timide espérance;
Serait-il bien possible? oui, c'est elle... je voi
Ce présent qu'une épouse avait reçu de moi,
Et qui de mes enfants ornait toujours la tête,
Lorsque de leur naissance on célébrait la fête:
Je revois... je succombe à mon saisissement.

ZAÏRE.

Qu'entends-je? et quel soupçon m'agite en ce moment?
Ah, seigneur!...

LUSIGNAN.

Dans l'espoir dont j'entrevois les charmes,
Ne m'abandonnez pas, Dieu qui voyez mes larmes [10]!
Dieu mort sur cette croix, et qui revis pour nous,
Parle, achève, ô mon Dieu! ce sont là de tes coups.
Quoi! madame, en vos mains elle était demeurée?
Quoi! tous les deux captifs, et pris dans Césarée?

ZAÏRE.

Oui, seigneur.

NÉRESTAN.

Se peut-il?

LUSIGNAN.

Leur parole, leurs traits,
De leur mère en effet sont les vivants portraits.
Oui, grand Dieu! tu le veux, tu permets que je voie!...
Dieu, ranime mes sens trop faibles pour ma joie!
Madame... Nérestan... soutiens-moi, Chatillon...
Nérestan, si je dois vous nommer de ce nom,
Avez-vous dans le sein la cicatrice heureuse
Du fer dont à mes yeux une main furieuse...

ACTE II, SCÈNE III.

NÉRESTAN.

Oui, seigneur, il est vrai.

LUSIGNAN.

Dieu juste! heureux moments!

NÉRESTAN, *se jetant à genoux.*

Ah, seigneur! ah, Zaïre!

LUSIGNAN.

Approchez, mes enfants.

NÉRESTAN.

Moi, votre fils!

ZAÏRE.

Seigneur!

LUSIGNAN.

Heureux jour qui m'éclaire!
Ma fille, mon cher fils! embrassez votre père.

CHATILLON.

Que d'un bonheur si grand mon cœur se sent toucher!

LUSIGNAN.

De vos bras, mes enfants, je ne puis m'arracher.
Je vous revois enfin; chère et triste famille,
Mon fils, digne héritier... vous... hélas! vous, ma fille!
Dissipez mes soupçons, ôtez-moi cette horreur,
Ce trouble qui m'accable au comble du bonheur.
Toi qui seul as conduit sa fortune et la mienne,
Mon Dieu qui me la rends, me la rends-tu chrétienne?
Tu pleures, malheureuse, et tu baisses les yeux!
Tu te tais! je t'entends! ô crime! ô justes cieux!

ZAÏRE.

Je ne puis vous tromper: sous les lois d'Orosmane...
Punissez votre fille... elle était musulmane.

LUSIGNAN.

Que la foudre en éclats ne tombe que sur moi !
Ah ! mon fils ! à ces mots j'eusse expiré sans toi.
Mon Dieu ! j'ai combattu soixante ans pour ta gloire;
J'ai vu tomber ton temple, et périr ta mémoire;
Dans un cachot affreux abandonné vingt ans,
Mes larmes t'imploraient pour mes tristes enfants :
Et lorsque ma famille est par toi réunie,
Quand je trouve une fille, elle est ton ennemie !
Je suis bien malheureux.... C'est ton père, c'est moi,
C'est ma seule prison qui t'a ravi ta foi.
Ma fille, tendre objet de mes dernières peines,
Songe au moins, songe au sang qui coule dans tes veines :
C'est le sang de vingt rois, tous chrétiens comme moi;
C'est le sang des héros, défenseurs de ma loi;
C'est le sang des martyrs... O fille encor trop chère !
Connais-tu ton destin ? sais-tu quelle est ta mère ?
Sais-tu bien qu'à l'instant que son flanc mit au jour
Ce triste et dernier fruit d'un malheureux amour,
Je la vis massacrer par la main forcenée,
Par la main des brigands à qui tu t'es donnée !
Tes frères, ces martyrs égorgés à mes yeux,
T'ouvrent leurs bras sanglants, tendus du haut des cieux :
Ton Dieu que tu trahis, ton Dieu que tu blasphèmes,
Pour toi, pour l'univers, est mort en ces lieux mêmes;
En ces lieux où mon bras le servit tant de fois,
En ces lieux où son sang te parle par ma voix.
Vois ces murs, vois ce temple envahi par tes maîtres :
Tout annonce le Dieu qu'ont vengé tes ancêtres.
Tourne les yeux, sa tombe est près de ce palais;
C'est ici la montagne où, lavant nos forfaits,

Il voulut expirer sous les coups de l'impie ;
C'est là que de sa tombe il rappela sa vie.
Tu ne saurais marcher dans cet auguste lieu,
Tu n'y peux faire un pas, sans y trouver ton Dieu ;
Et tu n'y peux rester, sans renier ton père,
Ton honneur qui te parle, et ton Dieu qui t'éclaire.
Je te vois dans mes bras, et pleurer, et frémir ;
Sur ton front pâlissant Dieu met le repentir :
Je vois la vérité dans ton cœur descendue ;
Je retrouve ma fille après l'avoir perdue ;
Et je reprends ma gloire et ma félicité
En dérobant mon sang à l'infidélité.

NÉRESTAN.

Je revois donc ma sœur !... Et son ame...

ZAÏRE.

Ah, mon père !
Cher auteur de mes jours, parlez, que dois-je faire ?

LUSIGNAN.

M'ôter, par un seul mot, ma honte et mes ennuis,
Dire, Je suis chrétienne.

ZAÏRE.

Oui... seigneur... je le suis.

LUSIGNAN.

Dieu, reçois son aveu du sein de ton empire !

SCÈNE IV.

ZAIRE, LUSIGNAN, CHATILLON, NÉRESTAN, CORASMIN.

CORASMIN.

Madame, le soudan m'ordonne de vous dire

Qu'à l'instant de ces lieux il faut vous retirer,
Et de ces vils chrétiens surtout vous séparer.
Vous, Français, suivez-moi : de vous je dois répondre.

CHATILLON.

Où sommes-nous, grand Dieu ! Quel coup vient nous confondre !

LUSIGNAN.

Notre courage, amis, doit ici s'animer.

ZAÏRE.

Hélas, seigneur !

LUSIGNAN.

O vous que je n'ose nommer,
Jurez-moi de garder un secret si funeste.

ZAÏRE.

Je vous le jure.

LUSIGNAN.

Allez, le ciel fera le reste.

FIN DU SECOND ACTE.

ACTE TROISIÈME.

SCÈNE I.
OROSMANE, CORASMIN.

OROSMANE.

Vous étiez, Corasmin, trompé par vos alarmes :
Non, Louis contre moi ne tourne point ses armes ;
Les Français sont lassés de chercher désormais
Des climats que pour eux le destin n'a point faits ;
Ils n'abandonnent point leur fertile patrie,
Pour languir aux déserts de l'aride Arabie,
Et venir arroser de leur sang odieux
Ces palmes, que pour nous Dieu fait croître en ces lieux.
Ils couvrent de vaisseaux la mer de la Syrie.
Louis, des bords de Chypre, épouvante l'Asie ;
Mais j'apprends que ce roi s'éloigne de nos ports ;
De la féconde Égypte il menace les bords :
J'en reçois à l'instant la première nouvelle ;
Contre les mamelucs [11] son courage l'appelle :
Il cherche Méledin, mon secret ennemi ;
Sur leurs divisions mon trône est affermi.
Je ne crains plus enfin l'Égypte ni la France.
Nos communs ennemis cimentent ma puissance,
Et, prodigues d'un sang qu'ils devraient ménager,
Prennent en s'immolant le soin de me venger.
Relâche ces chrétiens, ami, je les délivre ;

Je veux plaire à leur maître, et leur permets de vivre :
Je veux que sur la mer on les mène à leur roi,
Que Louis me connaisse, et respecte ma foi.
Mène-lui Lusignan ; dis-lui que je lui donne
Celui que la naissance allie à sa couronne ;
Celui que par deux fois mon père avait vaincu,
Et qu'il tint enchaîné, tandis qu'il a vécu.

CORASMIN.

Son nom cher aux chrétiens...

OROSMANE.

Son nom n'est point à craindre.

CORASMIN.

Mais, seigneur, si Louis...

OROSMANE.

Il n'est plus temps de feindre,
Zaïre l'a voulu ; c'est assez : et mon cœur,
En donnant Lusignan, le donne à mon vainqueur.
Louis est peu pour moi ; je fais tout pour Zaïre ;
Nul autre sur mon cœur n'aurait pris cet empire.
Je viens de l'affliger, c'est à moi d'adoucir
Le déplaisir mortel qu'elle a dû ressentir,
Quand, sur les faux avis des desseins de la France,
J'ai fait à ces chrétiens un peu de violence.
Que dis-je ? ces moments, perdus dans mon conseil,
Ont de ce grand hymen suspendu l'appareil :
D'une heure encore, ami, mon bonheur se diffère ;
Mais j'emploierai du moins ce temps à lui complaire.
Zaïre ici demande un secret entretien
Avec ce Nérestan, ce généreux chrétien...

CORASMIN.

Et vous avez, seigneur, encor cette indulgence ?

OROSMANE.

Ils ont été tous deux esclaves dans l'enfance;
Ils ont porté mes fers, ils ne se verront plus;
Zaïre enfin de moi n'aura point un refus.
Je ne m'en défends point; je foule aux pieds pour elle
Des rigueurs du sérail la contrainte cruelle.
J'ai méprisé ces lois dont l'âpre austérité
Fait d'une vertu triste une nécessité.
Je ne suis point formé du sang asiatique:
Né parmi les rochers, au sein de la Taurique,
Des Scythes mes aïeux je garde la fierté,
Leurs mœurs, leurs passions, leur générosité:
Je consens qu'en partant Nérestan la revoie;
Je veux que tous les cœurs soient heureux de ma joie.
Après ce peu d'instants, volés à mon amour,
Tous ses moments, ami, sont à moi sans retour.
Va, ce chrétien attend, et tu peux l'introduire.
Presse son entretien, obéis à Zaïre.

SCÈNE II.

CORASMIN, NÉRESTAN.

CORASMIN.

En ces lieux, un moment, tu peux encor rester.
Zaïre à tes regards viendra se présenter.

SCÈNE III.

NÉRESTAN.

En quel état, ô ciel! en quels lieux je la laisse!
O ma religion! ô mon père! ô tendresse!
Mais je la vois.

SCÈNE IV.

ZAIRE, NÉRESTAN.

NÉRESTAN.

Ma sœur, je puis donc vous parler ;
Ah ! dans quel temps le ciel nous voulut rassembler !
Vous ne reverrez plus un trop malheureux père.

ZAÏRE.

Dieu ! Lusignan ?...

NÉRESTAN.

Il touche à son heure dernière.
Sa joie, en nous voyant, par de trop grands efforts,
De ses sens affaiblis a rompu les ressorts ;
Et cette émotion dont son ame est remplie,
A bientôt épuisé les sources de sa vie.
Mais, pour comble d'horreurs, à ces derniers moments,
Il doute de sa fille et de ses sentiments ;
Il meurt dans l'amertume, et son ame incertaine
Demande en soupirant si vous êtes chrétienne.

ZAÏRE.

Quoi ! je suis votre sœur, et vous pouvez penser
Qu'à mon sang, à ma loi j'aille ici renoncer ?

NÉRESTAN.

Ah, ma sœur ! cette loi n'est pas la vôtre encore ;
Le jour qui vous éclaire est pour vous à l'aurore ;
Vous n'avez point reçu ce gage précieux
Qui nous lave du crime, et nous ouvre les cieux.
Jurez par nos malheurs, et par votre famille,
Par ces martyrs sacrés de qui vous êtes fille,
Que vous voulez ici recevoir aujourd'hui

ACTE III, SCÈNE IV.

Le sceau du Dieu vivant qui nous attache à lui.

ZAÏRE.

Oui, je jure en vos mains, par ce Dieu que j'adore,
Par sa loi que je cherche, et que mon cœur ignore,
De vivre désormais sous cette sainte loi...
Mais, mon cher frère... hélas! que veut-elle de moi?
Que faut-il?

NÉRESTAN.

Détester l'empire de vos maîtres,
Servir, aimer ce Dieu qu'ont aimé nos ancêtres,
Qui, né près de ces murs, est mort ici pour nous [2],
Qui nous a rassemblés, qui m'a conduit vers vous.
Est-ce à moi d'en parler? Moins instruit que fidèle,
Je ne suis qu'un soldat, et je n'ai que du zèle.
Un pontife sacré viendra jusqu'en ces lieux
Vous apporter la vie, et dessiller vos yeux.
Songez à vos serments, et que l'eau du baptême
Ne vous apporte point la mort et l'anathème.
Obtenez qu'avec lui je puisse revenir.
Mais à quel titre, ô ciel! faut-il donc l'obtenir?
A qui le demander dans ce sérail profane?...
Vous, le sang de vingt rois, esclave d'Orosmane!
Parente de Louis, fille de Lusignan!
Vous chrétienne, et ma sœur, esclave d'un soudan!
Vous m'entendez... je n'ose en dire davantage:
Dieu, nous réserviez-vous à ce dernier outrage?

ZAÏRE.

Ah, cruel! poursuivez, vous ne connaissez pas
Mon secret, mes tourments, mes vœux, mes attentats.
Mon frère, ayez pitié d'une sœur égarée,
Qui brûle, qui gémit, qui meurt désespérée.

Je suis chrétienne, hélas!... j'attends avec ardeur
Cette eau sainte, cette eau qui peut guérir mon cœur.
Non, je ne serai point indigne de mon frère,
De mes aïeux, de moi, de mon malheureux père.
Mais parlez à Zaïre, et ne lui cachez rien ;
Dites... quelle est la loi de l'empire chrétien ?...
Quel est le châtiment pour une infortunée
Qui, loin de ses parents, aux fers abandonnée,
Trouvant chez un barbare un généreux appui,
Aurait touché son ame, et s'unirait à lui ?

NÉRESTAN.

O ciel! que dites-vous? Ah! la mort la plus prompte
Devrait...

ZAÏRE.

C'en est assez ; frappe, et préviens ta honte.

NÉRESTAN.

Qui? vous? ma sœur!

ZAÏRE.

C'est moi que je viens d'accuser.
Orosmane m'adore... et j'allais l'épouser.

NÉRESTAN.

L'épouser! est-il vrai, ma sœur? est-ce vous-même?
Vous, la fille des rois?

ZAÏRE.

Frappe, dis-je ; je l'aime.

NÉRESTAN.

Opprobre malheureux du sang dont vous sortez,
Vous demandez la mort, et vous la méritez :
Et si je n'écoutais que ta honte et ma gloire,
L'honneur de ma maison, mon père, sa mémoire ;
Si la loi de ton Dieu, que tu ne connais pas,

ACTE III, SCÈNE IV.

Si ma religion ne retenait mon bras,
J'irais dans ce palais, j'irais, au moment même,
Immoler de ce fer un barbare qui t'aime,
De son indigne flanc le plonger dans le tien,
Et ne l'en retirer que pour percer le mien.
Ciel! tandis que Louis, l'exemple de la terre,
Au Nil épouvanté ne va porter la guerre
Que pour venir bientôt, frappant des coups plus sûrs,
Délivrer ton Dieu même, et lui rendre ces murs :
Zaïre, cependant, ma sœur, son alliée,
Au tyran d'un sérail par l'hymen est liée!
Et je vais donc apprendre à Lusignan trahi
Qu'un Tartare est le dieu que sa fille a choisi!
Dans ce moment affreux, hélas! ton père expire,
En demandant à Dieu le salut de Zaïre.

ZAÏRE.

Arrête, mon cher frère... arrête, connais-moi ;
Peut-être que Zaïre est digne encor de toi.
Mon frère, épargne-moi cet horrible langage ;
Ton courroux, ton reproche est un plus grand outrage,
Plus sensible pour moi, plus dur que ce trépas
Que je te demandais, et que je n'obtiens pas.
L'état où tu me vois accable ton courage ;
Tu souffres, je le vois ; je souffre davantage.
Je voudrais que du ciel le barbare secours
De mon sang, dans mon cœur, eût arrêté le cours,
Le jour qu'empoisonné d'une flamme profane,
Ce pur sang des chrétiens brûla pour Orosmane,
Le jour que de ta sœur Orosmane charmé...
Pardonnez-moi, chrétiens ; qui ne l'aurait aimé !
Il fesait tout pour moi ; son cœur m'avait choisie ;

Je voyais sa fierté pour moi seule adoucie.
C'est lui qui des chrétiens a ranimé l'espoir :
C'est à lui que je dois le bonheur de te voir :
Pardonne; ton courroux, mon père, ma tendresse,
Mes serments, mon devoir, mes remords, ma faiblesse,
Me servent de supplice, et ta sœur en ce jour
Meurt de son repentir, plus que de son amour.

NÉRESTAN.

Je te blâme, et te plains; crois-moi, la Providence
Ne te laissera point périr sans innocence :
Je te pardonne, hélas! ces combats odieux;
Dieu ne t'a point prêté son bras victorieux.
Ce bras, qui rend la force aux plus faibles courages,
Soutiendra ce roseau plié par les orages.
Il ne souffrira pas qu'à son culte engagé,
Entre un barbare et lui ton cœur soit partagé.
Le baptême éteindra ces feux dont il soupire,
Et tu vivras fidèle, ou périras martyre.
Achève donc ici ton serment commencé :
Achève, et dans l'horreur dont ton cœur est pressé,
Promets au roi Louis, à l'Europe, à ton père,
Au Dieu qui déjà parle à ce cœur si sincère,
De ne point accomplir cet hymen odieux
Avant que le pontife ait éclairé tes yeux,
Avant qu'en ma présence il te fasse chrétienne,
Et que Dieu par ses mains t'adopte et te soutienne.
Le promets-tu, Zaïre ?....

ZAÏRE.

Oui, je te le promets :
Rends-moi chrétienne et libre; à tout je me soumets.
Va, d'un père expirant va fermer la paupière;

Va, je voudrais te suivre, et mourir la première.
NÉRESTAN.
Je pars ; adieu, ma sœur, adieu : puisque mes vœux
Ne peuvent t'arracher à ce palais honteux,
Je reviendrai bientôt par un heureux baptême
T'arracher aux enfers, et te rendre à toi-même.

SCÈNE V.
ZAIRE.

Me voilà seule, ô Dieu ! que vais-je devenir ?
Dieu, commande à mon cœur de ne te point trahir !
Hélas ! suis-je en effet Française, ou Musulmane ?
Fille de Lusignan, ou femme d'Orosmane ?
Suis-je amante, ou chrétienne ? O serments que j'ai faits !
Mon père, mon pays, vous serez satisfaits !
Fatime ne vient point. Quoi ! dans ce trouble extrême,
L'univers m'abandonne ! on me laisse à moi-même !
Mon cœur peut-il porter, seul et privé d'appui,
Le fardeau des devoirs qu'on m'impose aujourd'hui ?
A ta loi, Dieu puissant ! oui, mon ame est rendue ;
Mais fais que mon amant s'éloigne de ma vue.
Cher amant ! ce matin l'aurais-je pu prévoir,
Que je dusse aujourd'hui redouter de te voir ?
Moi qui, de tant de feux justement possédée,
N'avais d'autre bonheur, d'autre soin, d'autre idée,
Que de t'entretenir, d'écouter ton amour,
Te voir, te souhaiter, attendre ton retour !
Hélas ! et je t'adore, et t'aimer est un crime !

SCÈNE VI.
ZAIRE, OROSMANE.

OROSMANE.

Paraissez, tout est prêt, et l'ardeur qui m'anime
Ne souffre plus, madame, aucun retardement ;
Les flambeaux de l'hymen brillent pour votre amant :
Les parfums de l'encens remplissent la mosquée ;
Du dieu de Mahomet la puissance invoquée
Confirme mes serments, et préside à mes feux.
Mon peuple prosterné pour vous offre ses vœux [13],
Tout tombe à vos genoux ; vos superbes rivales,
Qui disputaient mon cœur, et marchaient vos égales,
Heureuses de vous suivre et de vous obéir,
Devant vos volontés vont apprendre à fléchir.
Le trône, les festins, et la cérémonie,
Tout est prêt : commencez le bonheur de ma vie.

ZAIRE.

Où suis-je, malheureuse ? ô tendresse ! ô douleur !

OROSMANE.

Venez.

ZAIRE.

Où me cacher ?

OROSMANE.

Que dites-vous ?

ZAIRE.

Seigneur !

OROSMANE.

Donnez-moi votre main ; daignez, belle Zaïre....

ZAIRE.

Dieu de mon père, hélas ! que pourrai-je lui dire ?

ACTE III, SCÈNE VI.

OROSMANE.

Que j'aime à triompher de ce tendre embarras !
Qu'il redouble ma flamme et mon bonheur !

ZAÏRE.

Hélas !

OROSMANE.

Ce trouble à mes desirs vous rend encor plus chère ;
D'une vertu modeste il est le caractère.
Digne et charmant objet de ma constante foi,
Venez, ne tardez plus.

ZAÏRE.

Fatime, soutiens-moi....
Seigneur....

OROSMANE.

O ciel ! eh quoi !

ZAÏRE.

Seigneur, cet hyménée
Était un bien suprême à mon ame étonnée.
Je n'ai point recherché le trône et la grandeur..
Qu'un sentiment plus juste occupait tout mon cœur !
Hélas ! j'aurais voulu qu'à vos vertus unie,
Et méprisant pour vous les trônes de l'Asie,
Seule et dans un désert, auprès de mon époux,
J'eusse pu sous mes pieds les fouler avec vous.
Mais... seigneur... ces chrétiens...

OROSMANE.

Ces chrétiens... Quoi ! madame,
Qu'auraient donc de commun cette secte et ma flamme !

ZAÏRE.

Lusignan, ce vieillard accablé de douleurs,
Termine en ces moments sa vie et ses malheurs.

14.

OROSMANE.

Eh bien! quel intérêt si pressant et si tendre
A ce vieillard chrétien votre cœur peut-il prendre?
Vous n'êtes point chrétienne; élevée en ces lieux,
Vous suivez dès long-temps la foi de mes aïeux.
Un vieillard qui succombe au poids de ses années
Peut-il troubler ici vos belles destinées?
Cette aimable pitié, qu'il s'attire de vous,
Doit se perdre avec moi dans des moments si doux.

ZAÏRE.

Seigneur, si vous m'aimez, si je vous étais chère...

OROSMANE.

Si vous l'êtes, ah Dieu!

ZAÏRE.

Souffrez que l'on diffère...
Permettez que ces nœuds, par vos mains assemblés...

OROSMANE.

Que dites-vous? ô ciel! est-ce vous qui parlez?
Zaïre!

ZAÏRE.

Je ne puis soutenir sa colère.

OROSMANE.

Zaïre!

ZAÏRE.

Il m'est affreux, seigneur, de vous déplaire;
Excusez ma douleur... Non, j'oublie à-la-fois
Et tout ce que je suis, et tout ce que je dois.
Je ne puis soutenir cet aspect qui me tue.
Je ne puis... Ah! souffrez que loin de votre vue,
Seigneur, j'aille cacher mes larmes, mes ennuis,
Mes vœux, mon désespoir, et l'horreur où je suis.

(Elle sort.)

SCÈNE VII.

OROSMANE, CORASMIN.

OROSMANE.

Je demeure immobile, et ma langue glacée
Se refuse aux transports de mon ame offensée.
Est-ce à moi que l'on parle ? Ai-je bien entendu ?
Est-ce moi qu'elle fuit ? O ciel ! et qu'ai-je vu ?
Corasmin, quel est donc ce changement extrême ?
Je la laisse échapper ! je m'ignore moi-même.

CORASMIN.

Vous seul causez son trouble, et vous vous en plaignez[15] !
Vous accusez, seigneur, un cœur où vous régnez !

OROSMANE.

Mais pourquoi donc ces pleurs, ces regrets, cette fuite,
Cette douleur si sombre en ses regards écrite ?
Si c'était ce Français !... quel soupçon ! quelle horreur !
Quelle lumière affreuse a passé dans mon cœur !
Hélas ! je repoussais ma juste défiance :
Un barbare, un esclave aurait cette insolence !
Cher ami, je verrais un cœur comme le mien
Réduit à redouter un esclave chrétien !
Mais, parle ; tu pouvais observer son visage,
Tu pouvais de ses yeux entendre le langage ;
Ne me déguise rien, mes feux sont-ils trahis ?
Apprends-moi mon malheur... Tu trembles... tu frémis...
C'en est assez.

CORASMIN.

Je crains d'irriter vos alarmes.
Il est vrai que ses yeux ont versé quelques larmes ;

Mais, seigneur, après tout, je n'ai rien observé
Qui doive...

OROSMANE.

A cet affront je serais réservé !
Non, si Zaïre, ami, m'avait fait cette offense,
Elle eût avec plus d'art trompé ma confiance.
Le déplaisir secret de son cœur agité,
Si ce cœur est perfide, aurait-il éclaté ?
Écoute, garde-toi de soupçonner Zaïre.
Mais, dis-tu, ce Français gémit, pleure, soupire :
Que m'importe après tout le sujet de ses pleurs ?
Qui sait si l'amour même entre dans ses douleurs ?
Et qu'ai-je à redouter d'un esclave infidèle,
Qui demain pour jamais se va séparer d'elle ?

CORASMIN.

N'avez-vous pas, seigneur, permis, malgré nos lois,
Qu'il jouît de sa vue une seconde fois ?
Qu'il revînt en ces lieux ?

OROSMANE.

Qu'il revînt, lui, ce traître ?
Qu'aux yeux de ma maîtresse il osât reparaître ?
Oui, je le lui rendrais, mais mourant, mais puni,
Mais versant à ses yeux le sang qui m'a trahi,
Déchiré devant elle; et ma main dégouttante
Confondrait dans son sang le sang de son amante...
Excuse les transports de ce cœur offensé ;
Il est né violent, il aime, il est blessé.
Je connais mes fureurs, et je crains ma faiblesse ;
A des troubles honteux je sens que je m'abaisse.
Non, c'est trop sur Zaïre arrêter un soupçon ;
Non, son cœur n'est point fait pour une trahison.

Mais ne crois pas non plus que le mien s'avilisse
A souffrir des rigueurs, à gémir d'un caprice,
A me plaindre, à reprendre, à redonner ma foi;
Les éclaircissements sont indignes de moi.
Il vaut mieux sur mes sens reprendre un juste empire;
Il vaut mieux oublier jusqu'au nom de Zaïre.
Allons, que le sérail soit fermé pour jamais.[16];
Que la terreur habite aux portes du palais;
Que tout ressente ici le frein de l'esclavage.
Des rois de l'Orient suivons l'antique usage.
On peut, pour son esclave oubliant sa fierté[17],
Laisser tomber sur elle un regard de bonté;
Mais il est trop honteux de craindre une maîtresse;
Aux mœurs de l'Occident laissons cette bassesse.
Ce sexe dangereux, qui veut tout asservir,
S'il règne dans l'Europe, ici doit obéir.

FIN DU TROISIÈME ACTE.

ACTE QUATRIÈME.

SCÈNE I.
ZAIRE, FATIME.

FATIME.
Que je vous plains, madame, et que je vous admire !
C'est le Dieu des chrétiens, c'est Dieu qui vous inspire ;
Il donnera la force à vos bras languissants,
De briser des liens si chers et si puissants.

ZAIRE.
Eh ! pourrai-je achever ce fatal sacrifice ?

FATIME.
Vous demandez sa grace, il vous doit sa justice :
De votre cœur docile il doit prendre le soin.

ZAIRE.
Jamais de son appui je n'eus tant de besoin.

FATIME.
Si vous ne voyez plus votre auguste famille,
Le Dieu que vous servez vous adopte pour fille ;
Vous êtes dans ses bras, il parle à votre cœur ;
Et quand ce saint pontife, organe du Seigneur,
Ne pourrait aborder dans ce palais profane...

ZAIRE.
Ah ! j'ai porté la mort dans le sein d'Orosmane.
J'ai pu désespérer le cœur de mon amant !
Quel outrage, Fatime, et quel affreux moment !
Mon Dieu, vous l'ordonnez !... j'eusse été trop heureuse.

FATIME.

Quoi ! regretter encor cette chaîne honteuse !
Hasarder la victoire, ayant tant combattu !

ZAÏRE.

Victoire infortunée ! inhumaine vertu !
Non, tu ne connais pas ce que je sacrifie.
Cet amour si puissant, ce charme de ma vie,
Dont j'espérais, hélas ! tant de félicité,
Dans toute son ardeur n'avait point éclaté.
Fatime, j'offre à Dieu mes blessures cruelles,
Je mouille devant lui de larmes criminelles
Ces lieux où tu m'as dit qu'il choisit son séjour ;
Je lui crie en pleurant, Ote-moi mon amour,
Arrache-moi mes vœux, remplis-moi de toi-même ;
Mais, Fatime, à l'instant les traits de ce que j'aime,
Ces traits chers et charmants, que toujours je revoi,
Se montrent dans mon ame entre le ciel et moi.
Eh bien ! race des rois, dont le ciel me fit naître,
Père, mère, chrétiens, vous mon Dieu, vous mon maître,
Vous qui de mon amant me privez aujourd'hui,
Terminez donc mes jours, qui ne sont plus pour lui !
Que j'expire innocente, et qu'une main si chère
De ces yeux qu'il aimait ferme au moins la paupière !
Ah ! que fait Orosmane ? Il ne s'informe pas
Si j'attends loin de lui la vie ou le trépas [18] ;
Il me fuit, il me laisse, et je n'y peux survivre.

FATIME.

Quoi ! vous ! fille des rois, que vous prétendez suivre,
Vous, dans les bras d'un Dieu, votre éternel appui...

ZAÏRE.

Eh ! pourquoi mon amant n'est-il pas né pour lui ?

Orosmane est-il fait pour être sa victime?
Dieu pourrait-il haïr un cœur si magnanime?
Généreux, bienfesant, juste, plein de vertus;
S'il était né chrétien, que serait-il de plus?
Et plût à Dieu du moins que ce saint interprète,
Ce ministre sacré que mon ame souhaite,
Du trouble où tu me vois vînt bientôt me tirer!
Je ne sais, mais enfin j'ose encore espérer
Que ce Dieu, dont cent fois on m'a peint la clémence,
Ne réprouverait point une telle alliance:
Peut-être, de Zaïre en secret adoré,
Il pardonne aux combats de ce cœur déchiré;
Peut-être, en me laissant au trône de Syrie,
Il soutiendrait par moi les chrétiens de l'Asie.
Fatime, tu le sais, ce puissant Saladin,
Qui ravit à mon sang l'empire du Jourdain,
Qui fit comme Orosmane admirer sa clémence,
Au sein d'une chrétienne il avait pris naissance.

FATIME.

Ah! ne voyez-vous pas que pour vous consoler... 19

ZAÏRE.

Laisse-moi; je vois tout; je meurs sans m'aveugler:
Je vois que mon pays, mon sang, tout me condamne;
Que je suis Lusignan, que j'adore Orosmane;
Que mes vœux, que mes jours à ses jours sont liés.
Je voudrais quelquefois me jeter à ses pieds,
De tout ce que je suis faire un aveu sincère.

FATIME.

Songez que cet aveu peut perdre votre frère,
Expose les chrétiens, qui n'ont que vous d'appui,

Et va trahir le Dieu qui vous rappelle à lui.
ZAÏRE.
Ah ! si tu connaissais le grand cœur d'Orosmane !
FATIME.
Il est le protecteur de la loi musulmane,
Et plus il vous adore, et moins il peut souffrir
Qu'on vous ose annoncer un Dieu qu'il doit haïr.
Le pontife à vos yeux en secret va se rendre,
Et vous avez promis...
ZAÏRE.
Eh bien ! il faut l'attendre.
J'ai promis, j'ai juré de garder ce secret :
Hélas ! qu'à mon amant je le tais à regret !
Et pour comble d'horreur je ne suis plus aimée.

SCÈNE II.
OROSMANE, ZAÏRE.

OROSMANE.
Madame, il fut un temps où mon ame charmée,
Écoutant sans rougir des sentiments trop chers,
Se fit une vertu de languir dans vos fers.
Je croyais être aimé, madame, et votre maître,
Soupirant à vos pieds, devait s'attendre à l'être :
Vous ne m'entendrez point, amant faible et jaloux,
En reproches honteux éclater contre vous;
Cruellement blessé, mais trop fier pour me plaindre,
Trop généreux, trop grand pour m'abaisser à feindre,
Je viens vous déclarer que le plus froid mépris
De vos caprices vains sera le digne prix.
Ne vous préparez point à tromper ma tendresse,

A chercher des raisons dont la flatteuse adresse,
A mes yeux éblouis colorant vos refus,
Vous ramène un amant qui ne vous connaît plus ;
Et qui, craignant surtout qu'à rougir on l'expose,
D'un refus outrageant veut ignorer la cause.
Madame, c'en est fait, une autre va monter
Au rang que mon amour vous daignait présenter ;
Une autre aura des yeux, et va du moins connaître
De quel prix mon amour et ma main devaient être.
Il pourra m'en coûter, mais mon cœur s'y résout.
Apprenez qu'Orosmane est capable de tout ;
Que j'aime mieux vous perdre, et, loin de votre vue,
Mourir désespéré de vous avoir perdue,
Que de vous posséder, s'il faut qu'à votre foi
Il en coûte un soupir qui ne soit pas pour moi.
Allez, mes yeux jamais ne reverront vos charmes.

ZAÏRE.

Tu m'as donc tout ravi, Dieu témoin de mes larmes !
Tu veux commander seul à mes sens éperdus...
Eh bien ! puisqu'il est vrai que vous ne m'aimez plus,
Seigneur...

OROSMANE.

Il est trop vrai que l'honneur me l'ordonne,
Que je vous adorai, que je vous abandonne,
Que je renonce à vous, que vous le desirez,
Que sous une autre loi... Zaïre, vous pleurez ?

ZAÏRE.

Ah ! seigneur ! ah ! du moins, gardez de jamais croire
Que du rang d'un soudan je regrette la gloire ;
Je sais qu'il faut vous perdre, et mon sort l'a voulu :
Mais, seigneur, mais mon cœur ne vous est pas connu.

ACTE IV, SCÈNE II.

Me punisse à jamais ce ciel qui me condamne,
Si je regrette rien que le cœur d'Orosmane!

OROSMANE.

Zaïre, vous m'aimez!

ZAÏRE.

Dieu! si je l'aime, hélas!

OROSMANE.

Quel caprice étonnant, que je ne conçois pas [20]!
Vous m'aimez! Eh! pourquoi vous forcez-vous, cruelle,
A déchirer le cœur d'un amant si fidèle?
Je me connaissais mal; oui, dans mon désespoir,
J'avais cru sur moi-même avoir plus de pouvoir.
Va, mon cœur est bien loin d'un pouvoir si funeste.
Zaïre, que jamais la vengeance céleste
Ne donne à ton amant, enchaîné sous ta loi,
La force d'oublier l'amour qu'il a pour toi!
Qui? moi? que sur mon trône une autre fût placée!
Non, je n'en eus jamais la fatale pensée.
Pardonne à mon courroux, à mes sens interdits,
Ces dédains affectés, et si bien démentis;
C'est le seul déplaisir que jamais, dans ta vie,
Le ciel aura voulu que ta tendresse essuie.
Je t'aimerai toujours... Mais d'où vient que ton cœur
En partageant mes feux, différait mon bonheur?
Parle. Était-ce un caprice? est-ce crainte d'un maître,
D'un soudan, qui pour toi veut renoncer à l'être?
Serait-ce un artifice? épargne-toi ce soin;
L'art n'est pas fait pour toi, tu n'en as pas besoin:
Qu'il ne souille jamais le saint nœud qui nous lie!
L'art le plus innocent tient de la perfidie.

Je n'en connus jamais, et mes sens déchirés,
Pleins d'un amour si vrai...

ZAÏRE.

Vous me désespérez.
Vous m'êtes cher, sans doute, et ma tendresse extrême
Est le comble des maux pour ce cœur qui vous aime.

OROSMANE.

O ciel! expliquez-vous. Quoi! toujours me troubler?
Se peut-il?...

ZAÏRE.

Dieu puissant, que ne puis-je parler!

OROSMANE.

Quel étrange secret me cachez-vous, Zaïre?
Est-il quelque chrétien qui contre moi conspire?
Me trahit-on? parlez.

ZAÏRE.

Eh! peut-on vous trahir?
Seigneur, entre eux et vous vous me verriez courir:
On ne vous trahit point, pour vous rien n'est à craindre;
Mon malheur est pour moi, je suis la seule à plaindre.

OROSMANE.

Vous, à plaindre! grand Dieu!

ZAÏRE.

Souffrez qu'à vos genoux
Je demande en tremblant une grace de vous.

OROSMANE.

Une grace! ordonnez, et demandez ma vie.

ZAÏRE.

Plût au ciel qu'à vos jours la mienne fût unie!
Orosmane... Seigneur... permettez qu'aujourd'hui,
Seule, loin de vous-même, et toute à mon ennui,

D'un œil plus recueilli contemplant ma fortune,
Je cache à votre oreille une plainte importune...
Demain, tous mes secrets vous seront révélés.

OROSMANE.

De quelle inquiétude, ô ciel! vous m'accablez:
Pouvez-vous?...

ZAÏRE.

Si pour moi l'amour vous parle encore,
Ne me refusez pas la grace que j'implore.

OROSMANE.

Eh bien! il faut vouloir tout ce que vous voulez;
J'y consens; il en coûte à mes sens désolés.
Allez, souvenez-vous que je vous sacrifie
Les moments les plus beaux, les plus chers de ma vie.

ZAÏRE.

En me parlant ainsi, vous me percez le cœur.

OROSMANE.

Eh bien! vous me quittez, Zaïre?

ZAÏRE.

Hélas! seigneur.

SCÈNE III.

OROSMANE, CORASMIN.

OROSMANE.

Ah! c'est trop tôt chercher ce solitaire asile,
C'est trop tôt abuser de ma bonté facile;
Et plus j'y pense, ami, moins je puis concevoir
Le sujet si caché de tant de désespoir.
Quoi donc! par ma tendresse élevée à l'empire,
Dans le sein du bonheur que son ame desire,

Près d'un amant qu'elle aime, et qui brûle à ses pieds,
Ses yeux, remplis d'amour, de larmes sont noyés !
Je suis bien indigné de voir tant de caprices :
Mais moi-même, après tout, eus-je moins d'injustices ?
Ai-je été moins coupable à ses yeux offensés ?
Est-ce à moi de me plaindre ? on m'aime, c'est assez.
Il me faut expier, par un peu d'indulgence,
De mes transports jaloux l'injurieuse offense.
Je me rends : je le vois, son cœur est sans détours ;
La nature naïve anime ses discours.
Elle est dans l'âge heureux où règne l'innocence ;
A sa sincérité je dois ma confiance.
Elle m'aime sans doute ; oui, j'ai lu devant toi,
Dans ses yeux attendris, l'amour qu'elle a pour moi ;
Et son ame, éprouvant cette ardeur qui me touche,
Vingt fois pour me le dire a volé sur sa bouche.
Qui peut avoir un cœur assez traître, assez bas,
Pour montrer tant d'amour, et ne le sentir pas ?

SCÈNE IV.

OROSMANE, CORASMIN, MÉLÉDOR.

MÉLÉDOR.

Cette lettre, seigneur, à Zaïre adressée,
Par vos gardes saisie, et dans mes mains laissée...

OROSMANE.

Donne... Qui la portait ?... Donne.

MÉLÉDOR.

                              Un de ces chrétiens
Dont vos bontés, seigneur, ont brisé les liens :

Au sérail, en secret, il allait s'introduire ;
On l'a mis dans les fers.

OROSMANE.

Hélas ! que vais-je lire ?
Laisse-nous... Je frémis.

SCÈNE V.

OROSMANE, CORASMIN.

CORASMIN.

Cette lettre, seigneur,
Pourra vous éclaircir, et calmer votre cœur.

OROSMANE.

Ah ! lisons : ma main tremble, et mon ame étonnée
Prévoit que ce billet contient ma destinée.
Lisons... « Chère Zaïre, il est temps de nous voir :
« Il est vers la mosquée une secrète issue,
« Où vous pouvez sans bruit, et sans être aperçue,
« Tromper vos surveillants, et remplir notre espoir :
« Il faut tout hasarder ; vous connaissez mon zèle :
« Je vous attends ; je meurs, si vous n'êtes fidèle. »
Eh bien ! cher Corasmin, que dis-tu ?

CORASMIN.

Moi, seigneur ?
Je suis épouvanté de ce comble d'horreur.

OROSMANE.

Tu vois comme on me traite.

CORASMIN.

O trahison horrible !
Seigneur, à cet affront vous êtes insensible ?
Vous, dont le cœur tantôt, sur un simple soupçon,

D'une douleur si vive a reçu le poison?
Ah! sans doute, l'horreur d'une action si noire
Vous guérit d'un amour qui blessait votre gloire.

OROSMANE.

Cours chez elle à l'instant, va, vole, Corasmin :
Montre-lui cet écrit... Qu'elle tremble... et soudain,
De cent coups de poignard que l'infidèle meure.
Mais avant de frapper... Ah! cher ami, demeure,
Demeure, il n'est pas temps. Je veux que ce chrétien
Devant elle amené... Non... je ne veux plus rien...
Je me meurs... je succombe à l'excès de ma rage.

CORASMIN.

On ne reçut jamais un si sanglant outrage.

OROSMANE.

Le voilà donc connu ce secret plein d'horreur!
Ce secret qui pesait à son infame cœur!
Sous le voile emprunté d'une crainte ingénue,
Elle veut quelque temps se soustraire à ma vue.
Je me fais cet effort, je la laisse sortir ;
Elle part en pleurant... et c'est pour me trahir.
Quoi! Zaïre!

CORASMIN.

Tout sert à redoubler son crime.
Seigneur, n'en soyez pas l'innocente victime,
Et de vos sentiments rappelant la grandeur...

OROSMANE.

C'est là ce Nérestan, ce héros plein d'honneur,
Ce chrétien si vanté, qui remplissait Solyme
De ce faste imposant de sa vertu sublime!
Je l'admirais moi-même, et mon cœur combattu
S'indignait qu'un chrétien m'égalât en vertu.

ACTE IV, SCÈNE V.

Ah! qu'il va me payer sa fourbe abominable!
Mais Zaïre, Zaïre est cent fois plus coupable.
Une esclave chrétienne, et que j'ai pu laisser
Dans les plus vils emplois languir sans l'abaisser!
Une esclave! elle sait ce que j'ai fait pour elle!
Ah, malheureux!

CORASMIN.
 Seigneur, si vous souffrez mon zèle,
Si, parmi les horreurs qui doivent vous troubler,
Vous vouliez...

OROSMANE.
 Oui, je veux la voir et lui parler.
Allez, volez, esclave, et m'amenez Zaïre.

CORASMIN.
Hélas! en cet état que pourrez-vous lui dire?

OROSMANE.
Je ne sais, cher ami, mais je prétends la voir.

CORASMIN.
Ah! seigneur, vous allez, dans votre désespoir,
Vous plaindre, menacer, faire couler ses larmes.
Vos bontés contre vous lui donneront des armes;
Et votre cœur séduit, malgré tous vos soupçons,
Pour la justifier cherchera des raisons.
M'en croirez-vous? cachez cette lettre à sa vue,
Prenez pour la lui rendre une main inconnue :
Par là, malgré la fraude et les déguisements,
Vos yeux démêleront ses secrets sentiments,
Et des plis de son cœur verront tout l'artifice.

OROSMANE.
Penses-tu qu'en effet Zaïre me trahisse?...
Allons, quoi qu'il en soit, je vais tenter mon sort,

Et pousser la vertu jusqu'au dernier effort.
Je veux voir à quel point une femme hardie
Saura de son côté pousser la perfidie.

CORASMIN.

Seigneur, je crains pour vous ce funeste entretien;
Un cœur tel que le vôtre...

OROSMANE.

Ah! n'en redoute rien.
A son exemple, hélas! ce cœur ne saurait feindre.
Mais j'ai la fermeté de savoir me contraindre:
Oui, puisqu'elle m'abaisse à connaître un rival...
Tiens, reçois ce billet à tous trois si fatal:
Va, choisis pour le rendre un esclave fidèle;
Mets en de sûres mains cette lettre cruelle;
Va, cours... Je ferai plus, j'éviterai ses yeux;
Qu'elle n'approche pas... C'est elle, justes cieux!

SCÈNE VI.

OROSMANE, ZAIRE.

ZAÏRE.

Seigneur, vous m'étonnez; quelle raison soudaine,
Quel ordre si pressant près de vous me ramène?

OROSMANE.

Eh bien! madame, il faut que vous m'éclaircissiez:
Cet ordre est important plus que vous ne croyez;
Je me suis consulté... Malheureux l'un par l'autre,
Il faut régler d'un mot, et mon sort, et le vôtre.
Peut-être qu'en effet ce que j'ai fait pour vous,
Mon orgueil oublié, mon sceptre à vos genoux,

Mes bienfaits, mon respect, mes soins, ma confiance,
Ont arraché de vous quelque reconnaissance.
Votre cœur, par un maître attaqué chaque jour,
Vaincu par mes bienfaits, crut l'être par l'amour.
Dans votre ame, avec vous, il est temps que je lise ;
Il faut que ses replis s'ouvrent à ma franchise ;
Jugez-vous : répondez avec la vérité
Que vous devez au moins à ma sincérité.
Si de quelque autre amour l'invincible puissance
L'emporte sur mes soins, ou même les balance,
Il faut me l'avouer; et dans ce même instant,
Ta grace est dans mon cœur; prononce, elle t'attend.
Sacrifie à ma foi l'insolent qui t'adore :
Songe que je te vois, que je te parle encore,
Que ma foudre à ta voix pourra se détourner,
Que c'est le seul moment où je peux pardonner.

ZAÏRE.

Vous, seigneur! vous osez me tenir ce langage!
Vous, cruel! Apprenez que ce cœur qu'on outrage,
Et que par tant d'horreurs le ciel veut éprouver,
S'il ne vous aimait pas, est né pour vous braver.
Je ne crains rien ici que ma funeste flamme ;
N'imputez qu'à ce feu qui brûle encor mon ame,
N'imputez qu'à l'amour, que je dois oublier,
La honte où je descends de me justifier.
J'ignore si le ciel, qui m'a toujours trahie,
A destiné pour vous ma malheureuse vie.
Quoi qu'il puisse arriver, je jure par l'honneur,
Qui, non moins que l'amour, est gravé dans mon cœur,
Je jure que Zaïre, à soi-même rendue,
Des rois les plus puissants détesterait la vue ;

Que tout autre, après vous, me serait odieux.
Voulez-vous plus savoir, et me connaître mieux?
Voulez-vous que ce cœur, à l'amertume en proie,
Ce cœur désespéré devant vous se déploie?
Sachez donc qu'en secret il pensait malgré lui
Tout ce que devant vous il déclare aujourd'hui;
Qu'il soupirait pour vous, avant que vos tendresses
Vinssent justifier mes naissantes faiblesses;
Qu'il prévint vos bienfaits, qu'il brûlait à vos pieds,
Qu'il vous aimait enfin, lorsque vous m'ignoriez;
Qu'il n'eut jamais que vous, n'aura que vous pour maître.
J'en atteste le ciel, que j'offense peut-être;
Et si j'ai mérité son éternel courroux,
Si mon cœur fut coupable, ingrat, c'était pour vous.

OROSMANE.

Quoi! des plus tendres feux sa bouche encor m'assure!
Quel excès de noirceur! Zaïre!... Ah, la parjure!
Quand de sa trahison j'ai la preuve en ma main!

ZAÏRE.

Que dites-vous? Quel trouble agite votre sein?

OROSMANE.

Je ne suis point troublé. Vous m'aimez?

ZAÏRE.

        Votre bouche
Peut-elle me parler avec ce ton farouche
D'un feu si tendrement déclaré chaque jour?
Vous me glacez de crainte en me parlant d'amour.

OROSMANE.

Vous m'aimez?

ZAÏRE.

    Vous pouvez douter de ma tendresse!

Mais, encore une fois, quelle fureur vous presse?
Quels regards effrayants vous me lancez! hélas!,
Vous doutez de mon cœur?

OROSMANE.

Non, je n'en doute pas.
Allez, rentrez, madame.

SCÈNE VII.

OROSMANE, CORASMIN.

OROSMANE.

Ami, sa perfidie
Au comble de l'horreur ne s'est pas démentie;
Tranquille dans le crime, et fausse avec douceur,
Elle a jusques au bout soutenu sa noirceur.
As-tu trouvé l'esclave? as-tu servi ma rage?
Connaîtrai-je à-la-fois son crime et mon outrage?

CORASMIN.

Oui, je viens d'obéir; mais vous ne pouvez pas
Soupirer désormais pour ses traîtres appas:
Vous la verrez sans doute avec indifférence,
Sans que le repentir succède à la vengeance;
Sans que l'amour sur vous en repousse les traits.

OROSMANE.

Corasmin, je l'adore encor plus que jamais.

CORASMIN.

Vous? ô ciel! vous?

OROSMANE.

Je vois un rayon d'espérance.
Cet odieux chrétien, l'élève de la France,
Est jeune, impatient, léger, présomptueux;

Il peut croire aisément ses téméraires vœux :
Son amour indiscret, et plein de confiance,
Aura de ses soupirs hasardé l'insolence !
Un regard de Zaïre aura pu l'aveugler :
Sans doute il est aisé de s'en laisser troubler.
Il croit qu'il est aimé, c'est lui seul qui m'offense ;
Peut-être ils ne sont point tous deux d'intelligence.
Zaïre n'a point vu ce billet criminel,
Et j'en croyais trop tôt mon déplaisir mortel.
Corasmin, écoutez... dès que la nuit plus sombre
Aux crimes des mortels viendra prêter son ombre,
Sitôt que ce chrétien chargé de mes bienfaits,
Nérestan, paraîtra sous les murs du palais,
Ayez soin qu'à l'instant ma garde le saisisse [21] ;
Qu'on prépare pour lui le plus honteux supplice,
Et que chargé de fers il me soit présenté.
Laissez, surtout, laissez Zaïre en liberté.
Tu vois mon cœur, tu vois à quel excès je l'aime !
Ma fureur est plus grande, et j'en tremble moi-même.
J'ai honte des douleurs où je me suis plongé ;
Mais malheur aux ingrats qui m'auront outragé !

FIN DU QUATRIÈME ACTE.

ACTE CINQUIÈME.

SCÈNE I.

OROSMANE, CORASMIN, UN ESCLAVE.

OROSMANE.

On l'a fait avertir, l'ingrate va paraître.
Songe que dans tes mains est le sort de ton maître;
Donne-lui le billet de ce traître chrétien;
Rends-moi compte de tout, examine-la bien :
Porte-moi sa réponse. On approche... c'est elle.
(à Corasmin.)
Viens, d'un malheureux prince ami tendre et fidèle,
Viens m'aider à cacher ma rage et mes ennuis.

SCÈNE II.

ZAIRE, FATIME, L'ESCLAVE.

ZAÏRE.

Eh! qui peut me parler dans l'état où je suis?
A tant d'horreurs, hélas! qui pourra me soustraire?
Le sérail est fermé! Dieu! si c'était mon frère!
Si la main de ce Dieu, pour soutenir ma foi,
Par des chemins cachés, le conduisait vers moi!
Quel esclave inconnu se présente à ma vue?

L'ESCLAVE.

Cette lettre, en secret dans mes mains parvenue,

Pourra vous assurer de ma fidélité.
ZAÏRE.
Donne.
(Elle lit.)
FATIME, à part, pendant que Zaïre lit.
Dieu tout puissant! éclate en ta bonté;
Fais descendre ta grace en ce séjour profane;
Arrache ma princesse au barbare Orosmane!
ZAÏRE, à Fatime.
Je voudrais te parler.
FATIME, à l'esclave.
Allez, retirez-vous;
On vous rappellera, soyez prêt; laissez-nous.

SCÈNE III.
ZAIRE, FATIME.

ZAÏRE.
Lis ce billet : hélas! dis-moi ce qu'il faut faire;
Je voudrais obéir aux ordres de mon frère.
FATIME.
Dites plutôt, madame, aux ordres éternels
D'un Dieu qui vous demande au pied de ses autels.
Ce n'est point Nérestan, c'est Dieu qui vous appelle.
ZAÏRE.
Je le sais, à sa voix je ne suis point rebelle,
J'en ai fait le serment : mais puis-je m'engager,
Moi, les chrétiens, mon frère, en un si grand danger?
FATIME.
Ce n'est point leur danger dont vous êtes troublée;
Votre amour parle seul à votre ame ébranlée.

Je connais votre cœur; il penserait comme eux,
Il hasarderait tout, s'il n'était amoureux.
Ah! connaissez du moins l'erreur qui vous engage.
Vous tremblez d'offenser l'amant qui vous outrage!
Quoi! ne voyez-vous pas toutes ses cruautés,
Et l'ame d'un Tartare à travers ses bontés?
Ce tigre, encor farouche au sein de sa tendresse,
Même en vous adorant, menaçait sa maîtresse...
Et votre cœur encor ne s'en peut détacher?
Vous soupirez pour lui?

ZAÏRE.

Qu'ai-je à lui reprocher?
C'est moi qui l'offensais, moi qu'en cette journée
Il a vu souhaiter ce fatal hyménée;
Le trône était tout prêt, le temple était paré,
Mon amant m'adorait, et j'ai tout différé.
Moi, qui devais ici trembler sous sa puissance,
J'ai de ses sentiments bravé la violence;
J'ai soumis son amour, il fait ce que je veux,
Il m'a sacrifié ses transports amoureux.

FATIME.

Ce malheureux amour, dont votre ame est blessée,
Peut-il en ce moment remplir votre pensée?

ZAÏRE.

Ah! Fatime, tout sert à me désespérer:
Je sais que du sérail rien ne peut me tirer;
Je voudrais des chrétiens voir l'heureuse contrée,
Quitter ce lieu funeste à mon ame égarée;
Et je sens qu'à l'instant, prompte à me démentir,
Je fais des vœux secrets pour n'en jamais sortir.
Quel état! quel tourment! Non, mon ame inquiète

Ne sait ce qu'elle doit, ni ce qu'elle souhaite ;
Une terreur affreuse est tout ce que je sens.
Dieu ! détourne de moi ces noirs pressentiments ;
Prends soin de nos chrétiens, et veille sur mon frère !
Prends soin, du haut des cieux, d'une tête si chère !
Oui, je le vais trouver, je lui vais obéir :
Mais dès que de Solyme il aura pu partir,
Par son absence alors à parler enhardie,
J'apprends à mon amant le secret de ma vie :
Je lui dirai le culte où mon cœur est lié ;
Il lira dans ce cœur, il en aura pitié.
Mais dussé-je au supplice être ici condamnée,
Je ne trahirai point le sang dont je suis née.
Va, tu peux amener mon frère dans ces lieux.
Rappelle cet esclave.

SCÈNE IV.

ZAIRE.

O Dieu de mes aïeux !
Dieu de tous mes parents, de mon malheureux père,
Que ta main me conduise, et que ton œil m'éclaire !

SCÈNE V.

ZAIRE, L'ESCLAVE.

ZAIRE.

Allez dire au chrétien qui marche sur vos pas,
Que mon cœur aujourd'hui ne le trahira pas,
Que Fatime en ces lieux va bientôt l'introduire.
   (à part.)
Allons, rassure-toi, malheureuse Zaïre !

SCÈNE VI.

OROSMANE, CORASMIN, L'ESCLAVE.

OROSMANE.

Que ces moments, grand Dieu, sont lents pour ma fureur!
(à l'esclave.)
Eh bien! que t'a-t-on dit? réponds, parle.

L'ESCLAVE.

Seigneur,
On n'a jamais senti de si vives alarmes.
Elle a pâli, tremblé, ses yeux versaient des larmes;
Elle m'a fait sortir, elle m'a rappelé,
Et d'une voix tremblante, et d'un cœur tout troublé,
Près de ces lieux, seigneur, elle a promis d'attendre
Celui qui cette nuit à ses yeux doit se rendre.

OROSMANE.

(à l'esclave.)   (à Corasmin.)
Allez, il me suffit... Ote-toi de mes yeux,
Laisse-moi : tout mortel me devient odieux.
Laisse-moi seul, te dis-je, à ma fureur extrême :
Je hais le monde entier, je m'abhorre moi-même.

SCÈNE VII.

OROSMANE.

Où suis-je? ô ciel! où suis-je? où porté-je mes vœux?
Zaïre, Nérestan... couple ingrat, couple affreux!
Traîtres, arrachez-moi ce jour que je respire,
Ce jour souillé par vous!... Misérable Zaïre,
Tu ne jouiras pas... Corasmin, revenez.

SCÈNE VIII.

OROSMANE, CORASMIN.

OROSMANE.

Ah ! trop cruel ami, quoi ! vous m'abandonnez !
Venez ; a-t-il paru, ce rival, ce coupable ?

CORASMIN.

Rien ne paraît encore.

OROSMANE.

    O nuit ! nuit effroyable !
Peux-tu prêter ton voile à de pareils forfaits ?
Zaïre !... l'infidèle !... après tant de bienfaits !
J'aurais d'un œil serein, d'un front inaltérable,
Contemplé de mon rang la chute épouvantable :
J'aurais su, dans l'horreur de la captivité,
Conserver mon courage et ma tranquillité ;
Mais me voir à ce point trompé par ce que j'aime !

CORASMIN.

Eh ! que prétendez-vous dans cette horreur extrême ?
Quel est votre dessein ?

OROSMANE.

    N'entends-tu pas des cris ?

CORASMIN.

Seigneur...

OROSMANE.

   Un bruit affreux a frappé mes esprits.
On vient.

CORASMIN.

   Non, jusqu'ici nul mortel ne s'avance ;
Le sérail est plongé dans un profond silence ;

Tout dort ; tout est tranquille ; et l'ombre de la nuit...

OROSMANE.

Hélas ! le crime veille, et son horreur me suit.
A ce coupable excès porter sa hardiesse !
Tu ne connaissais pas mon cœur et ma tendresse !
Combien je t'adorais ! quels feux ! Ah, Corasmin !
Un seul de ses regards aurait fait mon destin :
Je ne puis être heureux, ni souffrir que par elle.
Prends pitié de ma rage. Oui, cours... Ah, la cruelle !

CORASMIN.

Est-ce vous qui pleurez ? vous, Orosmane ? ô cieux !

OROSMANE.

Voilà les premiers pleurs qui coulent de mes yeux.
Tu vois mon sort, tu vois la honte où je me livre :
Mais ces pleurs sont cruels, et la mort va les suivre :
Plains Zaïre, plains-moi ; l'heure approche ; ces pleurs.
Du sang qui va couler sont les avant-coureurs.

CORASMIN.

Ah ! je tremble pour vous.

OROSMANE.

Frémis de mes souffrances,
Frémis de mon amour, frémis de mes vengeances.
Approche, viens, j'entends... je ne me trompe pas.

CORASMIN.

Sous les murs du palais quelqu'un porte ses pas.

OROSMANE.

Va saisir Nérestan ; va, dis-je, qu'on l'enchaîne :
Que tout chargé de fers à mes yeux on l'entraîne !

SCÈNE IX.

OROSMANE, ZAIRE et FATIME, marchant
pendant la nuit dans l'enfoncement du théâtre.

ZAÏRE.
Viens, Fatime.
OROSMANE.
Qu'entends-je ! Est-ce là cette voix
Dont les sons enchanteurs m'ont séduit tant de fois ?
Cette voix qui trahit un feu si légitime ?
Cette voix infidèle, et l'organe du crime ?
Perfide !... vengeons-nous... quoi ! c'est elle ? ô destin !
(Il tire son poignard.)
Zaïre ! ah Dieu !.... ce fer échappe de ma main.
ZAÏRE, à Fatime.
C'est ici le chemin, viens, soutiens mon courage.
FATIME.
Il va venir.
OROSMANE.
Ce mot me rend toute ma rage.
ZAÏRE.
Je marche en frissonnant, mon cœur est éperdu...
Est-ce vous, Nérestan, que j'ai tant attendu ?
OROSMANE, courant à Zaïre.
C'est moi que tu trahis : tombe à mes pieds, parjure !
ZAÏRE, tombant dans la coulisse.
Je me meurs, ô mon Dieu !
OROSMANE.
J'ai vengé mon injure.
Otons-nous de ces lieux. Je ne puis... Qu'ai-je fait ?...
Rien que de juste.... Allons, j'ai puni son forfait.

Ah! voici son amant que mon destin m'envoie,
Pour remplir ma vengeance et ma cruelle joie.

SCÈNE X.

OROSMANE, ZAIRE, NÉRESTAN, CORASMIN, FATIME, ESCLAVES.

OROSMANE.

Approche, malheureux, qui viens de m'arracher,
De m'ôter pour jamais ce qui me fut si cher;
Méprisable ennemi, qui fais encor paraître
L'audace d'un héros avec l'ame d'un traître;
Tu m'imposais ici pour me déshonorer.
Va, le prix en est prêt, tu peux t'y préparer.
Tes maux vont égaler les maux où tu m'exposes,
Et ton ingratitude, et l'horreur que tu causes.
Avez-vous ordonné son supplice?

CORASMIN.

Oui, seigneur.

OROSMANE.

Il commence déjà dans le fond de ton cœur.
Tes yeux cherchent partout, et demandent encore
La perfide qui t'aime, et qui me déshonore.
Regarde, elle est ici.

NÉRESTAN.

Que dis-tu? Quelle erreur?

OROSMANE.

Regarde-la, te dis-je.

NÉRESTAN.

Ah! que vois-je! Ah, ma sœur!
Zaïre!... elle n'est plus! Ah, monstre! Ah, jour horrible!

OROSMANE.

Sa sœur ! Qu'ai-je entendu ? Dieu ! serait-il possible ?

NÉRESTAN.

Barbare, il est trop vrai : viens épuiser mon flanc
Du reste infortuné de cet auguste sang.
Lusignan, ce vieillard, fut son malheureux père ;
Il venait dans mes bras d'achever sa misère,
Et d'un père expiré j'apportais en ces lieux
La volonté dernière, et les derniers adieux ;
Je venais, dans un cœur trop faible et trop sensible,
Rappeler des chrétiens le culte incorruptible.
Hélas ! elle offensait notre Dieu, notre loi ;
Et ce Dieu la punit d'avoir brûlé pour toi.

OROSMANE.

Zaïre !... Elle m'aimait ? Est-il bien vrai, Fatime ?
Sa sœur ?... J'étais aimé ?

FATIME.

Cruel ! voilà son crime.
Tigre altéré de sang, tu viens de massacrer
Celle qui, malgré soi constante à t'adorer,
Se flattait, espérait que le Dieu de ses pères
Recevrait le tribut de ses larmes sincères,
Qu'il verrait en pitié cet amour malheureux,
Que peut-être il voudrait vous réunir tous deux.
Hélas ! à cet excès son cœur l'avait trompée ;
De cet espoir trop tendre elle était occupée ;
Tu balançais son Dieu dans son cœur alarmé.

OROSMANE.

Tu m'en as dit assez. O ciel ! j'étais aimé !
Va, je n'ai pas besoin d'en savoir davantage...

NÉRESTAN.

Cruel! qu'attends-tu donc pour assouvir ta rage?
Il ne reste que moi de ce sang glorieux
Dont ton père et ton bras ont inondé ces lieux;
Rejoins un malheureux à sa triste famille,
Au héros dont tu viens d'assassiner la fille.
Tes tourments sont-ils prêts? Je puis braver tes coups;
Tu m'as fait éprouver le plus cruel de tous.
Mais la soif de mon sang, qui toujours te dévore,
Permet-elle à l'honneur de te parler encore?
En m'arrachant le jour, souviens-toi des chrétiens
Dont tu m'avais juré de briser les liens:
Dans sa férocité, ton cœur impitoyable
De ce trait généreux serait-il bien capable?
Parle; à ce prix encor je bénis mon trépas.

OROSMANE, allant vers le corps de Zaïre.

Zaïre!

CORASMIN.

Hélas! seigneur, où portez-vous vos pas?
Rentrez, trop de douleur de votre ame s'empare;
Souffrez que Nérestan...

NÉRESTAN.

Qu'ordonnes-tu, barbare?

OROSMANE, après une longue pause.

Qu'on détache ses fers. Écoutez, Corasmin,
Que tous ses compagnons soient délivrés soudain.
Aux malheureux chrétiens prodiguez mes largesses;
Comblés de mes bienfaits, chargés de mes richesses,
Jusqu'au port de Joppé vous conduirez leurs pas.

CORASMIN.

Mais, seigneur...

OROSMANE.

Obéis, et ne réplique pas ;
Vole, et ne trahis point la volonté suprême
D'un soudan qui commande, et d'un ami qui t'aime ;
Va, ne perds point de temps, sors, obéis...
(à Nérestan.)

Et toi,
Guerrier infortuné, mais moins encor que moi,
Quitte ces lieux sanglants; remporte en ta patrie
Cet objet que ma rage a privé de la vie.
Ton roi, tous tes chrétiens, apprenant tes malheurs,
N'en parleront jamais sans répandre des pleurs.
Mais si la vérité par toi se fait connaître,
En détestant mon crime, on me plaindra peut-être.
Porte aux tiens ce poignard, que mon bras égaré
A plongé dans un sein qui dut m'être sacré ;
Dis-leur que j'ai donné la mort la plus affreuse
A la plus digne femme, à la plus vertueuse,
Dont le ciel ait formé les innocents appas ;
Dis-leur qu'à ses genoux j'avais mis mes états ;
Dis-leur que dans son sang cette main s'est plongée ;
Dis que je l'adorais, et que je l'ai vengée.
(Il se tue.)

(aux siens.)
Respectez ce héros, et conduisez ses pas.

NÉRESTAN.

Guide-moi, Dieu puissant ! je ne me connais pas.
Faut-il qu'à t'admirer ta fureur me contraigne,
Et que dans mon malheur ce soit moi qui te plaigne !

FIN DE ZAÏRE.

NOTES ET VARIANTES

DE LA TRAGÉDIE DE ZAÏRE.

1 Édition de 1740 :

> Peut-il suivre une loi que mon amant abhorre ?
> La coutume en ces lieux plia mes premiers ans.

2 Dans la lettre à Cideville, du 4 janvier 1733, on trouve une autre version de ces vers. B.

3 Ces vers rappellent ceux de *Bérénice*, act. II, sc. 5 :

> Titus, ah! plût au ciel que, sans blesser ta gloire,
> Un rival plus puissant voulût tenter ma foi,
> Et pût mettre à mes pieds plus d'empires que toi!
> Que de sceptres sans nombre il pût payer ma flamme!
> Que ton amour n'eût rien à donner que ton ame!
> C'est alors, cher Titus, qu'aimé, victorieux,
> Tu verrais de quel prix ton cœur est à mes yeux.

Dans la même *Bérénice*, act. I, sc. 4, on lit :

> Moi, dont l'ardeur extrême,
> Je vous l'ai déjà dit, n'aime en lui que lui-même,
> Mais qui, loin des grandeurs dont il est revêtu,
> Aurais choisi son cœur et cherché sa vertu.   B.

4 Édition de 1740 :

> Des Lusignan ou moi l'empire de ces lieux.

5 Molière, dans la comédie des *Fâcheux*, dit, en parlant des jaloux, act. II, sc. 4:

> De ces gens dont l'amour est fait comme la haine.

On retrouve dans la scène des deux amants du *Dépit amoureux* plusieurs sentiments de la seconde scène du quatrième acte entre Orosmane et Zaïre :

> Madame, il fut un temps où mon ame charmée....

Plusieurs des mouvements passionnés du rôle de Vendôme se retrouvent aussi dans celui de don Garcie, personnage d'une comédie héroïque de Molière, presque oubliée. Il n'est pas vraisemblable que M. de Voltaire ait songé à imiter ces morceaux de Molière; et nous n'avons fait ce rapprochement que pour faire remarquer comment les deux poëtes français qui ont le mieux connu les hommes, les deux seuls qui aient été philosophes, se sont rencontrés, lorsqu'ils ont eu à traiter des situations analogues entre elles. K.

6 Édition de 1736 :

. . . . Eh! qui peut aujourd'hui.

Ce vers est une imitation de celui de Virgile (*Æn.*, I, v. 634) :
Non ignara mali miseris succurrere disco.   K.

8 On trouve dans un poëme de l'abbé Du Jarry :

Tandis que les sapins, les chênes élevés
Satisfont en tombant aux vents qu'ils ont bravés.   K.

9 C'est le mot du duc d'Orléans, régent; voyez tome XXIV, p. 303; et tome XXX, p. 163. B.

10 Un manuscrit dans les bureaux de la police contenait de plus ces quatre vers :

Et toi, cher instrument du salut des mortels,
Gage auguste d'un Dieu vivant sur nos autels,
Bois rougi de son sang, relique incorruptible,
Croix sur qui s'accomplit ce mystère terrible;
Dieu mort sur cette croix, etc.

Ces vers m'ont été communiqués par M. H. de La Porte, membre de la Société des Bibliophiles. B.

11 Au Théâtre Français on dit *Mamelus.* — Toutes les éditions données du vivant de Voltaire et les éditions de Kehl portent aussi *Mamelus*. Mais, à l'exemple de quelques éditeurs récents, j'ai mis *Mamelucs*. Voltaire parle de *Mamelus*, tome XVII, p. 468; et de *Mamelucs*, page 494 du même volume. B.

12 Édition de 1736 :

Qui naquit, qui souffrit, qui mourut en ces lieux,
Qui nous a rassemblés, qui m'amène à vos yeux.

13 Édition de 1736 :

> Mes sujets prosternés offrent pour vous leurs vœux,
> Venez ; en ce moment, vos superbes rivales...

14 Fatime n'est point nommée en tête de la scène ; on lit dans l'édition de 1767 :

> Ah ! grand Dieu, soutiens-moi !

C'est aussi ce que j'ai entendu au Théâtre Français. B.

15 Édition de 1736 :

> Peut-être accusiez-vous ce trouble trop charmant
> Que l'innocence inspire à l'espoir d'un amant.

16 Édition de 1736 :

> Corasmin, que ces murs soient fermés à jamais.

17 Édition de 1736 :

> On peut, sans s'avilir, oubliant sa fierté,
> Jeter sur son esclave un regard de bonté ;
> Mais il est trop honteux de craindre une maîtresse ;
> Aux mœurs de l'Occident laissons cette faiblesse.

Dans l'édition de 1738 les deux premiers vers sont tels qu'on les lit à présent dans le texte ; mais les deux derniers sont remplacés par ceux-ci :

> Mais il est trop honteux d'avoir une faiblesse ;
> Aux mœurs de l'Occident laissons cette bassesse. B.

18 Hermione dit en parlant de Pyrrhus (*Andromaque*, acte V, scène 1) :

> . . . . Il ne s'informe pas
> Si l'on souhaite ailleurs sa vie ou son trépas.   K.

19 Édition de 1736 :

FATIME.
Eh ! ne voyez-vous pas que pour vous excuser....

ZAÏRE.
Oui, je vois tout, hélas ! je meurs sans m'abuser.
Je vois, etc.

20 Éditions de 1733, 1736, 1738 :

Quel caprice odieux que je ne conçois pas !

21 Toutes les éditions portaient :

Ayez soin qu'à l'instant la garde le saisisse,

lorsqu'en 1817 j'ai mis *ma garde*, d'après un errata manuscrit de feu Decroix. B.

FIN DES NOTES ET VARIANTES DE ZAÏRE.

TANIS ET ZÉLIDE,

OU

LES ROIS PASTEURS,

TRAGÉDIE

POUR ÊTRE MISE EN MUSIQUE.

1733.

AVERTISSEMENT

DES ÉDITEURS DE KEHL[1].

Strabon rapporte que, dans le temps de la plus haute antiquité, il y avait en Égypte des mages si puissants, qu'ils disposaient de la vie des rois. C'est une opinion reçue que ces mages opéraient des prodiges terribles, soit par la connaissance des secrets de la nature et par un art qui a péri avec eux, soit par un commerce avec des êtres surnaturels.

On sait que les pasteurs étaient abhorrés dans le pays où ces mages dominaient, et qu'enfin les pasteurs régnèrent en Égypte.

Cet établissement des rois pasteurs, les prodiges des mages confondus, leur pouvoir anéanti, et le commencement du culte d'Osiris et d'Isis, sont le fondement de cet ouvrage.

---

[1] Ce sont eux qui, les premiers, ont publié cette pièce, dont il est question dans la lettre de Voltaire à Thieriot, du 24 juillet 1733. Six vers sont sans rimes : il m'a été impossible de retrouver les vers correspondants. B.

PERSONNAGES.

ZÉLIDE, fille d'un roi de Memphis.
TANIS, \
CLÉOFIS, / bergers.
PANOPE, confidente de Zélide.
OTOÈS, chef des mages de Memphis.
PHANOR, guerrier de Memphis.
MAGES.
ISIS et OSIRIS.
BERGERS, BERGÈRES, PEUPLE.
CHOEURS.

TANIS ET ZÉLIDE.

ACTE PREMIER.

SCÈNE I.

ZÉLIDE, PANOPE.

ZÉLIDE.

Dieux bienfesants, qu'en ce bois on adore,
Protégez-moi toujours contre mes oppresseurs !
Les mages de Memphis me poursuivent encore ;
Et de simples bergers sont mes seuls défenseurs.
C'est ici que Tanis a repoussé la rage
    De nos implacables vainqueurs.
Je n'ai d'autres plaisirs, dans mes cruels malheurs,
    Que de parler de son courage.

PANOPE.

Oubliez-vous Phanor ?

ZÉLIDE.

          A mon père attaché,
Il a suivi mon sort ; je connais sa vaillance.

PANOPE.

Ah ! que vous le voyez avec indifférence !

ZÉLIDE.

Il a fait son devoir ; mon cœur en est touché.

PANOPE.

Des mages de Memphis il brava la colère.
Depuis que ces tyrans ont détrôné les rois,
Depuis qu'ils ont versé le sang de votre père,
Il s'éleva contre eux, il défendit vos droits.
Il a conduit vos pas : il vous aime; il espère
    Vous mériter par ses exploits.

ZÉLIDE.

Malgré tous ses efforts, errante, poursuivie,
    Je périssais près de ces lieux;
Lui-même allait tomber sous un joug odieux.
Nous devons à Tanis la liberté, la vie.
    Que Tanis est grand à mes yeux!

PANOPE.

L'estime et la reconnaissance
    Sont le juste prix des bienfaits;
Mais de simples bergers pourront-ils à jamais
Des tyrans de Memphis braver la violence?
Votre trône est tombé; vous n'avez plus d'amis.
    Quelle est encor votre espérance?

ZÉLIDE.

Au seul bras de Tanis je dois ma délivrance.
    J'espère tout du généreux Tanis.

SCÈNE II.

ZÉLIDE, PANOPE; LES BERGERS, armés de lances, entrent avec les bergères, qui portent des houlettes et des instruments de musique champêtre.

CHOEUR DES BERGERS.

Demeurez, régnez sur nos rivages;

ACTE I, SCÈNE II.

Connaissez la paix et les beaux jours.
La nature a mis dans nos bocages
Les vrais biens ignorés dans les cours.

UNE BERGÈRE.

Sans éclat et sans envie,
Satisfaits de notre sort,
Nous jouissons de la vie ;
Nous ne craignons point la mort.
L'innocence et le courage,
L'amitié, le tendre amour,
Sont la gloire et l'avantage
De ce fortuné séjour.

(Danses.)

UN BERGER.

On peut nous charmer,
Jamais nous abattre :
Nous savons combattre,
Nous savons aimer.

CHŒUR.

Demeurez, régnez sur ces rivages ;
Connaissez la paix et les beaux jours.
La nature a mis dans nos bocages
Les vrais biens ignorés dans les cours.

ZÉLIDE.

Pasteurs, heureux pasteurs, aussi doux qu'invincibles,
Vous qui bravez la mort, vous qui bravez les fers
De nos pontifes inflexibles,
Que j'aime vos riants déserts !
Que ce séjour me plaît ! que Memphis est sauvage !
Comment avez-vous pu, dans ce bois enchanté,
Près des murs de Memphis, et près de l'esclavage,

Conserver votre liberté ?
Comment avez-vous pu vivre toujours sans maître
Dans ces paisibles lieux ?

LES BERGERS.

Nous avons conservé les mœurs de nos ancêtres ;
Nous bravons les tyrans, et nous aimions nos dieux.

ZÉLIDE.

Que de grandeur, ô ciel ! dans la simple innocence !
Respectables mortels ! ciel heureux ! jours sereins !

LES BERGERS.

C'est ainsi qu'autrefois vivaient tous les humains.

ZÉLIDE.

Mais Tanis parmi vous a-t-il quelque puissance ?

LES BERGERS.

Dans notre heureuse égalité,
Tanis a sur nos cœurs la douce autorité
Que ses vertus et sa vaillance
N'ont que trop bien mérité.

SCÈNE III.

ZÉLIDE, TANIS, LE CHOEUR.

TANIS.

Est-il possible, ô dieux ! Phanor ose entreprendre
D'exposer vos beaux jours à nos fiers ennemis !
Qu'iriez-vous faire, hélas ! aux remparts de Memphis ?
Quel sort y pouvez-vous attendre ?
Nos campagnes, nos bois, et nos cœurs sont à vous.
Faudra-t-il qu'un peuple perfide,
Que des mages sanglants, une cour homicide,
L'emportent sur des biens si doux !

ZÉLIDE.

Quoi ! Phanor, après sa défaite,
Aux rivages du Nil ose-t-il retourner ?
Ah ! s'il me faut quitter cette aimable retraite,
Tanis veut-il m'abandonner ?

TANIS.

Nous ne ravageons point la terre ;
Nous défendons nos champs quand ils sont menacés ;
Nous détestons l'horrible guerre :
Mais vous changez nos lois dès que vous paraissez.
Au bout de l'univers je suis prêt à vous suivre.
C'était peu de vous secourir ;
C'est pour vous qu'il est doux de vivre,
Et c'est en vous vengeant qu'il est doux de mourir.

SCÈNE IV.

ZÉLIDE, TANIS, PHANOR, LE CHOEUR, SUITE DE PHANOR.

PHANOR.

L'ennemi vient à nous, et pense nous surprendre.
C'est à vous de me seconder :
Tanis, et vous, bergers, allez, allez défendre
Vos passages qu'il faut garder.

TANIS.

Nous n'avons pas besoin de votre ordre suprême ;
Vous nous avez vus dans ces lieux
Délivrer la princesse, et vous sauver vous-même ;
Et nous ne connaissons de maître que ses yeux.

PHANOR.

Je commande en son nom.

TANIS.

Que votre orgueil contemple
Et notre zèle et nos exploits ;
Cessez de nous donner des lois,
Et recevez de nous l'exemple.

PHANOR.

Tanis, en d'autres temps votre témérité
Tiendrait un différent langage.

TANIS.

En tout temps mon courage
Méprise et dompte la fierté.

ZÉLIDE.

Arrêtez : quel transport à mes yeux vous divise ?
Ma fortune vous est soumise ;
Tout est perdu pour moi, si vous n'êtes unis.

TANIS.

C'est assez, pardonnez : je vole, et j'obéis.

SCÈNE V.

ZÉLIDE, PHANOR.

PHANOR.

Non, je ne puis souffrir l'indigne déférence
Dont vous l'honorez à mes yeux :
La seule égalité m'offense ;
L'injurieuse préférence
Est un affront trop odieux.

ZÉLIDE.

Il combat pour vous-même ; est-ce à vous de vous plaindre ?
Vous deviez plus d'égards aux exploits de Tanis.

ACTE I, SCÈNE V.

Il faut ménager, il faut craindre
Les grands cœurs qui nous ont servis.

PHANOR.

Poursuivez, achevez, ingrate;
Faites tomber sur moi notre commun malheur;
Élevez jusqu'à vous un barbare, un pasteur.
Oubliez...

ZÉLIDE.

Osez-vous?...

PHANOR.

Oui, je vois qu'il s'en flatte.
Oui, vous encouragez sa téméraire ardeur.
Votre faiblesse éclate
Dans vos yeux et dans votre cœur.

ZÉLIDE.

Pourquoi soupçonnez-vous que je puisse descendre
Jusqu'à souffrir qu'il vive sous ma loi?
Vos soupçons menaçants suffiraient pour m'apprendre
Qu'il n'est pas indigne de moi.

PHANOR.

O ciel! qu'avec raison de ce fatal rivage
Je voulais partir aujourd'hui!
Pouvez-vous à ce point outrager mon courage?

ZÉLIDE.

Si l'égaler à vous c'est vous faire un outrage,
Surpassez son grand cœur en servant mieux que lui.

CHŒUR DES PASTEURS, *derrière la scène.*

Aux armes! aux armes!
Marchons, signalons-nous.

PHANOR.

Eh bien! je vais périr pour vos perfides charmes;

Je vais chercher la mort, et j'en chéris les coups.
Vous seule causez mes alarmes ;
Je n'ai point d'ennemis plus funestes que vous.

(Il sort.)

LE CHOEUR.

Aux armes ! aux armes !
Marchons, signalons-nous.

SCÈNE VI.

ZÉLIDE.

Ah ! je mérite sa colère.
Je n'osais avouer mes secrets sentiments ;
Je vois par ses emportements
Combien Tanis a su me plaire ;
Je sens combien je l'aime à son nouveau danger.
Je brûle de le partager.
Que de vertu ! que de vaillance !
Dieux ! pour sa récompense
Est-ce trop que mon cœur ?
Faut-il que ma gloire s'offense
D'une si juste ardeur ?
Non, pour sa récompense
Je lui dois tout mon cœur.

FIN DU PREMIER ACTE.

ACTE SECOND.

SCÈNE I.

LE PRÊTRE D'ISIS, TANIS, CLÉOFIS,
CHOEUR DE BERGERS ET DE BERGÈRES.

LE CHOEUR DES BERGERS.
Victoire ! victoire !
Nos cruels ennemis
Sont tombés sous les coups du généreux Tanis.

LE CHOEUR DES BERGÈRES.
Périsse leur mémoire !
Plaisirs, ne soyez plus bannis.
(Ensemble.)
Triomphe ! victoire !

LE PRÊTRE D'ISIS.
Tendre Isis, Osiris, premiers dieux des mortels,
Pourquoi ne régnez-vous qu'en ces heureux bocages ?
Ne punirez-vous point ces implacables mages,
Ces ennemis de vos autels ?
Aux portes de Memphis nous bravons leur puissance :
Mais est-ce assez pour nous de ne pas succomber ?
Quand les verrons-nous tomber
Sous les coups de votre vengeance ?

CHOEUR DES BERGERS.
L'aimable liberté règne dans ces beaux lieux ;
Quels autres biens demandez-vous aux dieux ?

CHOEUR DES BERGÈRES.

Doux bergers, si craints dans les alarmes,
Ne soyez soumis que par nos charmes.

UNE BERGÈRE.

Que ces fleurs nouvelles
Ornent nos pasteurs :
C'est aux belles
A couronner les vainqueurs.

LE CHOEUR DES BERGÈRES.

Doux bergers, si craints dans les alarmes,
Ne soyez soumis que par nos charmes.

(Danses.)

UNE BERGÈRE.

De Vénus oiseaux charmants,
Vous n'êtes pas si fidèles.
Des plus tendres tourterelles
Les transports sont moins touchants.
L'aigle impétueux et rapide
Porte au haut des cieux,
D'un vol moins intrépide,
Le brillant tonnerre des dieux.

LE CHOEUR DES BERGÈRES.

Doux bergers, si craints dans les alarmes,
Ne soyez soumis que par nos charmes.

LE PRÊTRE D'ISIS.

Venez, bergers, il en est temps :
Consacrez à nos dieux les nobles monuments
De la valeur et de la gloire.

LE CHOEUR.

Triomphe ! victoire !

SCÈNE II.

TANIS, CLÉOFIS.

CLÉOFIS.

Quoi ! vous ne suivez point leurs pas ?

TANIS.

Demeure, ne me quitte pas.
Tu connais ma secrète flamme :
Connais le trouble affreux qui déchire mon ame.

CLÉOFIS.

Redoutez-vous Phanor ?

TANIS.

Dans mes troubles cruels,
Tout m'alarme auprès de Zélide.
Ami, le plus fier des mortels
Devient l'amant le plus timide.
Je crains ce que j'adore, et tout me fait trembler.
Mes yeux sont éblouis; j'hésite, je chancelle :
Mon cœur parle à ses yeux, ma voix n'ose parler.
. . . .
Je nourris en secret le feu qui me dévore ;
Et lorsque le sommeil vient calmer ma douleur,
Les dieux la redoublent encore.
Osiris m'apparaît précédé des éclairs.
Dans le sein de la nuit profonde,
Autour de lui la foudre gronde ;
Neptune soulève son onde,
Les noirs abîmes sont ouverts.
Qu'ai-je donc fait aux dieux ? quelle menace horrible !

CLÉOFIS.

Osiris vous protége, il a conduit vos pas :
C'est lui qui vous rend invincible ;
Il vous avertissait, il ne menaçait pas.

TANIS.

Osiris, tu connais comme on aime.
Isis, au céleste séjour,
La seule Isis fait ton bonheur suprême.
Dieux qui savez aimer, favorisez l'amour !

(Pendant que Tanis fait cette prière aux dieux, Isis et Osiris descendent dans un nuage brillant.)

SCÈNE III.

ISIS ET OSIRIS, dans le nuage; TANIS, CLÉOFIS.

ISIS ET OSIRIS.

L'Amour te conduira dans la cité barbare
Où les mages donnent la loi :
Soutiens le sort affreux que l'Amour t'y prépare,
Et vois le trépas sans effroi.

SCÈNE IV.

TANIS, CLÉOFIS.

TANIS.

De quel trouble nouveau je sens mon ame atteinte !

CLÉOFIS.

De quelle horreur je suis surpris !

TANIS.

Pour braver les dangers, et voir la mort sans crainte,
Mon cœur n'attendait pas l'oracle d'Osiris ;

Mais pour mes tendres feux quel funeste présage !
Quel oracle pour un amant !
O dieux ! dont Zélide est l'image,
Peut-on vous déplaire en l'aimant ?

SCÈNE V.

TANIS, ZÉLIDE.

TANIS.

Princesse, dans mes yeux vous lisez mon offense ;
Mon crime éclate devant vous.
Je crains la céleste vengeance ;
Mais je crains plus votre courroux.

ZÉLIDE.

J'ignore à quels desseins votre cœur s'abandonne.
Je vois en vous mon défenseur.
S'il est un crime au fond de votre cœur,
Je sens que le mien vous pardonne.

TANIS.

Un berger vous adore, et vous lui pardonnez !
Ah ! je tremblais à vous le dire :
J'ai bravé les fronts couronnés,
Et leur éclat, et leur empire ;
Mon orgueil me trompait ; j'écoutai trop sa voix :
Cet orgueil s'abaisse ; il commence,
Depuis le jour que je vous vois,
A sentir qu'entre nous il est trop de distance.

ZÉLIDE.

Il n'en est point, Tanis ; et s'il en eût été,
L'amour l'aurait fait disparaître.

Ce n'est pas des grandeurs où les dieux m'ont fait naître
  Que mon cœur est le plus flatté.

TANIS.

L'amant que votre cœur préfère
Devient le premier des humains ;
Vous voir, vous adorer, vous plaire,
Est le plus brillant des destins :
  Mais quand vous m'êtes propice,
  Le ciel paraît en courroux ;
  J'aurais cru que sa justice
  Pensait toujours comme vous.

ZÉLIDE.

Non, je ne puis douter que le ciel ne vous aime.

TANIS.

Je viens d'entendre ici son oracle suprême :
L'Amour doit dans Memphis me punir à vos yeux.

ZÉLIDE.

Vous punir? vous, Tanis ! quelle horrible injustice !
  Ah ! que plutôt Memphis périsse !
  Évitons ces murs odieux,
Évitons cette ville impie et meurtrière.
Je renonce à Memphis, je demeure en ces lieux :
Vos lois seront mes lois, vos dieux seront mes dieux :
Tanis me tiendra lieu de la nature entière :
  Je n'y vois plus rien que nous deux.

TANIS ET ZÉLIDE.

Osiris que l'amour engage,
Toujours aimé d'Isis, et toujours amoureux,
  Nous serons fidèles, heureux,
    Dans cet obscur bocage,
  Comme vous l'êtes dans les cieux.

SCENE VI.
ZÉLIDE, TANIS, PHANOR.

PHANOR.
Zélide, inhumaine, cruelle!
....
C'est ainsi que je suis trahi!
J'avais tout fait pour vous : l'amour m'en a puni :
Sous les lois d'un pasteur un vil amour vous range!
Ah! si vous ne craignez, dans vos indignes fers,
    Les reproches de l'univers,
    Craignez au moins que je me venge.

TANIS.
Vous venger! et de qui ?

ZÉLIDE.
                    Calmez ce vain courroux :
    Je ne crains l'univers ni vous.
    Je dois avouer que je l'aime.
    Prétendez-vous forcer un cœur
    Qui ne dépend que de lui-même ?
Etes-vous mon tyran plus que mon défenseur ?
Pardonnez à l'Amour; il règne avec caprice;
    Il enchaîne à son choix
    Les cœurs des bergers et des rois.
Un berger tel que lui n'a rien dont je rougisse.

PHANOR.
Ah! je rougis pour vous de votre aveuglement :
    Mais frémissez du tourment qui m'accable;
    Vous avez fait du plus fidèle amant
        L'ennemi le plus implacable.

L'asile où l'on trahit ma foi
Ne vous défendra pas de ma rage inflexible.
Nous verrons si l'amant dont vous suivez la loi
Paraîtra toujours invincible,
Comme il le fut toujours en combattant sous moi.

TANIS.

Vous pouvez l'éprouver, et dès ce moment même;
Quel plus beau champ pour la valeur?
Il est doux de combattre aux yeux de ce qu'on aime :
Ne différez pas mon bonheur.

PHANOR.

C'en est trop, et mon bras...

ZÉLIDE, l'arrêtant.

Barbare que vous êtes,
Percez plutôt ce cœur plein de trouble et d'ennui.

TANIS.

Vous daignez arrêter ses fureurs indiscrètes,
Moins par crainte pour moi que par pitié pour lui.

SCÈNE VII.

ZÉLIDE, TANIS, PHANOR, CHOEUR DE BERGERS.

LES BERGERS.

Suspendez, suspendez la fureur inhumaine
Qui vous trouble à nos yeux :
La Discorde et la Haine
N'habitent point ces lieux.

ZÉLIDE.

Phanor, connaissez l'injustice

D'un amour barbare et jaloux.
PHANOR.
Si vous aimez Tanis, il faut que je périsse :
Je suis moins barbare que vous.

SCÈNE VIII.

ZÉLIDE, TANIS, CHŒUR DE BERGERS.

LE CHŒUR.
O Discorde terrible,
Fille affreuse du tendre Amour,
Respecte ce beau séjour;
Qu'il soit à jamais paisible !

TANIS.
Laissez mon rival furieux
Exhaler en vain sa rage :
Zélide est mon partage :
J'aurai pour moi tous les dieux.

LE CHŒUR.
O Discorde terrible,
Fille affreuse du tendre Amour,
Respecte ce beau séjour;
Qu'il soit à jamais paisible !

FIN DU SECOND ACTE.

ACTE TROISIÈME.

Le théâtre représente le temple d'Isis et d'Osiris. Les statues de ces dieux sont sur l'autel : elles se donnent la main pour marquer l'union de ces deux divinités.

SCÈNE I.

TANIS.

Temple d'Isis où règne la nature,
Beaux lieux sans ornements, images de nos mœurs,
Vous allez couronner une ardeur aussi pure
    Que nos offrandes et nos cœurs.
Ni l'amour de Phanor, ni l'éclat des grandeurs,
    N'ont séduit la belle Zélide.
. . . .
    Zélide est semblable à nos dieux ;
    Comme eux sa bonté préfère
    Le cœur le plus sincère :
Le reste des mortels est égal à ses yeux.
    Moments charmants, moments délicieux,
Hâtez-vous d'embellir ce beau jour qui m'éclaire ;
    Hâtez-vous de combler mes vœux.
    Temple d'Isis où règne la nature,
Beaux lieux sans ornements, images de nos mœurs,
Vous allez couronner une ardeur aussi pure
    Que nos offrandes et nos cœurs.

SCÈNE II.

TANIS, LE CHŒUR DES BERGERS.

LE CHŒUR.

Jamais l'Amour n'a remporté
Une victoire plus brillante.

TANIS.

Je dois attendre ici la beauté qui m'enchante :
Que ces moments sont lents à mon cœur agité !

LE CHŒUR.

Zélide a dédaigné la grandeur éclatante :
Zélide est comme nous, elle est simple et constante ;
Et ses vertus égalent sa beauté.

GRAND CHŒUR.

Jamais l'Amour n'a remporté
Une victoire plus brillante.

UN BERGER.

Dans le prochain bocage orné par ses appas,
La pompe de l'hymen, et son bonheur s'apprête ;
Nos bergers parent sa tête
Des fleurs qui naissent sous ses pas.
Phanor avec les siens a quitté nos asiles ;
La Discorde fuit pour jamais.
L'Hymen, le tendre Amour, et les Dieux, et la Paix,
Nous assurent des jours tranquilles.

(Danses.)

Dans ce fortuné séjour,
Les timbales et les musettes,
Les sceptres des rois, les houlettes,
Sont unis des mains de l'Amour.

UNE BERGÈRE.

Bientôt, selon l'usage établi parmi nous,
Les pasteurs consacrés aux dieux de nos ancêtres,
Au son de leurs flûtes champêtres,
Vont amener Zélide à son heureux époux.

TANIS.

Viens, vole, cher objet; c'est l'Amour qui t'appelle.
Nos chiffres sont tracés sur de jeunes ormeaux;
Le temps les verra croître, et les rendra plus beaux,
Sans pouvoir ajouter à mon amour fidèle.
Ces gazons sont plus verts; une grace nouvelle
Anime le chant des oiseaux.
Viens, vole, cher objet; c'est l'Amour qui t'appelle.

SCÈNE III.

TANIS, CLÉOFIS, LES BERGERS.

CLÉOFIS.

O perfidie! ô crime! ô douleur éternelle!

TANIS ET LE CHOEUR.

Ciel! quels maux nous annoncez-vous?

CLÉOFIS.

Des soldats de Memphis, et ton rival jaloux...
Ceux qui n'auraient osé combattre contre nous...

TANIS.

Eh bien?

CLÉOFIS.

Ils ont trahi notre simple innocence;
Ils t'enlèvent Zélide!

TANIS.

O fureur! ô vengeance!

ACTE III, SCÈNE III.

LE CHŒUR.

Ils l'enlèvent, ô dieux !

TANIS.

Courons, amis, punissons cet outrage.

CLÉOFIS.

Sur un vaisseau caché près du rivage
Ils ont fendu les flots impétueux.
Sur la foi des serments nous demeurions tranquilles :
C'est la première fois qu'ils ont été trahis
    Dans le sein de ces doux asiles.
Elle invoquait les dieux, elle appelait Tanis :
    Nous ne répondions à ses cris
    Que par des sanglots inutiles.

TANIS.

Grands dieux ! voilà les maux que vous m'aviez prédits [1] !
Je les verrai ces murs malheureux et coupables,
Ces implacables dieux, ces mages inhumains,
    Ces mages affreux dont les mains
    Versent le sang des misérables.
    Amis, c'est là qu'il faut mourir.
On ne peut vous dompter ; on ose vous trahir.
    Détruisons cette ville impie.
    Amis, c'est à votre valeur
    De punir cette perfidie ;
    Amis, c'est à votre valeur
    De servir ma juste fureur.

LE CHŒUR.

Nous allons tous chercher la mort ou la vengeance ;
    Nous marchons sous son étendard.

CLÉOFIS.

Vengeons l'Amour, vengeons l'Innocence ;

Mais craignons d'arriver trop tard.
Il faut franchir ce mont inaccessible,
Et Memphis à nos yeux est un autre univers.

TANIS.

L'Amour ne voit rien d'impossible;
Tous les chemins lui sont ouverts :
Il traverse la terre et l'onde;
Il pénètre au sein des enfers;
Il franchit les bornes du monde :
Croyez-en les transports de mon cœur outragé;
Memphis me verra mort, ou me verra vengé.
Que vois-je? quel heureux présage?
Nos dieux tournent sur moi les plus tendres regards.
Dieux, dont la bonté m'encourage,
Je suis l'Amour et vous, tout m'anime, je pars.

FIN DU TROISIÈME ACTE.

ACTE QUATRIÈME.

Le théâtre représente le temple des mages de Memphis. On voit à droite et à gauche des pyramides et des obélisques : les chapiteaux des colonnes du temple sont chargés des représentations de tous les monstres de l'Égypte.

SCÈNE I.

OTOÈS, CHEF DES MAGES ; CHOEUR DE MAGES.

OTOÈS.

Ministres de mes lois que ma vengeance anime,
Phanor a réparé son crime.
Puisse du sang des rois le dangereux parti,
Qui menaçait l'autel, et que l'autel opprime,
Tomber anéanti !
Consultons de notre art les secrets formidables :
Voyons par quels terribles coups
Il faut confondre les coupables
Qu'un sacrilége orgueil anima contre nous.

CHOEUR DES MAGES.

O magique puissance !
Sois toujours dans nos mains
L'instrument de la vengeance ;
Fais trembler les faibles humains !

OTOÈS.

Que nos secrets impénétrables

D'une profonde nuit soient à jamais voilés :
Plus ils sont inconnus, plus ils sont vénérables
    A nos esclaves aveuglés.

LE CHOEUR.
    O magique puissance !
    Sois toujours dans nos mains
    L'instrument de la vengeance ;
    Fais trembler les faibles humains !

OTOÈS.
    Commençons nos mystères sombres,
    Cachés aux profanes mortels².
Du fatal avenir je vais percer les ombres,
Et chercher du Destin les décrets éternels.

Symphonie terrible.

(On peut exprimer par une danse figurée la sombre horreur de ces mystères.)

Que vois-je ? quel danger ! quelle horreur nous menace !
    Un berger, un simple berger
Des rois que j'ai détruits vient rétablir la race !
    Il dresse un autel étranger !...
Un dieu vengeur l'amène !... Un dieu vengeur nous chasse !

CHOEUR DES MAGES.
Que tout l'enfer armé prévienne cette audace !

OTOÈS.
Otons toute espérance aux vils séditieux.
    Du sang des rois, de ce sang si funeste,
        Zélide est le seul reste ;
    Il faut l'immoler à leurs yeux.

LE CHOEUR.
Soyons inexorables :

N'épargnons pas le sang;
Que la beauté, l'âge, et le rang,
Nous rendent plus impitoyables!

OTOÈS.

Qu'on amène Zélide : il faut tout préparer
Pour ce terrible sacrifice.

SCÈNE II.

OTOÈS, PHANOR, LES MAGES, SUITE DE PHANOR.

PHANOR.

Je viens vous demander le prix de mon service;
Vous me l'avez promis, et je dois l'espérer.
Je ramène les miens sous votre obéissance;
Zélide est en mes mains; nos troubles sont finis:
Et Zélide est l'unique prix
Que je veux pour ma récompense.

OTOÈS.

Qu'osez-vous demander?.

PHANOR.

Aux pieds de vos autels
C'est à vous de former cette auguste alliance.

OTOÈS.

Venez la disputer à nos dieux immortels.

PHANOR.

Ciel! qu'est-ce que j'entends! je tremble, je frissonne.

OTOÈS.

Après vos complots criminels,

C'est beaucoup si l'on vous pardonne.
(Il rentre dans le temple avec les mages.)

SCÈNE III.

PHANOR, SUITE.

PHANOR.

O crime ! ô projet infernal !
J'entrevois les horreurs que ce temple prépare ;
C'est moi, c'est mon amour barbare
Qui va porter le coup fatal.
Vengez-moi, vengez-vous : prévenez le supplice
Qui nous est à tous destiné.
Qu'attendez-vous de leur justice ?
Ces monstres teints de sang n'ont jamais pardonné.
Quel appareil horrible à mes yeux se découvre !
. . . .
Zélide dans les fers ! un glaive sur l'autel !
(Zélide paraît, enchaînée dans le fond du temple ; il continue.)
Rassemblons nos amis ; secondez mon courage,
Partagez ma honte et ma rage ;
Suivez mon désespoir mortel.
(Ils sortent.)

SCÈNE IV.

OTOÈS, ZÉLIDE, LES MAGES.

ZÉLIDE.

Achevez, monstres inflexibles :
Frappez, ministre cruel ;
Hâtez les vengeances du ciel

Par vos sacriléges horribles.
Qu'est devenu Tanis? Ciel! qu'est-ce que je voi?

SCÈNE V.

OTOÈS, ZÉLIDE, TANIS, LES MAGES.

TANIS, accourant à l'autel.

Arrêtez, arrêtez, ministres du carnage :
De ce temple sanglant j'apprends quelle est la loi.
La mort doit être mon partage;
Zélide a mon cœur et ma foi.
Un époux en ces lieux peut s'offrir en victime.
Respectez l'amour qui m'anime;
Que tous vos coups tombent sur moi.

ZÉLIDE.

O prodige d'amour! ô comble de l'effroi!
Tanis pour moi se sacrifie!
(à Tanis.)
Voici le seul moment de ma funeste vie
Où je puis desirer de n'être point à toi.
(aux mages.)
Il n'est point mon époux; c'est en vain qu'il réclame
Des droits si chers, un nom si doux.

TANIS.

Ah! ne trahissez pas mon espoir et ma flamme!
Que j'emporte au tombeau le bonheur d'être à vous!

ZÉLIDE ET TANIS, ensemble.

Sauvez la moitié de moi-même;
Frappez, ne différez pas.
Pardonnez à ce que j'aime :
C'est à moi qu'on doit le trépas.

SCÈNE VI.

PHANOR, LES PRÉCÉDENTS.

OTOÈS.

Notre indigne ennemi lui-même se déclare ;
C'est lui qu'ont amené les dieux et les enfers.

TANIS.

Je suis ton ennemi, n'en doute point, barbare.

OTOÈS.

Qu'on le charge de fers :
Commençons par ce sacrifice.
Téméraire, tu périras ;
Mais ton juste supplice
Ne la sauvera pas.
Prenez ce fer sacré. Dieux ! quel affreux prodige !
Ce fer tombe en éclats... ces murs sont teints de sang !...
Ton dieu m'impose en vain par ce nouveau prestige :
Il reste encor des traits pour te percer le flanc.

ZÉLIDE.

Peuples, un dieu prend sa défense.

PHANOR, à sa suite, arrivant sur la scène.

Amis, suivez mes pas, et vengeons l'innocence.

OTOÈS, aux mages.

Soldats qui me servez, terrassez l'insolence.
Vous, gardez ces deux criminels ;
Vous, marchez, combattez, et vengez les autels.

(Les combattants entrent dans le temple, qui se referme.)

SCÈNE VII.

TANIS, ZÉLIDE, GARDES.

TANIS.

O prodige inutile! ô douloureuses peines!
Phanor combat pour vous, et je suis dans les chaînes!
Tous les miens m'ont suivi, mais leurs secours sont lents:
Je n'ai pour vous que des vœux impuissants.

CHOEUR, derrière la scène.

Cédez, tombez, mourez, sacriléges coupables;
Nos traits sont inévitables.

ZÉLIDE.

Entendez-vous les cris des combattants?

TANIS.

Quel son harmonieux se mêle au bruit des armes!
Quel mélange inouï de douceurs et d'alarmes!

. . . .

(On entend une symphonie douce.)

CHOEUR derrière la scène.

Des dieux équitables
Prennent soin de vos beaux jours;
Des dieux favorables
Protégent vos tendres amours.

TANIS.

Je reconnais la voix de nos dieux secourables;
Ces dieux de l'innocence arment pour vous leurs bras.

CHOEUR DES COMBATTANTS.

Tombez, tyrans; mourez, coupables;
Tombez dans la nuit du trépas.

ZÉLIDE.

Je frémis !

TANIS.

Non, ne craignez pas.
Si mes dieux ont parlé, j'espère en leur clémence ;
J'en crois leurs bienfaits et mon cœur :
Ils ont conduit mes pas dans ce séjour d'horreur ;
Ils font éclater leur puissance ;
Ils étendent leur bras vengeur.

ZÉLIDE ET TANIS.

Dieux bienfesants, achevez votre ouvrage ;
Délivrez l'innocent qui n'espère qu'en vous ;
Lancez vos traits, écrasez sous vos coups
Le barbare qui vous outrage.

(Les gardes emmènent Zélide et Tanis.)

ZÉLIDE.

On vous redoute encore, on nous sépare, hélas !
La mort approche, on nous sépare.

TANIS.

Qu'ils tremblent à la voix du ciel qui se déclare !
C'est à nous d'espérer jusqu'au sein du trépas.

FIN DU QUATRIÈME ACTE.

ACTE CINQUIÈME.

SCÈNE I.
ZÉLIDE, TANIS.

ZÉLIDE.

La mort en ces lieux nous rassemble;
Le sacrifice est prêt, nous périrons ensemble.

TANIS.

Zélide, calmez vos terreurs.

ZÉLIDE.

Nos cruels tyrans sont vainqueurs :
A peine on voit de loin paraître nos pasteurs,
Et Phanor a perdu la vie.

TANIS.

Il méritait la mort; il vous avait trahie.

ZÉLIDE.

Vous êtes seul et désarmé,
Et votre cœur est sans alarmes!

TANIS.

Je vous aime, je suis aimé :
L'amour et les dieux sont mes armes.

ZÉLIDE.

Tanis! mon cher Tanis! sans vous, sans nos amours,
Je braverais la mort qui me menace :

Mais ces mages sanglants sont maîtres de vos jours ;
Nous sommes enchaînés : vous êtes sans secours.

TANIS.

Nos chaînes vont tomber ; tout va changer de face.

ZÉLIDE.

Quoi ! les dieux à ce point voudraient nous protéger !
Fuyons ces lieux...

TANIS.

Moi fuir, quand je puis vous venger !

ZÉLIDE.

N'abusez point de la faveur céleste ;
Dérobez-vous à ces mages sanglants :
Tout l'enfer est soumis à leur pouvoir funeste ;
La nature obéit à leurs commandements.

TANIS.

Elle obéit à moi.

ZÉLIDE.

Ciel ! qu'est-ce que j'entends ?

TANIS.

D'Isis et d'Osiris les destins m'ont fait naître.

ZÉLIDE.

Ah ! vous êtes du sang des dieux !
Vous savez assez qu'à mes yeux
Vous seul étiez digne d'en être.

TANIS.

Ils daignaient m'éprouver par les plus rudes coups :
Ils n'ont voulu me reconnaître
Qu'après m'avoir enfin rendu digne de vous.
Lorsque ces tyrans sanguinaires
Nous séparaient par un barbare effort,

J'ai revu mes dieux tutélaires ;
Ils m'ont appris ma gloire, ils ont changé mon sort ;
Ils ont mis dans mes mains le tonnerre et la mort.
Vous allez remonter au rang de vos ancêtres ;
L'Égypte va changer et de dieux et de maîtres.

ZÉLIDE.

Un si grand changement est digne de vos mains.
Mais je vois avancer ces mages inflexibles.
Hélas ! je vous aime ; et je crains...

TANIS.

Ils trembleront bientôt, ces tyrans si terribles.

SCÈNE II.

TANIS, ZÉLIDE, OTOÈS, LES MAGES, LE PEUPLE.

OTOÈS.

Peuples, prosternez-vous ; terre entière, adorez
Les éternels arrêts de nos dieux redoutables ;
Monstres de l'Égypte, accourez ;
Connaissez ma voix, dévorez
Ces audacieux coupables,
Au fer de l'autel échappés.

TANIS.

Osiris, mon père, frappez,
Lancez du haut des cieux vos traits inévitables.

(Des flèches lancées par des mains invisibles percent les monstres qui se sont répandus sur la scène.)

LES MAGES.

O ciel ! se peut-il concevoir
Qu'on égale notre pouvoir !

OTOÈS.

Art terrible et divin, déployez vos prodiges;
Confondez ces nouveaux prestiges!
Sortez des gouffres des enfers,
Du brûlant Phlégéton, flammes étincelantes!
(On voit s'élever des tourbillons de flammes.)

TANIS.

Cieux, à ma voix soyez ouverts!
Torrents suspendus dans les airs,
Venez, et détruisez ces flammes impuissantes!
(Des cascades d'eau sortent des obélisques du temple, et éteignent les flammes.)

CHŒUR DU PEUPLE.

O ciel! dans ce combat quel dieu sera vainqueur?

OTOÈS.

Vous osez en douter! Que la voix du tonnerre
Gronde et décide en ma faveur!
Éclairs, brillez seuls sur la terre!
Éléments, faites-vous la guerre,
Confondez-vous avec horreur!

TANIS.

Les dieux t'ont exaucé, mais c'est pour ton supplice.
Voici l'instant de leur justice:
L'enfer va succomber, et ton pouvoir finit.
Le ciel s'est enflammé; le tonnerre étincelle.
Tremble, c'est ta voix qui l'appelle:
Il tombe, il frappe, il te punit.

CHŒUR DU PEUPLE.

Ah! les dieux de Tanis sont nos dieux légitimes.
(Le tonnerre tombe; l'autel et les images sont renversés.)

TANIS.

Autels sanglants, prêtres chargés de crimes,

Soyez détruits, soyez précipités
Dans les éternels abîmes
Du Ténare dont vous sortez !

SCÈNE III.

LES PRÉCÉDENTS, LES BERGERS.

TANIS, aux bergers qui paraissent armés sur la scène.

Vous, qui venez venger Zélide,
Le ciel a prévenu vos cœurs et vos exploits.
Sa justice en ces lieux réside ;
Il n'appartient qu'aux dieux de rétablir les rois.
Sur ces débris sanglants, sur ces vastes ruines,
Célébrons les faveurs divines.

. . . .
(Danses.)

LE CHOEUR.

Régnez tous deux dans une paix profonde,
Toujours unis et toujours vertueux.
Fille des rois, enfant des dieux,
Imitez-les, soyez l'amour du monde.

TANIS.

Le calme succède à la guerre.
De nouveaux cieux, une nouvelle terre,
Semblent formés en ce beau jour.
Sur les pas des Vertus les Plaisirs vont paraître :
Tout est l'ouvrage de l'Amour.

. . . .
(Danses.)

LE CHŒUR répète.

Régnez tous deux dans une paix profonde,
Toujours unis et toujours vertueux.
Fille des rois, enfant des dieux,
Imitez-les, soyez l'amour du monde.

FIN DE TANIS ET ZÉLIDE.

NOTES ET VARIANTES

DE *TANIS ET ZÉLIDE*.

[1] L'édition de Kehl porte *promis*. C'est d'après un manuscrit que j'ai mis *prédits*.   B.

[2] On lit dans l'édition de Kehl :

Inconnus aux mortels.

Cette correction est encore faite d'après le manuscrit dont j'ai parlé à la note précédente.   B.

FIN DES NOTES ET VARIANTES DE TANIS ET ZÉLIDE.

ADÉLAÏDE DU GUESCLIN,

TRAGÉDIE
EN CINQ ACTES,

REPRÉSENTÉE, POUR LA PREMIÈRE FOIS, LE 18 JANVIER 1734 ;
REPRISE LE 9 SEPTEMBRE 1765.

AVERTISSEMENT

DES ÉDITEURS DE L'ÉDITION DE KEHL.[1]

Cette pièce fut jouée en 1734 sans aucun succès. M. de Voltaire la fit reparaître au théâtre en 1752, sous le nom du *Duc de Foix*, avec des changements. Elle réussit alors; et c'est sous ce titre

---

[1] La première édition de cette tragédie parut sous ce titre : *Adelayde Du Guesclin, tragédie par M. de Voltaire, représentée, pour la première fois, le 18 janvier 1734, et remise au théâtre le 9 septembre 1765; donnée au public par M. Lekain, comédien ordinaire du roi*. Paris, veuve Duchesne, 1766, in-8°. Elle était précédée d'une *Préface de l'éditeur*, qui commençait ainsi : « L'auteur m'ayant laissé le maître de cette tragédie, j'ai cru ne pouvoir « mieux faire que d'imprimer la lettre qu'il écrivait à cette occasion à un « de ses amis. »
Venait ensuite cette lettre, qui forme les alinéa 5 à 12 de l'*Avertissement* de Kehl. Après la *Préface* de l'édition de 1766, on trouvait cet *Avertissement de l'éditeur* :
« On osera rappeler ici ce que l'auteur n'a pu dire; c'est que le *Temple du* « *Goût*, qui avait paru quelque temps avant *Adelayde*, fut cause du peu de « succès de cette tragédie.
« Bien juger et bien composer, c'en était trop à-la-fois; on ne le pardonna « point à l'auteur. Aujourd'hui le public, plus instruit et plus équitable, a « senti que cette pièce joignait aux beautés dont elle est remplie, l'avantage « d'avoir exposé sur la scène un des plus sublimes cinquièmes actes qui aient « encore paru, d'avoir fait entendre pour la première fois des noms chers « aux Français, d'avoir peint en vers très beaux et très harmonieux les sen- « timents du patriotisme monarchique, sentiments si puissants sur une na- « tion connue et distinguée dans tous les temps par sa fidélité et son amour « pour ses rois. »
La reprise de 1765 fut le sujet de la *Lettre à un ami de province, contenant quelques observations sur* Adélaïde Du Guesclin, *tragédie de M. de Voltaire*. Amsterdam (Paris), 1765, in-12 de trente pages. En 1752, il avait paru des *Observations sur la tragédie du* Duc de Foix *de M. de Voltaire, par M. le chevalier de La Morlière*, in-12 de quarante-deux pages. B.

qu'elle a été d'abord insérée dans l'édition des OEuvres de l'auteur, avec la préface suivante :

« Le fond de cette tragédie n'est point une fiction. Un duc de
« Bretagne, en 1387, commanda au seigneur de Bavalan d'assassiner
« le connétable de Clisson. Bavalan, le lendemain, dit au duc qu'il
« avait obéi : le duc alors, voyant toute l'horreur de son crime, et
« en redoutant les suites funestes, s'abandonna au plus violent
« désespoir. Bavalan le laissa quelque temps sentir sa faute, et se
« livrer au repentir ; enfin il lui apprit qu'il l'avait aimé assez pour
« désobéir à ses ordres, etc.

« On a transporté cet événement dans d'autres temps et dans
« d'autres pays, pour des raisons particulières. »

En 1765, on a donné cette pièce sous son véritable titre ; elle eut le plus grand succès, et c'est une des pièces de M. de Voltaire qui font le plus d'effet au théâtre. Lorsqu'elle parut en 1734, il venait de publier *le Temple du Goût*. On ne voulut point souffrir qu'il donnât à-la-fois des leçons et des exemples. En 1765, on ne fut que juste. Nous joignons ici le fragment d'une lettre que M. de Voltaire écrivit alors à un de ses amis à Paris.

« Quand vous m'apprîtes, monsieur, qu'on jouait à Paris une
« *Adélaïde Du Guesclin* avec quelque succès, j'étais très loin d'ima-
« giner que ce fût la mienne ; et il importe fort peu au public que
« ce soit la mienne ou celle d'un autre. Vous savez ce que j'entends
« par le public. Ce n'est pas *l'univers*[1], comme nous autres bar-
« bouilleurs de papier l'avons dit quelquefois. Le public, en fait
« de livres, est composé de quarante ou cinquante personnes, si
« le livre est sérieux ; de quatre ou cinq cents, lorsqu'il est plaisant ;
« et d'environ onze ou douze cents, s'il s'agit d'une pièce de théâtre.
« Il y a toujours dans Paris plus de cinq cent mille ames qui n'en-
« tendent jamais parler de tout cela.

« Il y avait plus de trente ans que j'avais hasardé devant ce
« public une *Adélaïde Du Guesclin*, escortée d'un duc de Vendôme
« et d'un duc de Nemours, qui n'existèrent jamais dans l'histoire.
« Le fond de la pièce était tiré des annales de Bretagne, et je l'avais

---

[1] On se rappelle ces vers de Voltaire :

Lefranc de Pompignan dit à tout l'*univers*
Que le roi lit sa prose et même encor ses vers.

Voyez, tome XIV, le texte et les notes sur la satire intitulée : *Le Russe à Paris*. B.

AVERTISSEMENT. 283

« ajustée comme j'avais pu au théâtre, sous des noms supposés.
« Elle fut sifflée dès le premier acte; les sifflets redoublèrent au
« second, quand on vit arriver le duc de Nemours blessé et le bras
« en écharpe; ce fut bien pis lorsqu'on entendit au cinquième le
« signal que le duc de Vendôme avait ordonné : et lorsqu'à la fin
« le duc de Vendôme disait, *Es-tu content, Coucy?* plusieurs bons
« plaisants crièrent : *Couci-couci.*

« Vous jugez bien que je ne m'obstinai pas contre cette belle
« réception. Je donnai, quelques années après, la même tragédie
« sous le nom du *Duc de Foix*; mais je l'affaiblis beaucoup, par
« respect pour le ridicule. Cette pièce, devenue plus mauvaise,
« réussit assez; et j'oubliai entièrement celle qui valait mieux.

« Il restait une copie de cette *Adélaïde* entre les mains des acteurs
« de Paris; ils ont ressuscité, sans m'en rien dire, cette défunte
« tragédie; ils l'ont représentée telle qu'ils l'avaient donnée en
« 1734, sans y changer un seul mot, et elle a été accueillie avec
« beaucoup d'applaudissements : les endroits qui avaient été le
« plus sifflés ont été ceux qui ont excité le plus de battements de
« mains.

« Vous me demanderez auquel des deux jugements je me tiens.
« Je vous répondrai ce que dit un avocat vénitien aux sérénissimes
« sénateurs devant lesquels il plaidait[1] : *Il mese passato*, disait-il, *le
« vostre Eccellenze hanno giudicato così; e questo mese, nella medesima
« causa, hanno giudicato tutto 'l contrario; e sempre bene.* Vos excel-
« lences, le mois passé, jugèrent de cette façon; et ce mois-ci,
« dans la même cause, elles ont jugé tout le contraire; et toujours
« à merveille.

« M. Oghières, riche banquier à Paris, ayant été chargé de faire
« composer une marche pour un des régiments de Charles XII,
« s'adressa au musicien Mouret. La marche fut exécutée chez le
« banquier, en présence de ses amis, tous grands connaisseurs. La
« musique fut trouvée détestable; Mouret remporta sa marche, et
« l'inséra dans un opéra qu'il fit jouer. Le banquier et ses amis
« allèrent à son opéra : la marche fut très applaudie. Eh! voilà ce
« que nous voulions, dirent-ils à Mouret; que ne nous donniez-
« vous une pièce dans ce goût-là? — Messieurs, c'est la même.

« On ne tarit point sur ces exemples. Qui ne sait que la même
« chose est arrivée aux idées innées, à l'émétique, et à l'inocula-

---

[1] Voyez tome XXVIII, page 180. B.

AVERTISSEMENT.

« tion ? Tour-à-tour sifflées et bien reçues, les opinions ont ainsi
« flotté dans les affaires sérieuses, comme dans les beaux-arts et
« dans les sciences.

« Quod petiit spernit, repetit quod nuper omisit. »
Hor., liv. I, ép. 1, v. 98.

« La vérité et le bon goût n'ont remis leur sceau que dans la
« main du Temps. Cette réflexion doit retenir les auteurs des
« journaux dans les bornes d'une grande circonspection. Ceux qui
« rendent compte des ouvrages doivent rarement s'empresser de
« les juger. Ils ne savent pas si le public, à la longue, jugera comme
« eux; et puisqu'il n'a un sentiment décidé et irrévocable qu'au
« bout de plusieurs années, que penser de ceux qui jugent de
« tout sur une lecture précipitée [1] ? »

---

[1] On a trouvé dans les papiers de M. de Voltaire une tragédie d'*Alamire*, et une autre intitulée : *le Duc d'Alençon*, ou *les Frères ennemis*. Toutes deux sont encore le même sujet qu'*Adélaïde*. La scène de la première est en Espagne, et ressemble beaucoup plus au *Duc de Foix* qu'à *Adélaïde*. La seconde n'est qu'en trois actes; les rôles de femmes ont été supprimés. L'auteur l'avait faite pour les princes, frères du roi de Prusse, qui s'amusaient à jouer des tragédies françaises.

Nous n'avons pas cru devoir faire entrer ces pièces dans la collection des OEuvres de M. de Voltaire ; mais nous donnons *le Duc de Foix* à la fin d'*Adélaïde*. K. — Le *Duc d'Alençon*, imprimé pour la première fois en 1821, a depuis été admis dans deux éditions des OEuvres de Voltaire. Je le donne immédiatement après *Adélaïde Du Guesclin*. Quant à *Alamire*, dont je possède le manuscrit de la main de Wagnière, je n'ai pas osé imprimer cette quatrième version de la même pièce. B.

ADÉLAÏDE
DU GUESCLIN.

PERSONNAGES.

LE DUC DE VENDOME.
LE DUC DE NEMOURS.
LE SIRE DE COUCY.
ADÉLAÏDE DU GUESCLIN.
TAÏSE D'ANGLURE.
DANGESTE, confident du duc de Nemours.
UN OFFICIER, UN GARDE, etc.

La scène est à Lille.

ADÉLAÏDE DU GUESCLIN.

ACTE PREMIER.

SCÈNE I.

LE SIRE DE COUCY, ADÉLAÏDE.

COUCY.

Digne sang de Guesclin, vous qu'on voit aujourd'hui
Le charme des Français dont il était l'appui,
Souffrez qu'en arrivant dans ce séjour d'alarmes,
Je dérobe un moment au tumulte des armes :
Écoutez-moi. Voyez d'un œil mieux éclairci
Les desseins, la conduite, et le cœur de Coucy ;
Et que votre vertu cesse de méconnaître
L'ame d'un vrai soldat, digne de vous peut-être.

ADÉLAÏDE.

Je sais quel est Coucy ; sa noble intégrité
Sur ses lèvres toujours plaça la vérité.
Quoi que vous m'annonciez, je vous croirai sans peine.

COUCY.

Sachez que si ma foi dans Lille me ramène,
Si, du duc de Vendôme embrassant le parti,

Mon zèle en sa faveur ne s'est pas démenti,
Je n'approuvai jamais la fatale alliance
Qui l'unit aux Anglais et l'enlève à la France;
Mais dans ces temps affreux de discorde et d'horreur,
Je n'ai d'autre parti que celui de mon cœur.
Non que pour ce héros mon ame prévenue
Prétende à ses défauts fermer toujours ma vue;
Je ne m'aveugle pas; je vois avec douleur
De ses emportements l'indiscrète chaleur:
Je vois que de ses sens l'impétueuse ivresse
L'abandonne aux excès d'une ardente jeunesse;
Et ce torrent fougueux, que j'arrête avec soin,
Trop souvent me l'arrache, et l'emporte trop loin.
Il est né violent, non moins que magnanime;
Tendre, mais emporté, mais capable d'un crime.
Du sang qui le forma je connais les ardeurs,
Toutes les passions sont en lui des fureurs:
Mais il a des vertus qui rachètent ses vices.
Eh! qui saurait, madame, où placer ses services,
S'il ne nous fallait suivre et ne chérir jamais
Que des cœurs sans faiblesse, et des princes parfaits?
Tout mon sang est à lui; mais enfin cette épée
Dans celui des Français à regret s'est trempée;
Ce fils de Charles six...

ADÉLAÏDE.

Osez le nommer roi,
Il l'est, il le mérite.

COUCY.

Il ne l'est pas pour moi.
Je voudrais, il est vrai, lui porter mon hommage;
Tous mes vœux sont pour lui; mais l'amitié m'engage.

Mon bras est à Vendôme, et ne peut aujourd'hui
Ni servir, ni traiter, ni changer, qu'avec lui.
Le malheur de nos temps, nos discordes sinistres,
Charles qui s'abandonne à d'indignes ministres,
Dans ce cruel parti tout l'a précipité;
Je ne peux à mon choix fléchir sa volonté.
J'ai souvent, de son cœur aigrissant les blessures,
Révolté sa fierté par des vérités dures :
Vous seule, à votre roi le pourriez rappeler,
Madame; et c'est de quoi je cherche à vous parler.
J'aspirai jusqu'à vous, avant qu'aux murs de Lille
Vendôme trop heureux vous donnât cet asile;
Je crus que vous pouviez, approuvant mon dessein,
Accepter sans mépris mon hommage et ma main;
Que je pouvais unir, sans une aveugle audace,
Les lauriers des Guesclins aux lauriers de ma race :
La gloire le voulait; et peut-être l'amour,
Plus puissant et plus doux, l'ordonnait à son tour;
Mais à de plus beaux nœuds je vous vois destinée.
La guerre dans Cambrai vous avait amenée
Parmi les flots d'un peuple à soi-même livré,
Sans raison, sans justice, et de sang enivré.
Un ramas de mutins, troupe indigne de vivre,
Vous méconnut assez pour oser vous poursuivre;
Vendôme vint, parut, et son heureux secours
Punit leur insolence, et sauva vos beaux jours.
Quel Français, quel mortel, eût pu moins entreprendre?
Et qui n'aurait brigué l'honneur de vous défendre?
La guerre en d'autres lieux égarait ma valeur;
Vendôme vous sauva, Vendôme eut ce bonheur :
La gloire en est à lui, qu'il en ait le salaire;

Il a par trop de droits mérité de vous plaire;
Il est prince, il est jeune, il est votre vengeur :
Ses bienfaits et son nom, tout parle en sa faveur.
La justice et l'amour vous pressent de vous rendre :
Je n'ai rien fait pour vous, je n'ai rien à prétendre;
Je me tais... mais sachez que, pour vous mériter,
A tout autre qu'à lui j'irais vous disputer;
Je céderais à peine aux enfants des rois même :
Mais Vendôme est mon chef, il vous adore, il m'aime;
Coucy, ni vertueux, ni superbe à demi,
Aurait bravé le prince, et cède à son ami.
Je fais plus; de mes sens maîtrisant la faiblesse,
J'ose de mon rival appuyer la tendresse,
Vous montrer votre gloire, et ce que vous devez
Au héros qui vous sert et par qui vous vivez.
Je verrai d'un œil sec et d'un cœur sans envie
Cet hymen qui pouvait empoisonner ma vie.
Je réunis pour vous mon service et mes vœux;
Ce bras qui fut à lui combattra pour tous deux :
Voilà mes sentiments. Si je me sacrifie,
L'amitié me l'ordonne, et surtout la patrie.
Songez que si l'hymen vous range sous sa loi,
Si ce prince est à vous, il est à votre roi.

ADÉLAÏDE.

Qu'avec étonnement, seigneur, je vous contemple!
Que vous donnez au monde un rare et grand exemple!
Quoi! ce cœur (je le crois sans feinte et sans détour)
Connaît l'amitié seule, et peut braver l'amour!
Il faut vous admirer, quand on sait vous connaître :
Vous servez votre ami, vous servirez mon maître.
Un cœur si généreux doit penser comme moi :

Tous ceux de votre sang sont l'appui de leur roi.
Eh bien! de vos vertus je demande une grace.

COUCY.

Vos ordres sont sacrés : que faut-il que je fasse?

ADÉLAÏDE.

Vos conseils généreux me pressent d'accepter
Ce rang, dont un grand prince a daigné me flatter.
Je n'oublierai jamais combien son choix m'honore;
J'en vois toute la gloire; et quand je songe encore
Qu'avant qu'il fût épris de cet ardent amour,
Il daigna me sauver et l'honneur et le jour,
Tout ennemi qu'il est de son roi légitime,
Tout vengeur des Anglais, tout protecteur du crime,
Accablée à ses yeux du poids de ses bienfaits,
Je crains de l'affliger, seigneur, et je me tais.
Mais, malgré son service et ma reconnaissance,
Il faut par des refus répondre à sa constance :
Sa passion m'afflige; il est dur à mon cœur,
Pour prix de tant de soins, de causer son malheur.
A ce prince, à moi-même, épargnez cet outrage :
Seigneur, vous pouvez tout sur ce jeune courage.
Souvent on vous a vu, par vos conseils prudents,
Modérer de son cœur les transports turbulents.
Daignez débarrasser ma vie et ma fortune
De ces nœuds trop brillants, dont l'éclat m'importune.
De plus fières beautés, de plus dignes appas,
Brigueront sa tendresse, où je ne prétends pas.
D'ailleurs, quel appareil, quel temps, pour l'hyménée!
Des armes de mon roi Lille est environnée;
J'entends de tous côtés les clameurs des soldats,
Et les sons de la guerre, et les cris du trépas.

La terreur me consume; et votre prince ignore
Si Nemours... si son frère, hélas! respire encore!
Ce frère qu'il aima... ce vertueux Nemours...
On disait que la Parque avait tranché ses jours;
Que la France en aurait une douleur mortelle!
Seigneur, au sang des rois il fut toujours fidèle.
S'il est vrai que sa mort... Excusez mes ennuis,
Mon amour pour mes rois, et le trouble où je suis.

COUCY.

Vous pouvez l'expliquer au prince qui vous aime,
Et de tous vos secrets l'entretenir vous-même :
Il va venir, madame, et peut-être vos vœux...

ADÉLAÏDE.

Ah! Coucy, prévenez le malheur de tous deux.
Si vous aimez ce prince, et si dans mes alarmes,
Avec quelque pitié vous regardez mes larmes,
Sauvez-le, sauvez-moi, de ce triste embarras;
Daignez tourner ailleurs ses desseins et ses pas.
Pleurante et désolée, empêchez qu'il me voie.

COUCY.

Je plains cette douleur où votre ame est en proie;
Et, loin de la gêner d'un regard curieux,
Je baisse devant elle un œil repectueux :
Mais quel que soit l'ennui dont votre cœur soupire,
Je vous ai déjà dit ce que j'ai dû vous dire;
Je ne puis rien de plus : le prince est soupçonneux;
Je lui serais suspect en expliquant vos vœux.
Je sais à quel excès irait sa jalousie,
Quel poison mes discours répandraient sur sa vie :
Je vous perdrais peut-être; et mon soin dangereux,
Madame, avec un mot, ferait trois malheureux.

Vous, à vos intérêts rendez-vous moins contraire,
Pesez sans passion l'honneur qu'il veut vous faire.
Moi, libre entre vous deux, souffrez que, dès ce jour,
Oubliant à jamais le langage d'amour,
Tout entier à la guerre, et maître de mon ame,
J'abandonne à leur sort et vos vœux et sa flamme.
Je crains de l'affliger, je crains de vous trahir;
Et ce n'est qu'aux combats que je dois le servir.
Laissez-moi d'un soldat garder le caractère,
Madame; et puisque enfin la France vous est chère,
Rendez-lui ce héros qui serait son appui :
Je vous laisse y penser, et je cours près de lui.
Adieu, madame...

SCÈNE II.

ADÉLAÏDE, TAISE.

ADÉLAÏDE.

Où suis-je? hélas! tout m'abandonne.
Nemours... de tous côtés le malheur m'environne.
Ciel! qui m'arrachera de ce cruel séjour?

TAISE.

Quoi! du duc de Vendôme et le choix et l'amour,
Quoi! ce rang qui ferait le bonheur ou l'envie
De toutes les beautés dont la France est remplie,
Ce rang qui touche au trône, et qu'on met à vos pieds,
Ferait couler les pleurs dont vos yeux sont noyés?

ADÉLAÏDE.

Ici, du haut des cieux, Du Guesclin me contemple;
De la fidélité ce héros fut l'exemple :
Je trahirais le sang qu'il versa pour nos lois,

Si j'acceptais la main du vainqueur de nos rois.
TAÏSE.
Quoi ! dans ces tristes temps de ligues et de haines,
Qui confondent des droits les bornes incertaines,
Où le meilleur parti semble encor si douteux,
Où les enfants des rois sont divisés entre eux;
Vous, qu'un astre plus doux semblait avoir formée
Pour unir tous les cœurs et pour en être aimée;
Vous refusez l'honneur qu'on offre à vos appas,
Pour l'intérêt d'un roi qui ne l'exige pas?
ADÉLAÏDE, en pleurant.
Mon devoir me rangeait du parti de ses armes.
TAÏSE.
Ah ! le devoir tout seul fait-il verser des larmes?
Si Vendôme vous aime, et si, par son secours...
ADÉLAÏDE.
Laisse là ses bienfaits, et parle de Nemours.
N'en as-tu rien appris ? sait-on s'il vit encore ?
TAÏSE.
Voilà donc en effet le soin qui vous dévore,
Madame?
ADÉLAÏDE.
Il est trop vrai : je l'avoue, et mon cœur
Ne peut plus soutenir le poids de sa douleur.
Elle échappe, elle éclate, elle se justifie;
Et si Nemours n'est plus, sa mort finit ma vie.
TAÏSE.
Et vous pouviez cacher ce secret à ma foi?
ADÉLAÏDE.
Le secret de Nemours dépendait-il de moi?
Nos feux toujours brûlants dans l'ombre du silence,

Trompaient de tous les yeux la triste vigilance.
Séparés l'un de l'autre, et sans cesse présents,
Nos cœurs de nos soupirs étaient seuls confidents;
Et Vendôme, surtout, ignorant ce mystère,
Ne sait pas si mes yeux ont jamais vu son frère.
Dans les murs de Paris... Mais, ô soins superflus!
Je te parle de lui, quand peut-être il n'est plus.
O murs où j'ai vécu de Vendôme ignorée!
O temps où, de Nemours en secret adorée,
Nous touchions l'un et l'autre au fortuné moment
Qui m'allait aux autels unir à mon amant!
La guerre a tout détruit. Fidèle au roi son maître,
Mon amant me quitta, pour m'oublier peut-être;
Il partit, et mon cœur qui le suivait toujours,
A vingt peuples armés redemanda Nemours.
Je portai dans Cambrai ma douleur inutile;
Je voulus rendre au roi cette superbe ville;
Nemours à ce dessein devait servir d'appui;
L'amour me conduisait, je fesais tout pour lui.
C'est lui qui, d'une fille animant le courage,
D'un peuple factieux me fit braver la rage.
Il exposa mes jours, pour lui seul réservés,
Jours tristes, jours affreux, qu'un autre a conservés!
Ah! qui m'éclaircira d'un destin que j'ignore?
Français, qu'avez-vous fait du héros que j'adore?
Ses lettres autrefois, chers gages de sa foi,
Trouvaient mille chemins pour venir jusqu'à moi.
Son silence me tue; hélas! il sait peut-être
Cet amour qu'à mes yeux son frère a fait paraître.
Tout ce que j'entrevois conspire à m'alarmer;
Et mon amant est mort, ou cesse de m'aimer!

Et pour comble de maux, je dois tout à son frère!
TAÏSE.
Cachez bien à ses yeux ce dangereux mystère :
Pour vous, pour votre amant, redoutez son courroux.
Quelqu'un vient.
ADÉLAÏDE.
C'est lui-même, ô ciel !
TAÏSE.
Contraignez-vous.

SCÈNE III.

LE DUC DE VENDOME, ADÉLAÏDE, TAÏSE.

VENDÔME.
J'oublie à vos genoux, charmante Adélaïde [1],
Le trouble et les horreurs où mon destin me guide ;
Vous seule adoucissez les maux que nous souffrons,
Vous nous rendez plus pur l'air que nous respirons.
La discorde sanglante afflige ici la terre ;
Vos jours sont entourés des piéges de la guerre.
J'ignore à quel destin le ciel veut me livrer [2] ;
Mais si d'un peu de gloire il daigne m'honorer,
Cette gloire, sans vous obscure et languissante,
Des flambeaux de l'hymen deviendra plus brillante.
Souffrez que mes lauriers, attachés par vos mains,
Écartent le tonnerre et bravent les destins ;
Ou, si le ciel jaloux a conjuré ma perte,
Souffrez que de nos noms ma tombe au moins couverte,
Apprenne à l'avenir que Vendôme amoureux
Expira votre époux, et périt trop heureux.

ACTE I, SCÈNE III. 297

ADÉLAÏDE.

Tant d'honneurs, tant d'amour, servent à me confondre.
Prince... Que lui dirai-je? et comment lui répondre?
Ainsi, seigneur... Coucy ne vous a point parlé?

VENDÔME.

Non, madame... D'où vient que votre cœur troublé
Répond en frémissant à ma tendresse extrême?
Vous parlez de Coucy, quand Vendôme vous aime!

ADÉLAÏDE.

Prince, s'il était vrai que ce brave Nemours
De ses ans pleins de gloire eût terminé le cours,
Vous qui le chérissiez d'une amitié si tendre,
Vous qui devez au moins des larmes à sa cendre,
Au milieu des combats, et près de son tombeau,
Pourriez-vous de l'hymen allumer le flambeau?

VENDÔME.

Ah! je jure par vous, vous qui m'êtes si chère,
Par les doux noms d'amants, par le saint nom de frère,
Que Nemours, après vous, fut toujours à mes yeux
Le plus cher des mortels, et le plus précieux.
Lorsqu'à mes ennemis sa valeur fut livrée,
Ma tendresse en souffrit, sans en être altérée.
Sa mort m'accablerait des plus horribles coups;
Et pour m'en consoler, mon cœur n'aurait que vous.
Mais on croit trop ici l'aveugle renommée,
Son infidèle voix vous a mal informée:
Si mon frère était mort, doutez-vous que son roi,
Pour m'apprendre sa perte, eût dépêché vers moi?
Ceux que le ciel forma d'une race si pure,
Au milieu de la guerre écoutant la nature,
Et protecteurs des lois que l'honneur doit dicter,

Même en se combattant, savent se respecter.
A sa perte, en un mot, donnons moins de créance.
Un bruit plus vraisemblable, et m'afflige, et m'offense:
On dit que vers ces lieux il a porté ses pas.

ADÉLAÏDE.

Seigneur, il est vivant?

VENDÔME.

Je lui pardonne, hélas!
Qu'au parti de son roi son intérêt le range;
Qu'il le défende ailleurs, et qu'ailleurs il le venge;
Qu'il triomphe pour lui, je le veux, j'y consens:
Mais se mêler ici parmi les assiégeants,
Me chercher, m'attaquer, moi, son ami, son frère...

ADÉLAÏDE.

Le roi le veut, sans doute.

VENDÔME.

Ah! destin trop contraire!
Se pourrait-il qu'un frère, élevé dans mon sein,
Pour mieux servir son roi, levât sur moi sa main?
Lui qui devrait plutôt, témoin de cette fête,
Partager, augmenter, mon bonheur qui s'apprête.

ADÉLAÏDE.

Lui?

VENDÔME.

C'est trop d'amertume en des moments si doux.
Malheureux par un frère, et fortuné par vous,
Tout entier à vous seule, et bravant tant d'alarmes,
Je ne veux voir que vous, mon hymen, et vos charmes.
Qu'attendez-vous? donnez à mon cœur éperdu
Ce cœur que j'idolâtre, et qui m'est si bien dû.

ACTE I, SCÈNE III. 299

ADÉLAÏDE.

Seigneur, de vos bienfaits mon ame est pénétrée;
La mémoire à jamais m'en est chère et sacrée;
Mais c'est trop prodiguer vos augustes bontés,
C'est mêler trop de gloire à mes calamités;
Et cet honneur....

VENDÔME.

Comment! ô ciel! qui vous arrête?

ADÉLAÏDE.

Je dois....

SCÈNE IV.

VENDOME, ADÉLAIDE, TAISE, COUCY.

COUCY.

Prince, il est temps, marchez à notre tête.
Déjà les ennemis sont aux pieds des remparts.
Échauffez nos guerriers du feu de vos regards :
Venez vaincre.

VENDÔME.

Ah! courons : dans l'ardeur qui me presse,
Quoi! vous n'osez d'un mot rassurer ma tendresse?
Vous détournez les yeux ! vous tremblez ! et je voi
Que vous cachez des pleurs qui ne sont pas pour moi.

COUCY.

Le temps presse.

VENDÔME.

Il est temps que Vendôme périsse :
Il n'est point de Français que l'amour avilisse :
Amants aimés, heureux, ils cherchent les combats,
Ils courent à la gloire; et je vole au trépas.
Allons, brave Coucy, la mort la plus cruelle,

La mort, que je desire, est moins barbare qu'elle.
ADÉLAÏDE.
Ah! seigneur, modérez cet injuste courroux;
Autant que je le dois je m'intéresse à vous.
J'ai payé vos bienfaits, mes jours, ma délivrance,
Par tous les sentiments qui sont en ma puissance;
Sensible à vos dangers, je plains votre valeur.
VENDÔME.
Ah! que vous savez bien le chemin de mon cœur?
Que vous savez mêler la douceur à l'injure!
Un seul mot m'accablait, un seul mot me rassure.
Content, rempli de vous, j'abandonne ces lieux,
Et crois voir ma victoire écrite dans vos yeux.

SCÈNE V.

ADÉLAIDE, TAISE.

TAÏSE.
Vous voyez sans pitié sa tendresse alarmée.
ADÉLAÏDE.
Est-il bien vrai? Nemours serait-il dans l'armée?
O discorde fatale! amour plus dangereux!
Que vous coûterez cher à ce cœur malheureux!

FIN DU PREMIER ACTE.

ACTE SECOND.

SCÈNE I.
VENDOME, COUCY.

VENDÔME.

Nous périssions sans vous, Coucy, je le confesse.
Vos conseils ont guidé ma fougueuse jeunesse;
C'est vous dont l'esprit ferme et les yeux pénétrants
M'ont porté des secours en cent lieux différents.
Que n'ai-je, comme vous, ce tranquille courage,
Si froid dans le danger, si calme dans l'orage!
Coucy m'est nécessaire aux conseils, aux combats;
Et c'est à sa grande ame à diriger mon bras.

COUCY.

Ce courage brillant, qu'en vous on voit paraître,
Sera maître de tout, quand vous en serez maître:
Vous l'avez su régler, et vous avez vaincu.
Ayez dans tous les temps cette utile vertu:
Qui sait se posséder, peut commander au monde.
Pour moi, de qui le bras faiblement vous seconde,
Je connais mon devoir, et je vous ai suivi.
Dans l'ardeur du combat je vous ai peu servi [3];
Nos guerriers sur vos pas marchaient à la victoire,
Et suivre les Bourbons, c'est voler à la gloire.
Vous seul, seigneur, vous seul avez fait prisonnier
Ce chef des assaillants, ce superbe guerrier.

Vous l'avez pris vous-même, et maître de sa vie,
Vos secours l'ont sauvé de sa propre furie.

VENDÔME.

D'où vient donc, cher Coucy, que cet audacieux,
Sous son casque fermé, se cachait à mes yeux?
D'où vient qu'en le prenant, qu'en saisissant ses armes,
J'ai senti, malgré moi, de nouvelles alarmes?
Un je ne sais quel trouble en moi s'est élevé;
Soit que ce triste amour, dont je suis captivé,
Sur mes sens égarés répandant sa tendresse,
Jusqu'au sein des combats m'ait prêté sa faiblesse,
Qu'il ait voulu marquer toutes mes actions
Par la molle douceur de ses impressions;
Soit plutôt que la voix de ma triste patrie
Parle encore en secret au cœur qui l'a trahie;
Qu'elle condamne encor mes funestes succès,
Et ce bras qui n'est teint que du sang des Français 4.

COUCY.

Je prévois que bientôt cette guerre fatale,
Ces troubles intestins de la maison royale,
Ces tristes factions, céderont au danger
D'abandonner la France au fils de l'étranger.
Je vois que de l'Anglais la race est peu chérie,
Que leur joug est pesant, qu'on aime la patrie,
Que le sang des Capets est toujours adoré.
Tôt ou tard il faudra que de ce tronc sacré
Les rameaux divisés et courbés par l'orage,
Plus unis et plus beaux, soient notre unique ombrage.
Nous, seigneur, n'avons-nous rien à nous reprocher?
Le sort au prince anglais voulut vous attacher;
De votre sang, du sien, la querelle est commune;

Vous suivez son parti, je suis votre fortune.
Comme vous aux Anglais le destin m'a lié :
Vous, par le droit du sang; moi, par notre amitié :
Permettez-moi ce mot... Eh quoi ! votre ame émue...
VENDÔME.
Ah ! voilà ce guerrier qu'on amène à ma vue.

SCÈNE II.
VENDOME, LE DUC DE NEMOURS, COUCY, SOLDATS, SUITE.

VENDÔME.
Il soupire, il paraît accablé de regrets.
COUCY.
Son sang sur son visage a confondu ses traits;
Il est blessé sans doute.
NEMOURS, dans le fond du théâtre.
Entreprise funeste
Qui de ma triste vie arrachera le reste !
Où me conduisez-vous ?
VENDÔME.
Devant votre vainqueur,
Qui sait d'un ennemi respecter la valeur.
Venez, ne craignez rien.
NEMOURS, se tournant vers son écuyer.
Je ne crains que de vivre;
Sa présence m'accable, et je ne puis poursuivre.
Il ne me connaît plus, et mes sens attendris...
VENDÔME.
Quelle voix, quels accents ont frappé mes esprits?

NEMOURS, *le regardant.*

M'as-tu pu méconnaître?

VENDÔME, *l'embrassant.*

Ah, Nemours! ah, mon frère!

NEMOURS.

Ce nom jadis si cher, ce nom me désespère.
Je ne le suis que trop, ce frère infortuné,
Ton ennemi vaincu, ton captif enchaîné.

VENDÔME.

Tu n'es plus que mon frère. Ah! moment plein de charmes!
Ah! laisse-moi laver ton sang avec mes larmes.
    (à sa suite.)
Avez-vous par vos soins?...

NEMOURS.

Oui, leurs cruels secours
Ont arrêté mon sang, ont veillé sur mes jours,
De la mort que je cherche ont écarté l'approche.

VENDÔME.

Ne te détourne point, ne crains point mon reproche.
Mon cœur te fut connu; peux-tu t'en défier?
Le bonheur de te voir me fait tout oublier.
J'eusse aimé contre un autre à montrer mon courage.
Hélas! que je te plains!

NEMOURS.

Je te plains davantage
De haïr ton pays, de trahir sans remords
Et le roi qui t'aimait, et le sang dont tu sors [5].

VENDÔME.

Arrête: épargne-moi l'infame nom de traître;
A cet indigne mot je m'oublierais peut-être.
Frémis d'empoisonner la joie et les douceurs [6]

ACTE III, SCÈNE II.

Que ce tendre moment doit verser dans nos cœurs.
Dans ce jour malheureux, que l'amitié l'emporte.

NEMOURS.

Quel jour !

VENDÔME.

Je le bénis.

NEMOURS.

Il est affreux.

VENDÔME.

N'importe ;
Tu vis, je te revois, et je suis trop heureux.
O ciel ! de tous côtés vous remplissez mes vœux !

NEMOURS.

Je te crois. On disait que d'un amour extrême,
Violent, effréné (car c'est ainsi qu'on aime),
Ton cœur, depuis trois mois, s'occupait tout entier ?

VENDÔME.

J'aime ; oui, la renommée a pu le publier ;
Oui, j'aime avec fureur : une telle alliance
Semblait pour mon bonheur attendre ta présence ;
Oui, mes ressentiments, mes droits, mes alliés,
Gloire, amis, ennemis, je mets tout à ses pieds.

(à un officier de sa suite.)

Allez, et dites-lui que deux malheureux frères,
Jetés par le destin dans des partis contraires,
Pour marcher désormais sous le même étendard,
De ses yeux souverains n'attendent qu'un regard.

(à Nemours.)

Ne blâme point l'amour où ton frère est en proie ;
Pour me justifier il suffit qu'on la voie.

NEMOURS.

O ciel !... elle vous aime !...

VENDÔME.

     Elle le doit, du moins;
Il n'était qu'un obstacle au succès de mes soins;
Il n'en est plus; je veux que rien ne nous sépare.

NEMOURS.

Quels effroyables coups le cruel me prépare!
Écoute; à ma douleur ne veux-tu qu'insulter?
Me connais-tu? sais-tu ce que j'ose attenter?
Dans ces funestes lieux sais-tu ce qui m'amène?

VENDÔME.

Oublions ces sujets de discorde et de haine.

SCÈNE III.

VENDOME, NEMOURS, ADÉLAIDE, COUCY.

VENDÔME.

Madame, vous voyez que du sein du malheur,
Le ciel qui nous protége a tiré mon bonheur.
J'ai vaincu, je vous aime, et je retrouve un frère;
Sa présence à mon cœur vous rend encor plus chère.

ADÉLAÏDE.

Le voici! malheureuse! ah! cache au moins tes pleurs!

NEMOURS, *entre les bras de son écuyer.*

Adélaïde... ô ciel!... c'en est fait, je me meurs.

VENDÔME.

Que vois-je! Sa blessure à l'instant s'est rouverte!
Son sang coule!

NEMOURS.

   Est-ce à toi de prévenir ma perte?

VENDÔME.

Ah! mon frère!

ACTE II, SCÈNE III.

NEMOURS.
Ote-toi, je chéris mon trépas.
ADÉLAÏDE.
Ciel!... Nemours!
NEMOURS, à Vendôme.
Laisse-moi.
VENDÔME.
Je ne te quitte pas.

SCÈNE IV.

ADÉLAIDE, TAISE.

ADÉLAÏDE.
On l'emporte : il expire : il faut que je le suive.
TAÏSE.
Ah! que cette douleur se taise et se captive.
Plus vous l'aimez, madame, et plus il faut songer
Qu'un rival violent...
ADÉLAÏDE.
Je songe à son danger.
Voilà ce que l'amour et mon malheur lui coûte.
Taïse, c'est pour moi qu'il combattait, sans doute ;
C'est moi que dans ces murs il osait secourir ;
Il servait son monarque, il m'allait conquérir.
Quel prix de tant de soins! quel fruit de sa constance!
Hélas! mon tendre amour accusait son absence :
Je demandais Nemours, et le ciel me le rend :
J'ai revu ce que j'aime, et l'ai revu mourant :
Ces lieux sont teints du sang qu'il versait à ma vue.
Ah! Taïse, est-ce ainsi que je lui suis rendue?
Va le trouver ; va, cours auprès de mon amant.

TAÏSE.

Eh! ne craignez-vous pas que tant d'empressement
N'ouvre les yeux jaloux d'un prince qui vous aime?
Tremblez de découvrir...

ADÉLAÏDE.

J'y volerai moi-même.
D'une autre main, Taïse, il reçoit des secours :
Un autre a le bonheur d'avoir soin de ses jours;
Il faut que je le voie, et que de son amante
La faible main s'unisse à sa main défaillante.
Hélas! des mêmes coups nos deux cœurs pénétrés...

TAÏSE.

Au nom de cet amour, arrêtez, demeurez;
Reprenez vos esprits.

ADÉLAÏDE.

Rien ne m'en peut distraire.

SCÈNE V.

VENDOME, ADÉLAIDE, TAISE.

ADÉLAÏDE.

Ah! prince, en quel état laissez-vous votre frère?

VENDÔME.

Madame, par mes mains son sang est arrêté.
Il a repris sa force et sa tranquillité.
Je suis le seul à plaindre, et le seul en alarmes;
Je mouille en frémissant mes lauriers de mes larmes;
Et je hais ma victoire et mes prospérités,
Si je n'ai par mes soins vaincu vos cruautés;
Si votre incertitude, alarmant mes tendresses,
Ose encor démentir la foi de vos promesses.

ACTE II, SCÈNE V.

ADÉLAÏDE.

Je ne vous promis rien : vous n'avez point ma foi ;
Et la reconnaissance est tout ce que je doi.

VENDÔME.

Quoi ! lorsque de ma main je vous offrais l'hommage !..

ADÉLAÏDE.

D'un si noble présent j'ai vu tout l'avantage ;
Et sans chercher ce rang qui ne m'était pas dû,
Par de justes respects je vous ai répondu.
Vos bienfaits, votre amour, et mon amitié même,
Tout vous flattait sur moi d'un empire suprême ;
Tout vous a fait penser qu'un rang si glorieux,
Présenté par vos mains, éblouirait mes yeux.
Vous vous trompiez : il faut rompre enfin le silence.
Je vais vous offenser ; je me fais violence :
Mais, réduite à parler, je vous dirai, seigneur,
Que l'amour de mes rois est gravé dans mon cœur.
De votre sang au mien je vois la différence ;
Mais celui dont je sors a coulé pour la France.
Ce digne connétable en mon cœur a transmis
La haine qu'un Français doit à ses ennemis ;
Et sa nièce jamais n'acceptera pour maître
L'allié des Anglais, quelque grand qu'il puisse être.
Voilà les sentiments que son sang m'a tracés,
Et s'ils vous font rougir, c'est vous qui m'y forcez.

VENDÔME.

Je suis, je l'avouerai, surpris de ce langage ;
Je ne m'attendais pas à ce nouvel outrage,
Et n'avais pas prévu que le sort en courroux,
Pour m'accabler d'affronts, dût se servir de vous.
Vous avez fait, madame, une secrète étude

Du mépris, de l'insulte, et de l'ingratitude ;
Et votre cœur enfin, lent à se déployer,
Hardi par ma faiblesse, a paru tout entier.
Je ne connaissais pas tout ce zèle héroïque,
Tant d'amour pour vos rois, ou tant de politique.
Mais, vous qui m'outragez, me connaissez-vous bien ?
Vous reste-t-il ici de parti que le mien ?
Vous qui me devez tout, vous qui, sans ma défense,
Auriez de ces Français assouvi la vengeance,
De ces mêmes Français, à qui vous vous vantez
De conserver la foi d'un cœur que vous m'ôtez !
Est-ce donc là le prix de vous avoir servie [8] ?

ADÉLAÏDE.

Oui, vous m'avez sauvée ; oui, je vous dois la vie ;
Mais, seigneur, mais, hélas ! n'en puis-je disposer ?
Me la conserviez-vous pour la tyranniser ?

VENDÔME.

Je deviendrai tyran, mais moins que vous, cruelle ;
Mes yeux lisent trop bien dans votre ame rebelle ;
Tous vos prétextes faux m'apprennent vos raisons :
Je vois mon déshonneur, je vois vos trahisons.
Quel que soit l'insolent que ce cœur me préfère,
Redoutez mon amour, tremblez de ma colère ;
C'est lui seul désormais que mon bras va chercher ;
De son cœur tout sanglant j'irai vous arracher ;
Et si, dans les horreurs du sort qui nous accable,
De quelque joie encor ma fureur est capable,
Je la mettrai, perfide, à vous désespérer.

ADÉLAÏDE.

Non, seigneur, la raison saura vous éclairer.
Non, votre ame est trop noble, elle est trop élevée,

Pour opprimer ma vie, après l'avoir sauvée.
Mais si votre grand cœur s'avilissait jamais
Jusqu'à persécuter l'objet de vos bienfaits,
Sachez que ces bienfaits, vos vertus, votre gloire,
Plus que vos cruautés, vivront dans ma mémoire.
Je vous plains, vous pardonne, et veux vous respecter;
Je vous ferai rougir de me persécuter;
Et je conserverai, malgré votre menace,
Une ame sans courroux, sans crainte, et sans audace.

VENDÔME.

Arrêtez; pardonnez aux transports égarés,
Aux fureurs d'un amant que vous désespérez.
Je vois trop qu'avec vous Coucy d'intelligence,
D'une cour qui me hait embrasse la défense;
Que vous voulez tous deux m'unir à votre roi,
Et de mon sort enfin disposer malgré moi.
Vos discours sont les siens. Ah! parmi tant d'alarmes,
Pourquoi recourez-vous à ces nouvelles armes?
Pour gouverner mon cœur, l'asservir, le changer,
Aviez-vous donc besoin d'un secours étranger?
Aimez, il suffira d'un mot de votre bouche.

ADÉLAÏDE.

Je ne vous cache point que du soin qui me touche,
A votre ami, seigneur, mon cœur s'était remis;
Je vois qu'il a plus fait qu'il ne m'avait promis.
Ayez pitié des pleurs que mes yeux lui confient;
Vous les faites couler, que vos mains les essuient.
Devenez assez grand pour apprendre à dompter
Des feux que mon devoir me force à rejeter.
Laissez-moi tout entière à la reconnaissance.

VENDÔME.

Le seul Coucy, sans doute, a votre confiance;
Mon outrage est connu ; je sais vos sentiments.

ADÉLAÏDE.

Vous les pourrez, seigneur, connaître avec le temps;
Mais vous n'aurez jamais le droit de les contraindre,
Ni de les condamner, ni même de vous plaindre.
D'un guerrier généreux j'ai recherché l'appui ;
Imitez sa grande ame, et pensez comme lui.

SCÈNE VI.

VENDOME.

Eh bien! c'en est donc fait! l'ingrate, la parjure,
A mes yeux sans rougir étale mon injure :
De tant de trahison l'abîme est découvert ;
Je n'avais qu'un ami, c'est lui seul qui me perd.
Amitié, vain fantôme, ombre que j'ai chérie,
Toi qui me consolais des malheurs de ma vie,
Bien que j'ai trop aimé, que j'ai trop méconnu,
Trésor cherché sans cesse, et jamais obtenu !
Tu m'as trompé, cruelle, autant que l'amour même ;
Et maintenant, pour prix de mon erreur extrême,
Détrompé des faux biens, trop faits pour me charmer,
Mon destin me condamne à ne plus rien aimer.
Le voilà cet ingrat qui, fier de son parjure,
Vient encor de ses mains déchirer ma blessure.

SCÈNE VII.

VENDOME, COUCY.

COUCY.

Prince, me voilà prêt : disposez de mon bras...
Mais d'où naît à mes yeux cet étrange embarras ?
Quand vous avez vaincu, quand vous sauvez un frère,
Heureux de tous côtés, qui peut donc vous déplaire ?

VENDÔME.

Je suis désespéré, je suis haï, jaloux.

COUCY.

Eh bien ! de vos soupçons quel est l'objet, qui ?

VENDÔME.

Vous,
Vous, dis-je ; et du refus qui vient de me confondre,
C'est vous, ingrat ami, qui devez me répondre :
Je sais qu'Adélaïde ici vous a parlé ;
En vous nommant à moi, la perfide a tremblé ;
Vous affectez sur elle un odieux silence,
Interprète muet de votre intelligence :
Elle cherche à me fuir, et vous à me quitter.
Je crains tout, je crois tout.

COUCY.

Voulez-vous m'écouter ?

VENDÔME.

Je le veux.

COUCY.

Pensez-vous que j'aime encor la gloire ?
M'estimez-vous encore, et pourrez-vous me croire ?

VENDÔME.

Oui, jusqu'à ce moment je vous crus vertueux ;
Je vous crus mon ami.

COUCY.

Ces titres glorieux
Furent toujours pour moi l'honneur le plus insigne ;
Et vous allez juger si mon ame en est digne.
Sachez qu'Adélaïde avait touché mon cœur
Avant que, de sa vie heureux libérateur [9],
Vous eussiez par vos soins, par cet amour sincère,
Surtout par vos bienfaits, tant de droits de lui plaire.
Moi, plus soldat que tendre, et dédaignant toujours
Ce grand art de séduire inventé dans les cours,
Ce langage flatteur, et souvent si perfide,
Peu fait pour mon esprit peut-être trop rigide,
Je lui parlai d'hymen ; et ce nœud respecté,
Resserré par l'estime et par l'égalité,
Pouvait lui préparer des destins plus propices.
Qu'un rang plus élevé, mais sur des précipices.
Hier avec la nuit je vins dans vos remparts ;
Tout votre cœur parut à mes premiers regards.
De cet ardent amour la nouvelle semée,
Par vos emportements me fut trop confirmée.
Je vis de vos chagrins les funestes accès ;
J'en approuvai la cause, et j'en blâmai l'excès.
Aujourd'hui j'ai revu cet objet de vos larmes ;
D'un œil indifférent j'ai regardé ses charmes.
Libre et juste auprès d'elle, à vous seul attaché,
J'ai fait valoir les feux dont vous êtes touché ;
J'ai de tous vos bienfaits rappelé la mémoire,
L'éclat de votre rang, celui de votre gloire,

Sans cacher vos défauts vantant votre vertu,
Et pour vous contre moi j'ai fait ce que j'ai dû.
Je m'immole à vous seul, et je me rends justice;
Et, si ce n'est assez d'un si grand sacrifice,
S'il est quelque rival qui vous ose outrager,
Tout mon sang est à vous, et je cours vous venger.

VENDÔME.

Ah! généreux ami, qu'il faut que je révère,
Oui, le destin dans toi me donne un second frère;
Je n'en étais pas digne, il le faut avouer:
Mon cœur...

COUCY.

Aimez-moi, prince, au lieu de me louer;
Et si vous me devez quelque reconnaissance,
Faites votre bonheur, il est ma récompense.
Vous voyez quelle ardente et fière inimitié
Votre frère nourrit contre votre allié.
Sur ce grand intérêt souffrez que je m'explique [10].
Vous m'avez soupçonné de trop de politique,
Quand j'ai dit que bientôt on verrait réunis
Les débris dispersés de l'empire des lis.
Je vous le dis encore au sein de votre gloire;
Et vos lauriers brillants, cueillis par la victoire,
Pourront sur votre front se flétrir désormais,
S'ils n'y sont soutenus de l'olive de paix.
Tous les chefs de l'état, lassés de ces ravages,
Cherchent un port tranquille après tant de naufrages;
Gardez d'être réduit au hasard dangereux
De vous voir, ou trahir, ou prévenir par eux.
Passez-les en prudence, aussi bien qu'en courage.
De cet heureux moment prenez tout l'avantage;
Gouvernez la fortune, et sachez l'asservir:

C'est perdre ses faveurs que tarder d'en jouir :
Ses retours sont fréquents, vous devez les connaître.
Il est beau de donner la paix à votre maître.
Son égal aujourd'hui, demain dans l'abandon,
Vous vous verrez réduit à demander pardon.
La gloire vous conduit, que la raison vous guide.

VENDÔME.

Brave et prudent Coucy, crois-tu qu'Adélaïde
Dans son cœur amolli partagerait mes feux,
Si le même parti nous unissait tous deux ?
Penses-tu qu'à m'aimer je pourrais la réduire ?

COUCY.

Dans le fond de son cœur je n'ai point voulu lire :
Mais qu'importent pour vous ses vœux et ses desseins?
Faut-il que l'amour seul fasse ici nos destins?
Lorsque Philippe-Auguste, aux plaines de Bovines,
De l'état déchiré répara les ruines,
Quand seul il arrêta, dans nos champs inondés,
De l'empire germain les torrents débordés ;
Tant d'honneurs étaient-ils l'effet de sa tendresse ?
Sauva-t-il son pays pour plaire à sa maîtresse?
Verrai-je un si grand cœur à ce point s'avilir ?
Le salut de l'état dépend-il d'un soupir ?
Aimez, mais en héros qui maîtrise son ame,
Qui gouverne à-la-fois ses états et sa flamme.
Mon bras contre un rival est prêt à vous servir ;
Je voudrais faire plus, je voudrais vous guérir.
On connaît peu l'amour, on craint trop son amorce;
C'est sur nos lâchetés qu'il a fondé sa force ;
C'est nous qui sous son nom troublons notre repos ;
Il est tyran du faible, esclave du héros.
Puisque je l'ai vaincu, puisque je le dédaigne,

Dans l'ame d'un Bourbon souffrirez-vous qu'il règne?
Vos autres ennemis par vous sont abattus,
Et vous devez en tout l'exemple des vertus.
VENDÔME.
Le sort en est jeté, je ferai tout pour elle;
Il faut bien à la fin désarmer la cruelle;
Ses lois seront mes lois, son roi sera le mien;
Je n'aurai de parti, de maître que le sien.
Possesseur d'un trésor où s'attache ma vie,
Avec mes ennemis je me réconcilie;
Je lirai dans ses yeux mon sort et mon devoir;
Mon cœur est enivré de cet heureux espoir.
Enfin, plus de prétexte à ses refus injustes;
Raison, gloire, intérêt, et tous ces droits augustes
Des princes de mon sang et de mes souverains,
Sont des liens sacrés resserrés par ses mains.
Du roi, puisqu'il le faut, soutenons la couronne;
La vertu le conseille, et la beauté l'ordonne.
Je veux entre tes mains, en ce fortuné jour,
Sceller tous les serments que je fais à l'amour:
Quant à mes intérêts, que toi seul en décide.
COUCY.
Souffrez donc près du roi que mon zèle me guide;
Peut-être il eût fallu que ce grand changement
Ne fût dû qu'au héros, et non pas à l'amant;
Mais si d'un si grand cœur une femme dispose,
L'effet en est trop beau pour en blâmer la cause;
Et mon cœur, tout rempli de cet heureux retour,
Bénit votre faiblesse, et rend grace à l'amour.

FIN DU SECOND ACTE.

ACTE TROISIÈME.

SCÈNE I.

NEMOURS, DANGESTE.

NEMOURS.

Combat infortuné, destin qui me poursuis !
O mort, mon seul recours, douce mort qui me fuis !
Ciel ! n'as-tu conservé la trame de ma vie
Que pour tant de malheurs et tant d'ignominie ?
Adélaïde, au moins, pourrai-je la revoir ?

DANGESTE.

Vous la verrez, seigneur.

NEMOURS.

Ah ! mortel désespoir !
Elle ose me parler, et moi je le souhaite !

DANGESTE.

Seigneur, en quel état votre douleur vous jette !
Vos jours sont en péril, et ce sang agité...

NEMOURS.

Mes déplorables jours sont trop en sûreté ;
Ma blessure est légère, elle m'est insensible :
Que celle de mon cœur est profonde et terrible !

DANGESTE.

Remerciez les cieux de ce qu'ils ont permis
Que vous ayez trouvé de si chers ennemis.
Il est dur de tomber dans des mains étrangères :

Vous êtes prisonnier du plus tendre des frères.
NEMOURS.
Mon frère ! ah ! malheureux !
DANGESTE.
Il vous était lié
Par les nœuds les plus saints d'une pure amitié.
Que n'éprouvez-vous point de sa main secourable !
NEMOURS.
Sa fureur m'eût flatté ; son amitié m'accable.
DANGESTE.
Quoi ! pour être engagé dans d'autres intérêts,
Le haïssez-vous tant ?
NEMOURS.
Je l'aime, et je me hais ;
Et, dans les passions de mon ame éperdue,
La voix de la nature est encore entendue.
DANGESTE.
Si contre un frère aimé vous avez combattu,
J'en ai vu quelque temps frémir votre vertu :
Mais le roi l'ordonnait, et tout vous justifie.
L'entreprise était juste, aussi bien que hardie.
Je vous ai vu remplir, dans cet affreux combat,
Tous les devoirs d'un chef, et tous ceux d'un soldat ;
Et vous avez rendu, par des faits incroyables,
Votre défaite illustre, et vos fers honorables.
On a perdu bien peu quand on garde l'honneur.
NEMOURS.
Non, ma défaite, ami, ne fait point mon malheur.
Du Guesclin, des Français l'amour et le modèle,
Aux Anglais si terrible, à son roi si fidèle,
Vit ses honneurs flétris par de plus grands revers :

Deux fois sa main puissante a langui dans les fers :
Il n'en fut que plus grand, plus fier, et plus à craindre ;
Et son vainqueur tremblant fut bientôt seul à plaindre.
Du Guesclin, nom sacré, nom toujours précieux !
Quoi ! ta coupable nièce évite encor mes yeux !
Ah ! sans doute, elle a dû redouter mes reproches ;
Ainsi donc, cher Dangeste, elle fuit tes approches ?
Tu n'as pu lui parler ?

DANGESTE.

Seigneur, je vous ai dit
Que bientôt...

NEMOURS.

Ah ! pardonne à mon cœur interdit.
Trop chère Adélaïde ! Eh bien ! quand tu l'as vue,
Parle, à mon nom du moins paraissait-elle émue ?

DANGESTE.

Votre sort en secret paraissait la toucher ;
Elle versait des pleurs, et voulait les cacher.

NEMOURS.

Elle pleure et m'outrage ! elle pleure et m'opprime !
Son cœur, je le vois bien, n'est pas né pour le crime.
Pour me sacrifier elle aura combattu ;
La trahison la gêne, et pèse à sa vertu :
Faible soulagement à ma fureur jalouse !
T'a-t-on dit en effet que mon frère l'épouse ?

DANGESTE.

S'il s'en vantait lui-même, en pouvez-vous douter ?

NEMOURS.

Il l'épouse ! A ma honte elle vient insulter !
Ah Dieu !

SCÈNE II.

ADÉLAIDE, NEMOURS.

ADÉLAÏDE.

Le ciel vous rend à mon ame attendrie ;
En veillant sur vos jours il conserva ma vie.
Je vous revois, cher prince, et mon cœur empressé...
Juste ciel ! quels regards, et quel accueil glacé !

NEMOURS.

L'intérêt qu'à mes jours vos bontés daignent prendre,
Est d'un cœur généreux ; mais il doit me surprendre.
Vous aviez en effet besoin de mon trépas :
Mon rival plus tranquille eût passé dans vos bras.
Libre dans vos amours, et sans inquiétude,
Vous jouiriez en paix de votre ingratitude ;
Et les remords honteux qu'elle traîne après soi,
S'il peut vous en rester, périssaient avec moi.

ADÉLAÏDE.

Hélas ! que dites-vous ? Quelle fureur subite...

NEMOURS.

Non, votre changement n'est pas ce qui m'irrite.

ADÉLAÏDE.

Mon changement ? Nemours !

NEMOURS.

      A vous seule asservi,
Je vous aimais trop bien pour n'être point trahi :
C'est le sort des amants, et ma honte est commune ;
Mais que vous insultiez vous-même à ma fortune !
Qu'en ces murs, où vos yeux ont vu couler mon sang,
Vous acceptiez la main qui m'a percé le flanc,

Et que vous osiez joindre à l'horreur qui m'accable,
D'une fausse pitié l'affront insupportable !
Qu'à mes yeux....

ADÉLAÏDE.

Ah ! plutôt donnez-moi le trépas.
Immolez votre amante, et ne l'accusez pas.
Mon cœur n'est point armé contre votre colère,
Cruel, et vos soupçons manquaient à ma misère.
Ah ! Nemours, de quels maux nos jours empoisonnés...

NEMOURS.

Vous me plaignez, cruelle, et vous m'abandonnez !

ADÉLAÏDE.

Je vous pardonne, hélas ! cette fureur extrême,
Tout, jusqu'à vos soupçons ; jugez si je vous aime.

NEMOURS.

Vous m'aimeriez ? qui, vous ? Et Vendôme à l'instant
Entoure de flambeaux l'autel qui vous attend !
Lui-même il m'a vanté sa gloire et sa conquête.
Le barbare ! il m'invite à cette horrible fête !
Que plutôt...

ADÉLAÏDE.

Ah ! cruel, me faut-il employer
Les moments de vous voir à me justifier ?
Votre frère, il est vrai, persécute ma vie,
Et par un fol amour, et par sa jalousie,
Et par l'emportement dont je crains les effets,
Et, le dirai-je encor, seigneur ? par ses bienfaits...
J'atteste ici le ciel, témoin de ma conduite...
Mais pourquoi l'attester ? Nemours, suis-je réduite,
Pour vous persuader de si vrais sentiments,
Au secours inutile et honteux des serments !

Non, non; vous connaissez le cœur d'Adélaïde;
C'est vous qui conduisez ce cœur faible et timide.

NEMOURS.

Mais mon frère vous aime?

ADÉLAÏDE.

Ah! n'en redoutez rien.

NEMOURS.

Il sauva vos beaux jours!

ADÉLAÏDE.

Il sauva votre bien.
Dans Cambrai, je l'avoue, il daigna me défendre.
Au roi que nous servons il promit de me rendre;
Et mon cœur se plaisait, trompé par mon amour,
Puisqu'il est votre frère, à lui devoir le jour[11].
J'ai répondu, seigneur, à sa flamme funeste
Par un refus constant, mais tranquille et modeste,
Et mêlé du respect que je devrai toujours
A mon libérateur, au frère de Nemours.
Mais mon respect l'enflamme, et mon refus l'irrite.
J'anime en l'évitant l'ardeur de sa poursuite.
Tout doit, si je l'en crois, céder à son pouvoir[12];
Lui plaire est ma grandeur, l'aimer est mon devoir.
Qu'il est loin, juste Dieu! de penser que ma vie,
Que mon ame à la vôtre est pour jamais unie,
Que vous causez les pleurs dont mes yeux sont chargés,
Que mon cœur vous adore, et que vous m'outragez!
Oui, vous êtes tous deux formés pour mon supplice:
Lui, par sa passion; vous, par votre injustice;
Vous, Nemours, vous, ingrat, que je vois aujourd'hui,
Moins amoureux, peut-être, et plus cruel que lui.

NEMOURS.

C'en est trop... pardonnez... voyez mon ame en proie
A l'amour, aux remords, à l'excès de ma joie.
Digne et charmant objet d'amour et de douleur,
Ce jour infortuné, ce jour fait mon bonheur.
Glorieux, satisfait, dans un sort si contraire,
Tout captif que je suis, j'ai pitié de mon frère.
Il est le seul à plaindre avec votre courroux ;
Et je suis son vainqueur, étant aimé de vous.

SCÈNE III.

VENDOME, NEMOURS, ADÉLAÏDE.

VENDÔME.

Connaissez donc enfin jusqu'où va ma tendresse,
Et tout votre pouvoir, et toute ma faiblesse :
Et vous, mon frère, et vous, soyez ici témoin
Si l'excès de l'amour peut emporter plus loin.
Ce que votre amitié, ce que votre prière,
Les conseils de Coucy, le roi, la France entière,
Exigeaient de Vendôme, et qu'ils n'obtenaient pas,
Soumis et subjugué, je l'offre à ses appas.
L'amour, qui malgré vous nous a faits l'un pour l'autre [13],
Ne me laisse de choix, de parti, que le vôtre.
Je prends mes lois de vous ; votre maître est le mien :
De mon frère et de moi soyez l'heureux lien ;
Soyez-le de l'état, et que ce jour commence
Mon bonheur et le vôtre, et la paix de la France.
Vous, courez, mon cher frère, allez dès ce moment
Annoncer à la cour un si grand changement.

Moi, sans perdre de temps, dans ce jour d'allégresse,
Qui m'a rendu mon roi, mon frère, et ma maîtresse,
D'un bras vraiment français, je vais, dans nos remparts,
Sous nos lis triomphants briser les léopards.
Soyez libre, partez, et de mes sacrifices
Allez offrir au roi les heureuses prémices.
Puissé-je à ses genoux présenter aujourd'hui
Celle qui m'a dompté, qui me ramène à lui,
Qui d'un prince ennemi fait un sujet fidèle,
Changé par ses regards, et vertueux par elle !

NEMOURS.
(à part.)

Il fait ce que je veux, et c'est pour m'accabler !
(à Adélaïde.)
Prononcez notre arrêt, madame, il faut parler.

VENDÔME.

Eh quoi ! vous demeurez interdite et muette ?
De mes soumissions êtes-vous satisfaite ?
Est-ce assez qu'un vainqueur vous implore à genoux ?
Faut-il encor ma vie, ingrate ? elle est à vous.
Vous n'avez qu'à parler, j'abandonne sans peine
Ce sang infortuné, proscrit par votre haine.

ADÉLAÏDE.

Seigneur, mon cœur est juste ; on ne m'a vu jamais
Mépriser vos bontés, et haïr vos bienfaits ;
Mais je ne puis penser qu'à mon peu de puissance
Vendôme ait attaché le destin de la France ;
Qu'il n'ait lu son devoir que dans mes faibles yeux ;
Qu'il ait besoin de moi pour être vertueux.
Vos desseins ont sans doute une source plus pure,
Vous avez consulté le devoir, la nature ;

L'amour a peu de part où doit régner l'honneur.

VENDÔME.

L'amour seul a tout fait, et c'est là mon malheur;
Sur tout autre intérêt ce triste amour l'emporte.
Accablez-moi de honte, accusez-moi, n'importe!
Dussé-je vous déplaire et forcer votre cœur,
L'autel est prêt; venez.

NEMOURS.

Vous osez?...

ADÉLAÏDE.

Non, seigneur.
Avant que je vous cède, et que l'hymen nous lie,
Aux yeux de votre frère arrachez-moi la vie.
Le sort met entre nous un obstacle éternel.
Je ne puis être à vous.

VENDÔME.

Nemours... ingrate... Ah ciel!
C'en est donc fait... mais non... mon cœur sait se contraindre:
Vous ne méritez pas que je daigne m'en plaindre.
Vous auriez dû peut-être, avec moins de détour,
Dans ses premiers transports étouffer mon amour,
Et par un prompt aveu, qui m'eût guéri sans doute,
M'épargner les affronts que ma bonté me coûte.
Mais je vous rends justice; et ces séductions,
Qui vont au fond des cœurs chercher nos passions,
L'espoir qu'on donne à peine afin qu'on le saisisse,
Ce poison préparé des mains de l'artifice,
Sont les armes d'un sexe aussi trompeur que vain,
Que l'œil de la raison regarde avec dédain.
Je suis libre par vous : cet art que je déteste,
Cet art qui m'enchaîna, brise un joug si funeste;

Et je ne prétends pas, indignement épris,
Rougir devant mon frère, et souffrir des mépris.
Montrez-moi seulement ce rival qui se cache;
Je lui cède avec joie un poison qu'il m'arrache [14];
Je vous dédaigne assez tous deux pour vous unir,
Perfide! et c'est ainsi que je dois vous punir.

ADÉLAÏDE.

Je devrais seulement vous quitter et me taire;
Mais je suis accusée, et ma gloire m'est chère.
Votre frère est présent, et mon honneur blessé
Doit repousser les traits dont il est offensé.
Pour un autre que vous ma vie est destinée;
Je vous en fais l'aveu, je m'y vois condamnée.
Oui, j'aime; et je serais indigne, devant vous [15],
De celui que mon cœur s'est promis pour époux,
Indigne de l'aimer, si, par ma complaisance,
J'avais à votre amour laissé quelque espérance.
Vous avez regardé ma liberté, ma foi,
Comme un bien de conquête, et qui n'est plus à moi.
Je vous devais beaucoup; mais une telle offense
Ferme à la fin mon cœur à la reconnaissance :
Sachez que des bienfaits qui font rougir mon front,
A mes yeux indignés ne sont plus qu'un affront.
J'ai plaint de votre amour la violence vaine;
Mais, après ma pitié, n'attirez point ma haine.
J'ai rejeté vos vœux, que je n'ai point bravés;
J'ai voulu votre estime, et vous me la devez.

VENDÔME.

Je vous dois ma colère, et sachez qu'elle égale
Tous les emportements de mon amour fatale.
Quoi donc! vous attendiez, pour oser m'accabler,

Que Nemours fût présent, et me vît immoler ?
Vous vouliez ce témoin de l'affront que j'endure ?
Allez, je le croirais l'auteur de mon injure,
Si... Mais il n'a point vu vos funestes appas ;
Mon frère trop heureux ne vous connaissait pas.
Nommez donc mon rival : mais gardez-vous de croire
Que mon lâche dépit lui cède la victoire.
Je vous trompais, mon cœur ne peut feindre long-temps :
Je vous traîne à l'autel, à ses yeux expirants ;
Et ma main, sur sa cendre, à votre main donnée,
Va tremper dans le sang les flambeaux d'hyménée.
Je sais trop qu'on a vu, lâchement abusés,
Pour des mortels obscurs, des princes méprisés ;
Et mes yeux perceront, dans la foule inconnue,
Jusqu'à ce vil objet qui se cache à ma vue.

NEMOURS.

Pourquoi d'un choix indigne osez-vous l'accuser ?

VENDÔME.

Et pourquoi, vous, mon frère, osez-vous l'excuser ?
Est-il vrai que de vous elle était ignorée ?
Ciel ! à ce piége affreux ma foi serait livrée !
Tremblez.

NEMOURS.

   Moi ! que je tremble ! ah ! j'ai trop dévoré
L'inexprimable horreur où toi seul m'as livré ;
J'ai forcé trop long-temps mes transports au silence :
Connais-moi donc, barbare, et remplis ta vengeance !
Connais un désespoir à tes fureurs égal :
Frappe, voilà mon cœur, et voilà ton rival !

VENDÔME.

Toi, cruel ! toi, Nemours !

NEMOURS.

       Oui, depuis deux années,
L'amour la plus secrète a joint nos destinées.
C'est toi dont les fureurs ont voulu m'arracher
Le seul bien sur la terre où j'ai pu m'attacher.
Tu fais depuis trois mois les horreurs de ma vie;
Les maux que j'éprouvais passaient ta jalousie :
Par tes égarements juge de mes transports.
Nous puisâmes tous deux dans ce sang dont je sors
L'excès des passions qui dévorent une ame;
La nature à tous deux fit un cœur tout de flamme.
Mon frère est mon rival, et je l'ai combattu;
J'ai fait taire le sang, peut-être la vertu.
Furieux, aveuglé, plus jaloux que toi-même,
J'ai couru, j'ai volé, pour t'ôter ce que j'aime;
Rien ne m'a retenu, ni tes superbes tours,
Ni le peu de soldats que j'avais pour secours,
Ni le lieu, ni le temps, ni surtout ton courage;
Je n'ai vu que ma flamme, et ton feu qui m'outrage.
L'amour fut dans mon cœur plus fort que l'amitié;
Sois cruel comme moi, punis-moi sans pitié :
Aussi bien tu ne peux t'assurer ta conquête,
Tu ne peux l'épouser qu'aux dépens de ma tête.
A la face des cieux je lui donne ma foi;
Je te fais de nos vœux le témoin malgré toi.
Frappe, et qu'après ce coup, ta cruauté jalouse
Traîne au pied des autels ta sœur et mon épouse.
Frappe, dis-je : oses-tu?

     VENDÔME.

       Traître, c'en est assez.
Qu'on l'ôte de mes yeux : soldats, obéissez.

ADÉLAÏDE.

(aux soldats.)

Non : demeurez, cruels... Ah! prince, est-il possible
Que la nature en vous trouve une ame inflexible?
Seigneur!

NEMOURS.

Vous, le prier? plaignez-le plus que moi.
Plaignez-le : il vous offense, il a trahi son roi.
Va, je suis dans ces lieux plus puissant que toi-même;
Je suis vengé de toi : l'on te hait, et l'on m'aime.

ADÉLAÏDE.

(à Nemours.) (à Vendôme.)

Ah, cher prince!... Ah, seigneur! voyez à vos genoux...

VENDÔME.

(aux soldats.) (à Adélaïde.)

Qu'on m'en réponde, allez. Madame, levez-vous.
Vos prières, vos pleurs, en faveur d'un parjure,
Sont un nouveau poison versé sur ma blessure :
Vous avez mis la mort dans ce cœur outragé ;
Mais, perfide, croyez que je mourrai vengé.
Adieu : si vous voyez les effets de ma rage,
N'en accusez que vous; nos maux sont votre ouvrage.

ADÉLAÏDE.

Je ne vous quitte pas : écoutez-moi, seigneur.

VENDÔME.

Eh bien ! achevez donc de déchirer mon cœur :
Parlez.

SCÈNE IV.

VENDOME, NEMOURS, ADÉLAIDE, COUCY, DANGESTE, UN OFFICIER, SOLDATS.

COUCY.

J'allais partir : un peuple téméraire
Se soulève en tumulte au nom de votre frère.
Le désordre est partout : vos soldats consternés
Désertent les drapeaux de leurs chefs étonnés ;
Et, pour comble de maux, vers la ville alarmée,
L'ennemi rassemblé fait marcher son armée.

VENDÔME.

Allez, cruelle, allez ; vous ne jouirez pas
Du fruit de votre haine et de vos attentats ;
Rentrez. Aux factieux je vais montrer leur maître.
(à l'officier.)   (à Coucy.)
Qu'on la garde. Courons. Vous, veillez sur ce traître.

SCÈNE V.

NEMOURS, COUCY.

COUCY.

Le seriez-vous, seigneur ? auriez-vous démenti
Le sang de ces héros dont vous êtes sorti ?
Auriez-vous violé, par cette lâche injure,
Et les droits de la guerre, et ceux de la nature ?
Un prince à cet excès pourrait-il s'oublier ?

NEMOURS.

Non ; mais suis-je réduit à me justifier ?
Coucy, ce peuple est juste, il t'apprend à connaître

Que mon frère est rebelle, et que Charle est son maître.

COUCY.

Écoutez : ce serait le comble de mes vœux,
De pouvoir aujourd'hui vous réunir tous deux.
Je vois avec regret la France désolée,
A nos dissensions la nature immolée,
Sur nos communs débris l'Anglais trop élevé,
Menaçant cet état par nous-même énervé.
Si vous avez un cœur digne de votre race,
Faites au bien public servir votre disgrace.
Rapprochez les partis : unissez-vous à moi
Pour calmer votre frère, et fléchir votre roi,
Pour éteindre le feu de nos guerres civiles.

NEMOURS.

Ne vous en flattez pas ; vos soins sont inutiles.
Si la discorde seule avait armé mon bras,
Si la guerre et la haine avaient conduit mes pas,
Vous pourriez espérer de réunir deux frères,
L'un de l'autre écartés dans des partis contraires.
Un obstacle plus grand s'oppose à ce retour.

COUCY.

Et quel est-il, seigneur ?

NEMOURS.

Ah ! reconnais l'amour ;
Reconnais la fureur qui de nous deux s'empare,
Qui m'a fait téméraire, et qui le rend barbare.

COUCY.

Ciel ! faut-il voir ainsi, par des caprices vains,
Anéantir le fruit des plus nobles desseins ?
L'amour subjuguer tout ? ses cruelles faiblesses
Du sang qui se révolte étouffer les tendresses ?

Des frères se haïr, et naître, en tous climats,
Des passions des grands le malheur des états [16]?
Prince, de vos amours laissons là le mystère.
Je vous plains tous les deux; mais je sers votre frère.
Je vais le seconder; je vais me joindre à lui
Contre un peuple insolent qui se fait votre appui.
Le plus pressant danger est celui qui m'appelle.
Je vois qu'il peut avoir une fin bien cruelle:
Je vois les passions plus puissantes que moi;
Et l'amour seul ici me fait frémir d'effroi.
Mon devoir a parlé; je vous laisse, et j'y vole.
Soyez mon prisonnier, mais sur votre parole;
Elle me suffira.

NEMOURS.
Je vous la donne.
COUCY.
Et moi
Je voudrais de ce pas porter la sienne au roi;
Je voudrais cimenter, dans l'ardeur de lui plaire,
Du sang de nos tyrans une union si chère.
Mais ces fiers ennemis sont bien moins dangereux
Que ce fatal amour qui vous perdra tous deux.

FIN DU TROISIÈME ACTE.

ACTE QUATRIÈME.

SCÈNE I.

NEMOURS, ADÉLAÏDE, DANGESTE.

NEMOURS.

Non, non, ce peuple en vain s'armait pour ma défense ;
Mon frère, teint de sang, enivré de vengeance,
Devenu plus jaloux, plus fier, et plus cruel,
Va traîner à mes yeux sa victime à l'autel.
Je ne suis donc venu disputer ma conquête,
Que pour être témoin de cette horrible fête !
Et, dans le désespoir d'un impuissant courroux,
Je ne puis me venger qu'en me privant de vous !
Partez, Adélaïde.

ADÉLAÏDE.

Il faut que je vous quitte !...
Quoi! vous m'abandonnez !... vous ordonnez ma fuite !

NEMOURS.

Il le faut : chaque instant est un péril fatal ;
Vous êtes une esclave aux mains de mon rival.
Remercions le ciel, dont la bonté propice
Nous suscite un secours aux bords du précipice.
Vous voyez cet ami qui doit guider vos pas ;
Sa vigilance adroite a séduit des soldats.
  (à Dangeste.)
Dangeste, ses malheurs ont droit à tes services :

Je suis loin d'exiger d'injustes sacrifices;
Je respecte mon frère, et je ne prétends pas
Conspirer contre lui dans ses propres états.
Écoute seulement la pitié qui te guide;
Écoute un vrai devoir, et sauve Adélaïde.

ADÉLAÏDE.

Hélas! ma délivrance augmente mon malheur.
Je détestais ces lieux, j'en sors avec terreur.

NEMOURS.

Privez-moi par pitié d'une si chère vue:
Tantôt à ce départ vous étiez résolue,
Le dessein était pris, n'osez-vous l'achever?

ADÉLAÏDE.

Ah! quand j'ai voulu fuir, j'espérais vous trouver.

NEMOURS.

Prisonnier sur ma foi, dans l'horreur qui me presse,
Je suis plus enchaîné par ma seule promesse,
Que si de cet état les tyrans inhumains
Des fers les plus pesants avaient chargé mes mains.
Au pouvoir de mon frère ici l'honneur me livre;
Je peux mourir pour vous, mais je ne peux vous suivre:
Vous suivrez cet ami par des détours obscurs,
Qui vous rendront bientôt sous ces coupables murs.
De la Flandre à sa voix on doit ouvrir la porte;
Du roi sous les remparts il trouvera l'escorte.
Le temps presse, évitez un ennemi jaloux.

ADÉLAÏDE.

Je vois qu'il faut partir... cher Nemours, et sans vous!

NEMOURS.

L'amour nous a rejoints, que l'amour nous sépare.

ADÉLAÏDE.

Qui ! moi ? que je vous laisse au pouvoir d'un barbare ?
Seigneur, de votre sang l'Anglais est altéré ;
Ce sang à votre frère est-il donc si sacré ?
Craindra-t-il d'accorder, dans son courroux funeste,
Aux alliés qu'il aime, un rival qu'il déteste ?

NEMOURS.

Il n'oserait.

ADÉLAÏDE.

Son cœur ne connaît point de frein ;
Il vous a menacé, menace-t-il en vain ?

NEMOURS.

Il tremblera bientôt : le roi vient et nous venge ;
La moitié de ce peuple à ses drapeaux se range.
Allez : si vous m'aimez, dérobez-vous aux coups
Des foudres allumés, grondant autour de nous ;
Au tumulte, au carnage, au désordre effroyable,
Dans des murs pris d'assaut malheur inévitable :
Mais craignez encor plus mon rival furieux ;
Craignez l'amour jaloux qui veille dans ses yeux.
Je frémis de vous voir encor sous sa puissance ;
Redoutez son amour autant que sa vengeance ;
Cédez à mes douleurs ; qu'il vous perde : partez.

ADÉLAÏDE.

Et vous vous exposez seul à ses cruautés !

NEMOURS.

Ne craignant rien pour vous, je craindrai peu mon frère ;
Et bientôt mon appui lui devient nécessaire.

ADÉLAÏDE.

Aussi bien que mon cœur, mes pas vous sont soumis.
Eh bien ! vous l'ordonnez, je pars, et je frémis !

Je ne sais... mais enfin, la fortune jalouse
M'a toujours envié le nom de votre épouse.
NEMOURS.
Partez avec ce nom. La pompe des autels,
Ces voiles, ces flambeaux, ces témoins solennels,
Inutiles garants d'une foi si sacrée,
La rendront plus connue, et non plus assurée.
Vous, mânes des Bourbons, princes, rois mes aïeux,
Du séjour des héros tournez ici les yeux.
J'ajoute à votre gloire en la prenant pour femme;
Confirmez mes serments, ma tendresse et ma flamme :
Adoptez-la pour fille, et puisse son époux
Se montrer à jamais digne d'elle et de vous!
ADÉLAÏDE.
Rempli de vos bontés, mon cœur n'a plus d'alarmes,
Cher époux, cher amant...
NEMOURS.
Quoi! vous versez des larmes!
C'est trop tarder, adieu... Ciel, quel tumulte affreux!

SCÈNE II.

ADÉLAÏDE, NEMOURS, VENDOME, GARDES.

VENDÔME.
Je l'entends, c'est lui-même : arrête, malheureux!
Lâche qui me trahis, rival indigne, arrête!
NEMOURS.
Il ne te trahit point; mais il t'offre sa tête.
Porte à tous les excès ta haine et ta fureur;
Va, ne perds point de temps, le ciel arme un vengeur.

Tremble; ton roi s'approche, il vient, il va paraître.
Tu n'as vaincu que moi, redoute encor ton maître.

VENDÔME.

Il pourra te venger, mais non te secourir;
Et ton sang...

ADÉLAÏDE.

Non, cruel! c'est à moi de mourir.
J'ai tout fait; c'est par moi que ta garde est séduite;
J'ai gagné tes soldats, j'ai préparé ma fuite:
Punis ces attentats, et ces crimes si grands,
De sortir d'esclavage, et de fuir ses tyrans:
Mais respecte ton frère, et sa femme, et toi-même;
Il ne t'a point trahi, c'est un frère qui t'aime;
Il voulait te servir, quand tu veux l'opprimer.
Quel crime a-t-il commis, cruel, que de m'aimer?
L'amour n'est-il en toi qu'un juge inexorable?

VENDÔME.

Plus vous le défendez, plus il devient coupable;
C'est vous qui le perdez, vous qui l'assassinez;
Vous par qui tous nos jours étaient empoisonnés;
Vous qui, pour leur malheur, armiez des mains si chères,
Puisse tomber sur vous tout le sang des deux frères!
Vous pleurez! mais vos pleurs ne peuvent me tromper:
Je suis prêt à mourir, et prêt à le frapper.
Mon malheur est au comble, ainsi que ma faiblesse.
Oui, je vous aime encor, le temps, le péril presse;
Vous pouvez à l'instant parer le coup mortel;
Voilà ma main, venez: sa grâce est à l'autel.

ADÉLAÏDE.

Moi, seigneur?

ACTE IV, SCÈNE II.

VENDÔME.
C'est assez.

ADÉLAÏDE.
Moi, que je le trahisse !

VENDÔME.
Arrêtez... répondez...

ADÉLAÏDE.
Je ne puis.

VENDÔME.
Qu'il périsse !

NEMOURS.
Ne vous laissez pas vaincre en ces affreux combats,
Osez m'aimer assez pour vouloir mon trépas ;
Abandonnez mon sort au coup qu'il me prépare.
Je mourrai triomphant des coups de ce barbare [17] ;
Et si vous succombiez à son lâche courroux,
Je n'en mourrais pas moins, mais je mourrais par vous.

VENDÔME.
Qu'on l'entraîne à la tour ; allez ; qu'on m'obéisse !

SCÈNE III[18].

VENDOME, ADÉLAIDE.

ADÉLAÏDE.
Vous, cruel ! vous feriez cet affreux sacrifice !
De son vertueux sang vous pourriez vous couvrir !
Quoi ! voulez-vous...

VENDÔME.
Je veux vous haïr et mourir,
Vous rendre malheureuse encor plus que moi-même,

22.

Répandre devant vous tout le sang qui vous aime,
Et vous laisser des jours plus cruels mille fois
Que le jour où l'amour nous a perdus tous trois.
Laissez-moi : votre vue augmente mon supplice.

SCÈNE IV.

VENDOME, ADÉLAIDE, COUCY.

ADÉLAÏDE, à Coucy.

Ah! je n'attends plus rien que de votre justice;
Coucy, contre un cruel osez me secourir.

VENDÔME.

Garde-toi de l'entendre, ou tu vas me trahir.

ADÉLAÏDE.

J'atteste ici le ciel...

VENDÔME.

Qu'on l'ôte de ma vue.
Ami, délivre-moi d'un objet qui me tue.

ADÉLAÏDE.

Va, tyran, c'en est trop; va, dans mon désespoir,
J'ai combattu l'horreur que je sens à te voir;
J'ai cru, malgré ta rage, à ce point emportée,
Qu'une femme du moins en serait respectée.
L'amour adoucit tout, hors ton barbare cœur;
Tigre! je t'abandonne à toute ta fureur.
Dans ton féroce amour immole tes victimes;
Compte dès ce moment ma mort parmi tes crimes;
Mais compte encor la tienne : un vengeur va venir;
Par ton juste supplice il va tous nous unir.
Tombe avec tes remparts; tombe, et péris sans gloire;

Meurs, et que l'avenir prodigue à ta mémoire,
A tes feux, à ton nom, justement abhorrés,
La haine et le mépris que tu m'as inspirés!

SCÈNE V.
VENDOME, COUCY.

VENDÔME.

Oui, cruelle ennemie, et plus que moi farouche,
Oui, j'accepte l'arrêt prononcé par ta bouche;
Que la main de la haine et que les mêmes coups
Dans l'horreur du tombeau nous réunissent tous!
(Il tombe dans un fauteuil.)

COUCY.

Il ne se connaît plus, il succombe à sa rage.

VENDÔME.

Eh bien! souffriras-tu ma honte et mon outrage?
Le temps presse; veux-tu qu'un rival odieux
Enlève la perfide, et l'épouse à mes yeux?
Tu crains de me répondre! attends-tu que le traître
Ait soulevé mon peuple, et me livre à son maître?

COUCY.

Je vois trop, en effet, que le parti du roi
Du peuple fatigué fait chanceler la foi.
De la sédition la flamme réprimée
Vit encor dans les cœurs, en secret rallumée.

VENDÔME.

C'est Nemours qui l'allume, il nous a trahis tous.

COUCY.

Je suis loin d'excuser ses crimes envers vous;
La suite en est funeste, et me remplit d'alarmes [19].

Dans la plaine déjà les Français sont en armes,
Et vous êtes perdu, si le peuple excité
Croit dans la trahison trouver sa sûreté.
Vos dangers sont accrus.

VENDÔME.
                Eh bien ! que faut-il faire ?

COUCY.
Les prévenir, dompter l'amour et la colère.
Ayons encor, mon prince, en cette extrémité,
Pour prendre un parti sûr, assez de fermeté.
Nous pouvons conjurer ou braver la tempête;
Quoi que vous décidiez, ma main est toute prête.
Vous vouliez ce matin, par un heureux traité,
Apaiser avec gloire un monarque irrité;
Ne vous rebutez pas : ordonnez, et j'espère
Signer en votre nom cette paix salutaire :
Mais s'il vous faut combattre, et courir au trépas,
Vous savez qu'un ami ne vous survivra pas.

VENDÔME.
Ami, dans le tombeau laisse-moi seul descendre;
Vis pour servir ma cause, et pour venger ma cendre;
Mon destin s'accomplit, et je cours l'achever :
Qui ne veut que la mort est sûr de la trouver :
Mais je la veux terrible, et lorsque je succombe,
Je veux voir mon rival entraîné dans ma tombe.

COUCY.
Comment ! de quelle horreur vos sens sont possédés !

VENDÔME.
Il est dans cette tour où vous seul commandez :
Et vous m'aviez promis que contre un téméraire...

ACTE IV, SCÈNE V. 343

COUCY.

De qui me parlez-vous, seigneur? de votre frère [20]?

VENDÔME.

Non, je parle d'un traître et d'un lâche ennemi,
D'un rival qui m'abhorre, et qui m'a tout ravi.
L'Anglais attend de moi la tête du parjure.

COUCY.

Vous leur avez promis de trahir la nature?

VENDÔME.

Dès long-temps du perfide ils ont proscrit le sang.

COUCY.

Et pour leur obéir vous lui percez le flanc?

VENDÔME.

Non, je n'obéis point à leur haine étrangère;
J'obéis à ma rage, et veux la satisfaire.
Que m'importe l'état et mes vains alliés?

COUCY.

Ainsi donc à l'amour vous le sacrifiez?
Et vous me chargez, moi, du soin de son supplice!

VENDÔME.

Je n'attends pas de vous cette prompte justice.
Je suis bien malheureux! bien digne de pitié!
Trahi dans mon amour, trahi dans l'amitié!
Ah! trop heureux dauphin, c'est ton sort que j'envie;
Ton amitié, du moins, n'a point été trahie;
Et Tanguy du Châtel, quand tu fus offensé,
T'a servi sans scrupule, et n'a pas balancé.
Allez; Vendôme encor, dans le sort qui le presse [21],
Trouvera des amis qui tiendront leur promesse;
D'autres me serviront, et n'allégueront pas
Cette triste vertu, l'excuse des ingrats.

COUCY, *après un long silence.*

Non; j'ai pris mon parti. Soit crime, soit justice,
Vous ne vous plaindrez pas que Coucy vous trahisse.
Je ne souffrirai pas que d'un autre que moi [22],
Dans de pareils moments, vous éprouviez la foi.
Quand un ami se perd, il faut qu'on l'avertisse,
Il faut qu'on le retienne au bord du précipice;
Je l'ai dû, je l'ai fait malgré votre courroux;
Vous y voulez tomber, je m'y jette avec vous;
Et vous reconnaîtrez, au succès de mon zèle,
Si Coucy vous aimait, et s'il vous fut fidèle.

VENDÔME.

Je revois mon ami... Vengeons-nous, vole... attend...
Non, va, te dis-je, frappe, et je mourrai content.
Qu'à l'instant de sa mort, à mon impatience
Le canon des remparts annonce ma vengeance !
J'irai, je l'apprendrai, sans trouble et sans effroi,
A l'objet odieux qui l'immole par moi.
Allons.

COUCY.

En vous rendant ce malheureux service,
Prince, je vous demande un autre sacrifice.

VENDÔME.

Parle.

COUCY.

Je ne veux pas que l'Anglais en ces lieux,
Protecteur insolent, commande sous mes yeux;
Je ne veux pas servir un tyran qui nous brave.
Ne puis-je vous venger sans être son esclave?
Si vous voulez tomber, pourquoi prendre un appui?
Pour mourir avec vous ai-je besoin de lui?

ACTE IV, SCÈNE V.

Du sort de ce grand jour laissez-moi la conduite :
Ce que je fais pour vous peut-être le mérite.
Les Anglais avec moi pourraient mal s'accorder ;
Jusqu'au dernier moment je veux seul commander.

VENDÔME.

Pourvu qu'Adélaïde, au désespoir réduite,
Pleure en larmes de sang l'amant qui l'a séduite ;
Pourvu que de l'horreur de ses gémissements
Mon courroux se repaisse à mes derniers moments,
Tout le reste est égal, et je te l'abandonne :
Prépare le combat, agis, dispose, ordonne.
Ce n'est plus la victoire où ma fureur prétend ;
Je ne cherche pas même un trépas éclatant.
Aux cœurs désespérés qu'importe un peu de gloire ?
Périsse ainsi que moi ma funeste mémoire !
Périsse avec mon nom le souvenir fatal
D'une indigne maîtresse et d'un lâche rival !

COUCY.

Je l'avoue avec vous : une nuit éternelle
Doit couvrir, s'il se peut, une fin si cruelle :
C'était avant ce coup qu'il nous fallait mourir :
Mais je tiendrai parole, et je vais vous servir.

FIN DU QUATRIÈME ACTE.

ACTE CINQUIÈME.

SCÈNE I.

VENDOME, UN OFFICIER, GARDES.

VENDÔME.
O ciel! me faudra-t-il, de moments en moments,
Voir et des trahisons, et des soulèvements?
Eh bien! de ces mutins l'audace est terrassée?
L'OFFICIER.
Seigneur, ils vous ont vu, leur foule est dispersée.
VENDÔME.
L'ingrat de tous côtés m'opprimait aujourd'hui;
Mon malheur est parfait, tous les cœurs sont à lui.
Dangeste est-il puni de sa fourbe cruelle?
L'OFFICIER.
Le glaive a fait couler le sang de l'infidèle.
VENDÔME.
Ce soldat qu'en secret vous m'avez amené,
Va-t-il exécuter l'ordre que j'ai donné?
L'OFFICIER.
Oui, seigneur, et déjà vers la tour il s'avance.
VENDÔME.
Je vais donc à la fin jouir de ma vengeance!
Sur l'incertain Coucy mon cœur a trop compté;
Il a vu ma fureur avec tranquillité.
On ne soulage point des douleurs qu'on méprise;

Il faut qu'en d'autres mains ma vengeance soit mise.
Vous, que sur nos remparts on porte nos drapeaux ;
Allez, qu'on se prépare à des périls nouveaux.
Vous sortez d'un combat, un autre vous appelle ;
Ayez la même audace avec le même zèle :
Imitez votre maître ; et s'il vous faut périr,
Vous recevrez de moi l'exemple de mourir.

SCÈNE II.

VENDOME, seul.

Le sang, l'indigne sang qu'a demandé ma rage,
Sera du moins pour moi le signal du carnage.
Un bras vulgaire et sûr va punir mon rival ;
Je vais être servi : j'attends l'heureux signal.
Nemours, tu vas périr, mon bonheur se prépare...
Un frère assassiné ! quel bonheur ! Ah, barbare !
S'il est doux d'accabler ses cruels ennemis,
Si ton cœur est content, d'où vient que tu frémis ?
Allons.... Mais quelle voix gémissante et sévère
Crie au fond de mon cœur : Arrête, il est ton frère !
Ah ! prince infortuné ! dans ta haine affermi,
Songe à des droits plus saints ; Nemours fut ton ami !
O jours de notre enfance ! ô tendresses passées !
Il fut le confident de toutes mes pensées.
Avec quelle innocence et quels épanchements
Nos cœurs se sont appris leurs premiers sentiments !
Que de fois, partageant mes naissantes alarmes,
D'une main fraternelle essuya-t-il mes larmes !
Et c'est moi qui l'immole ! et cette même main

D'un frère que j'aimai déchirerait le sein !
O passion funeste ! ô douleur qui m'égare !
Non, je n'étais point né pour devenir barbare.
Je sens combien le crime est un fardeau cruel...
Mais, que dis-je ? Nemours est le seul criminel.
Je reconnais mon sang, mais c'est à sa furie;
Il m'enlève l'objet dont dépendait ma vie;
Il aime Adélaïde.... Ah ! trop jaloux transport !
Il l'aime; est-ce un forfait qui mérite la mort ?
Hélas ! malgré le temps, et la guerre, et l'absence [23],
Leur tranquille union croissait dans le silence;
Ils nourrissaient en paix leur innocente ardeur,
Avant qu'un fol amour empoisonnât mon cœur.
Mais lui-même il m'attaque, il brave ma colère,
Il me trompe, il me hait; n'importe, il est mon frère !
Il ne périra point. Nature, je me rends ;
Je ne veux point marcher sur les pas des tyrans.
Je n'ai point entendu le signal homicide,
L'organe des forfaits, la voix du parricide;
Il en est encor temps.

SCÈNE III.

VENDOME, L'OFFICIER DES GARDES.

VENDÔME.

Que l'on sauve Nemours ;
Portez mon ordre, allez; répondez de ses jours.

L'OFFICIER.

Hélas ! seigneur, j'ai vu; non loin de cette porte,
Un corps souillé de sang, qu'en secret on emporte;
C'est Coucy qui l'ordonne, et je crains que le sort...

ACTE V, SCÈNE III.

VENDÔME.

(On entend le canon.)

Quoi! déjà!..Dieu, qu'entends-je! Ah ciel! mon frère est mort!
Il est mort, et je vis! Et la terre entr'ouverte,
Et la foudre en éclats n'ont point vengé sa perte!
Ennemi de l'état, factieux, inhumain,
Frère dénaturé, ravisseur, assassin,
Voilà quel est Vendôme! Ah! vérité funeste!
Je vois ce que je suis, et ce que je déteste!
Le voile est déchiré, je m'étais mal connu.
Au comble des forfaits je suis donc parvenu!
Ah, Nemours! ah, mon frère! ah, jour de ma ruine!
Je sens que je t'aimais, et mon bras t'assassine,
Mon frère!

L'OFFICIER.

Adélaïde, avec empressement,
Veut, seigneur, en secret vous parler un moment.

VENDÔME.

Chers amis, empêchez que la cruelle avance;
Je ne puis soutenir ni souffrir sa présence.
Mais non. D'un parricide elle doit se venger;
Dans mon coupable sang sa main doit se plonger;
Qu'elle entre... Ah! je succombe, et ne vis plus qu'à peine.

SCÈNE IV.

VENDOME, ADÉLAÏDE.

ADÉLAÏDE.

Vous l'emportez, seigneur, et puisque votre haine,
(Comment puis-je autrement appeler en ce jour
Ces affreux sentiments que vous nommez amour?)

Puisqu'à ravir ma foi votre haine obstinée
Veut, ou le sang d'un frère, ou ce triste hyménée...
Puisque je suis réduite au déplorable sort
Ou de trahir Nemours, ou de hâter sa mort,
Et que de votre rage et ministre et victime,
Je n'ai plus qu'à choisir mon supplice et mon crime,
Mon choix est fait, seigneur, et je me donne à vous :
Par le droit des forfaits vous êtes mon époux.
Brisez les fers honteux dont vous chargez un frère ;
De Lille sous ses pas abaissez la barrière :
Que je ne tremble plus pour des jours si chéris ;
Je trahis mon amant, je le perds à ce prix.
Je vous épargne un crime, et suis votre conquête ;
Commandez, disposez, ma main est toute prête ;
Sachez que cette main que vous tyrannisez,
Punira la faiblesse où vous me réduisez.
Sachez qu'au temple même, où vous m'allez conduire...
Mais vous voulez ma foi, ma foi doit vous suffire.
Allons... Eh quoi ! d'où vient ce silence affecté ?
Quoi ! votre frère encor n'est point en liberté ?

VENDÔME.

Mon frère ?

ADÉLAÏDE.

Dieu puissant ! dissipez mes alarmes !
Ciel ! de vos yeux cruels je vois tomber des larmes !

VENDÔME.

Vous demandez sa vie...

ADÉLAÏDE.

Ah ! qu'est-ce que j'entends ?
Vous qui m'aviez promis....

ACTE V, SCÈNE IV.

VENDÔME.

Madame, il n'est plus temps.

ADÉLAÏDE.

Il n'est plus temps! Nemours...

VENDÔME.

Il est trop vrai, cruelle!
Oui, vous avez dicté sa sentence mortelle.
Coucy pour nos malheurs a trop su m'obéir.
Ah! revenez à vous, vivez pour me punir;
Frappez : que votre main, contre moi ranimée,
Perce un cœur inhumain qui vous a trop aimée,
Un cœur dénaturé qui n'attend que vos coups!
Oui, j'ai tué mon frère, et l'ai tué pour vous.
Vengez sur un amant coupable et sanguinaire
Tous les crimes affreux que vous m'avez fait faire.

ADÉLAÏDE.

Nemours est mort? barbare!...

VENDÔME.

Oui; mais c'est de ta main
Que son sang veut ici le sang de l'assassin.

ADÉLAÏDE, soutenue par Taïse, et presque évanouie.

Il est mort!

VENDÔME.

Ton reproche...

ADÉLAÏDE.

Épargne ma misère :
Laisse-moi, je n'ai plus de reproche à te faire.
Va, porte ailleurs ton crime et ton vain repentir.
Je veux encor le voir, l'embrasser, et mourir.

VENDÔME.

Ton horreur est trop juste. Eh bien! Adélaïde,

Prends ce fer, arme-toi, mais contre un parricide :
Je ne mérite pas de mourir de tes coups ;
Que ma main les conduise.

SCÈNE V.
VENDOME, ADÉLAIDE, COUCY.

COUCY.

Ah ciel ! que faites-vous ?

VENDÔME.

(On le désarme.)

Laisse-moi me punir et me rendre justice.

ADÉLAÏDE, à Coucy.

Vous, d'un assassinat vous êtes le complice ?

VENDÔME.

Ministre de mon crime, as-tu pu m'obéir ?

COUCY.

Je vous avais promis, seigneur, de vous servir.

VENDÔME.

Malheureux que je suis ! ta sévère rudesse
A cent fois de mes sens combattu la faiblesse :
Ne devais-tu te rendre à mes tristes souhaits
Que quand ma passion t'ordonnait des forfaits ?
Tu ne m'as obéi que pour perdre mon frère !

COUCY.

Lorsque j'ai refusé ce sanglant ministère,
Votre aveugle courroux n'allait-il pas soudain
Du soin de vous venger charger une autre main ?

VENDÔME.

L'amour, le seul amour, de mes sens toujours maître,
En m'ôtant ma raison, m'eût excusé peut-être :

Mais toi, dont la sagesse et les réflexions
Ont calmé dans ton sein toutes les passions,
Toi, dont j'avais tant craint l'esprit ferme et rigide,
Avec tranquillité permettre un parricide!

COUCY.

Eh bien! puisque la honte avec le repentir,
Par qui la vertu parle à qui peut la trahir,
D'un si juste remords ont pénétré votre ame;
Puisque, malgré l'excès de votre aveugle flamme,
Au prix de votre sang vous voudriez sauver
Ce sang dont vos fureurs ont voulu vous priver;
Je peux donc m'expliquer, je peux donc vous apprendre
Que de vous-même enfin Coucy sait vous défendre.
Connaissez-moi, madame, et calmez vos douleurs.

(au duc.)   (à Adélaïde.)

Vous, gardez vos remords; et vous, séchez vos pleurs.
Que ce jour à tous trois soit un jour salutaire.
Venez, paraissez, prince, embrassez votre frère.

(Le théâtre s'ouvre, Nemours paraît.)

SCÈNE VI.

VENDOME, ADÉLAÏDE, NEMOURS, COUCY.

ADÉLAÏDE.

Nemours!

VENDÔME.

    Mon frère!

ADÉLAÏDE.

Ah ciel!

VENDÔME.

Qui l'aurait pu penser?

NEMOURS, *s'avançant du fond du théâtre.*
J'ose encor te revoir, te plaindre, et t'embrasser.

VENDÔME.
Mon crime en est plus grand, puisque ton cœur l'oublie.

ADÉLAÏDE.
Coucy, digne héros, qui me donnez la vie [24] !

VENDÔME.
Il la donne à tous trois.

COUCY.
   Un indigne assassin
Sur Nemours à mes yeux avait levé la main ;
J'ai frappé le barbare ; et, prévenant encore
Les aveugles fureurs du feu qui vous dévore,
J'ai fait donner soudain le signal odieux,
Sûr que le repentir vous ouvrirait les yeux.

VENDÔME.
Après ce grand exemple et ce service insigne,
Le prix que je t'en dois, c'est de m'en rendre digne.
Le fardeau de mon crime est trop pesant pour moi ;
Mes yeux, couverts d'un voile et baissés devant toi,
Craignent de rencontrer, et les regards d'un frère,
Et la beauté fatale, à tous les deux trop chère.

NEMOURS.
Tous deux auprès du roi nous voulions te servir.
Quel est donc ton dessein ? parle.

VENDÔME.
     De me punir,
De nous rendre à tous trois une égale justice,
D'expier devant vous, par le plus grand supplice,
Le plus grand des forfaits, où la fatalité,

L'amour, et le courroux, m'avaient précipité.
J'aimais Adélaïde, et ma flamme cruelle,
Dans mon cœur désolé, s'irrite encor pour elle.
Coucy sait à quel point j'adorais ses appas,
Quand ma jalouse rage ordonnait ton trépas;
Dévoré, malgré moi, du feu qui me possède,
Je l'adore encor plus... et mon amour la cède.
Je m'arrache le cœur, je la mets dans tes bras;
Aimez-vous : mais au moins ne me haïssez pas.

NEMOURS, à ses pieds.

Moi vous haïr jamais! Vendôme, mon cher frère!
J'osai vous outrager... vous me servez de père.

ADÉLAÏDE.

Oui, seigneur, avec lui j'embrasse vos genoux;
La plus tendre amitié va me rejoindre à vous.
Vous me payez trop bien de ma douleur soufferte.

VENDÔME.

Ah! c'est trop me montrer mes malheurs et ma perte!
Mais vous m'apprenez tous à suivre la vertu.
Ce n'est point à demi que mon cœur est rendu.
    (à Nemours.)
Trop fortunés époux, oui, mon ame attendrie
Imite votre exemple, et chérit sa patrie.
Allez apprendre au roi, pour qui vous combattez,
Mon crime, mes remords, et vos félicités.
Allez; ainsi que vous, je vais le reconnaître.
Sur nos remparts soumis amenez votre maître;
Il est déjà le mien : nous allons à ses pieds
Abaisser sans regret nos fronts humiliés.

J'égalerai pour lui votre intrépide zèle ;
Bon Français, meilleur frère, ami, sujet fidèle ;
Es-tu content, Coucy ?

COUCY.

J'ai le prix de mes soins,
Et du sang des Bourbons je n'attendais pas moins.

FIN D'ADÉLAÏDE DU GUESCLIN.

NOTES ET VARIANTES*

DE LA TRAGÉDIE D'*ADÉLAÏDE DU GUESCLIN*.

---

¹ Dans l'édition de 1766, la scène commençait par ces vers :
>Enfin c'est trop attendre, enfin je dois connaître,
>Dans les derniers moments qui me restent peut-être,
>Si, volant au combat, j'y dois porter un cœur
>Accablé d'infortune, ou fier de son bonheur.

² Imitation de ces vers de *Cinna* (acte I, scène 4) :
>Si le ciel me réserve un destin rigoureux,
>Je mourrai tout ensemble heureux et malheureux :
>Heureux pour vous servir d'avoir perdu la vie,
>Malheureux de mourir sans vous avoir servie.

³ Édition de 1766 :
>Dans le feu du combat je vous ai peu servi.

⁴ On lit dans la *Henriade*, chant III, vers 222 :
>Mon bras n'est encor teint que du sang des Français. B.

⁵ C'est la réponse du chevalier Bayard mourant, au connétable de Bourbon.

⁶ Édition de 1766 :
>Ne corromps point ainsi la joie et les douceurs.

⁷ Édition de 1766 :
>Oui, j'aime Adélaïde, et, pour son alliance,
>Il semblait que ma flamme attendit ta présence.
>   NEMOURS, à part.
>Qu'entends-je !... il est donc vrai....
>   VENDÔME, à un officier.
>   Qu'on la fasse avertir;

---

* Les variantes considérables, d'après le manuscrit de 1734, sont imprimées à part, à la suite de ces notes et variantes.   B.

Mon frère est avec moi, qu'elle daigne venir.
(à Nemours.)
Ne blâme point, etc.

8 VENDÔME.
Vous qui me tenez lieu de rois et de patrie,
Vous dont les jours...
ADÉLAÏDE.
Je sais que je vous dois la vie.

9 Édition de 1766 :
Avant que de ses jours heureux libérateur.

10 Édition de 1766 :
Le Bourguignon, l'Anglais, dans leur triste alliance,
Ont creusé par nos mains les tombeaux de la France ;
Votre sort est douteux, vos jours sont prodigués
Pour vos vrais ennemis qui nous ont subjugués.
Songez qu'il a fallu trois cents ans de constance
Pour saper par degrés cette vaste puissance ;
Le dauphin vous offrait une honorable paix.
VENDÔME.
Non, de ses favoris je ne l'aurai jamais ;
Ami, je hais l'Anglais, mais je hais davantage
Ces lâches conseillers dont la faveur m'outrage :
Ce fils de Charles six, cette odieuse cour,
Ce ministre insolent, m'ont aigri sans retour ;
De leurs sanglants affronts mon ame est trop frappée ;
Contre Charle, en un mot, quand j'ai tiré l'épée,
Ce n'est pas, cher Coucy, pour la mettre à ses pieds,
Pour baisser dans sa cour nos fronts humiliés,
Pour servir lâchement un ministre arbitraire.
COUCY.
Non, c'est pour obtenir une paix nécessaire.
Gardez d'être réduit au hasard dangereux.

Voyez sur ce dernier vers, tome II, pages 3 et 4.

11 Dans l'édition de 1766 il y avait de plus les quatre vers que voici, et dont les deux derniers ont été reportés dans la scène suivante :

Mais bientôt abusant de ma reconnaissance,
Et de ses vœux hardis écoutant l'espérance,
Il regarda mes jours, ma liberté, ma foi,
Comme un bien de conquête, et qui n'est plus à moi. B.

12 Enflé de sa victoire et teint de votre sang,
  Il m'ose offrir la main qui vous perça le flanc.

13 Édition de 1766 :

  Vous avez refusé, vous condamnez, cruelle,
  L'hommage d'un Français aux Anglais trop fidèle.
  Eh bien! il faut céder : votre maître est le mien.

14 Il y a dans la *Sophonisbe* de Corneille (acte IV, scène 2) :

  Je lui cède avec joie un poison qu'il me vole.

15 Mais je mériterais la haine et le mépris
  Du héros dont mon cœur en secret est épris,
  Si jamais d'un coup d'œil l'indigne complaisance
  Avait à votre amour laissé quelque espérance.
  Vous pensez que ma foi, ma liberté, mes jours,
  Vous étaient asservis pour prix de vos secours.
  Je vous devais beaucoup.

16 « Quidquid delirant reges plectuntur Achivi. »
  Hor., liv. I, ép. 2, v. 14.

17 Ce vers n'est point dans l'édition de 1766 ; je le donne tel qu'il est dans les éditions de 1768, 1775, et dans toutes celles qui ont paru depuis. Feu Decroix proposait de mettre :

  . . . . des mains de ce barbare.   B.

18 Cette scène de huit vers n'est pas dans l'édition de 1766. B.

19 Édition de 1766 :

  L'amitié des Anglais est toujours incertaine ;
  Les étendards de France ont paru dans la plaine ;
  Et vous êtes perdu, etc.

20 Variante de l'édition de 1766 :

  Contre Nemours ? Ah ciel !
                    VENDÔME.
                          Nemours est-il mon frère ?
  Il me livre à son maître, il m'a seul opprimé,
  Il soulève mon peuple ; enfin il est aimé :
  Contre moi dans ce jour il commet tous les crimes.
  Partage mes fureurs, elles sont légitimes ;
  Toi seul, après ma mort, en cueilleras le fruit.
  Le chef de ces Anglais, dans la ville introduit,
  Demande au nom des siens la tête du parjure...

21 COUCY.
Il a payé bien cher ce fatal sacrifice.
VENDÔME.
Le mien coûtera plus ; mais je veux ce service :
Oui, je le veux ; ma mort à l'instant le suivra ;
Mais du moins avant moi mon rival périra.
COUCY, après un long silence.
J'obéirai, seigneur : soit crime, soit justice, etc.

22 Édition de 1766 :

Je me rends, non à vous, non à votre fureur,
Mais à d'autres raisons qui parlent à mon cœur.

23 Ces vers rappellent ceux de *Phèdre* (acte IV, scène 6) :

Hélas! ils se voyaient avec pleine licence ;
Le ciel de leurs soupirs approuvait l'innocence ;
Ils suivaient sans remords leur penchant amoureux :
Tous les jours se levaient clairs et sereins pour eux.

24 Édition de 1766 :

. . . . qui me rendez la vie.

VARIANTES

D'ADÉLAÏDE DU GUESCLIN,

D'APRÈS LE MANUSCRIT DE 1734.

ACTE PREMIER.

SCÈNE I.

....
L'ame d'un vrai soldat, digne de vous peut-être.

ADÉLAÏDE.

Vous pouvez tout : parlez.

COUCY.

J'ai, dans les champs de Mars,
De Vendôme en tout temps suivi les étendards;
Pour lui seul au dauphin j'ai déclaré la guerre.
C'est Vendôme que j'aime, et non pas l'Angleterre.
L'amitié fut mon guide, et l'honneur fut ma loi :
Et jusqu'à ce moment je n'eus pas d'autre roi.
Non qu'après tout, pour lui mon ame prévenue,
Prétende à ses défauts fermer ma faible vue;
Je ne m'aveugle pas..., etc.
....
Ni servir, ni traiter, ni changer qu'avec lui ;
Le temps réglera tout : mais, quoi qu'il en puisse être,
Prenez moins de souci sur l'intérêt d'un maître.
Nos bras, et non vos vœux, sont faits pour le régler,
Et d'un autre intérêt je cherche à vous parler.
J'aspirai jusqu'à vous... etc.

COUCY.

....
Ce bras qui fut à lui combattra pour tous deux.

Dans Cambrai votre amant, dans Lille ami fidèle,
Soldat de tous les deux, et plein du même zèle:
Je servirai sous lui, comme il faudra qu'un jour,
Quand je commanderai, l'on me serve à mon tour.
Voilà mes sentiments. Considérez, madame,
Le nom de cet amant, ses services, sa flamme;
J'ose lui souhaiter un cœur tel que le mien:
Oubliez mon amour, et répondez au sien.

ADÉLAÏDE.

. . . .
. . . .
Connaît l'amitié seule, et sait braver l'amour.
Pourrais-tu, Dieu puissant, qu'à mon secours j'appelle,
Laisser tant de vertu dans l'âme d'un rebelle!
Pardonnez-moi ce mot, il échappe à ma foi.
Puis-je autrement nommer les sujets de mon roi,
Quand, détruisant un trône affermi par leurs pères,
Ils ont livré la France à des mains étrangères?
C'est en vain que j'en parle; hélas! dans ces horreurs,
Ma voix, ma faible voix ne peut rien sur vos cœurs.
Mais puis-je au moins de vous obtenir une grace?...

SCÈNE IV.

VENDÔME.

. . . . Je vois
Que vous cachez des pleurs qui ne sont pas pour moi.

ADÉLAÏDE.

Non, ne doutez jamais de ma reconnaissance.

VENDÔME.

Et vous pouvez le dire avec indifférence!
Ingrate, attendiez-vous ce temps pour m'affliger?
Est-ce donc près de vous qu'est mon plus grand danger?
Ah Dieu!

COUCY.

Le temps nous presse.

VENDÔME.

Oui, j'aurais dû vous suivre.
J'ai honte de tarder, de l'aimer, et de vivre.
Allez, cruel objet dont je fus trop épris;
Dans vos yeux, malgré vous, je lis tous vos mépris.
Marchons, brave Coucy; la mort la plus cruelle,
A mon cœur malheureux est moins barbare qu'elle...

SCÈNE V.

ADÉLAÏDE.

Est-il bien vrai, Nemours serait-il dans l'armée ?
Vendôme, et toi, cher prince, objet de tous mes vœux,
Qui de nous trois, ô ciel ! est le plus malheureux ?

ACTE SECOND.

SCÈNE I.

VENDÔME.

.... teint du sang des Français.

COUCY.

Quant aux traits dont votre ame a senti la puissance,
Tous les conseils sont vains, agréez mon silence.
Quant à ce sang français que nos mains font couler,
A cet état, au trône, il faut vous en parler.
Je prévois que bientôt, etc.

SCÈNE II.

VENDÔME.

....
A cet indigne mot je m'oublierais peut-être.
Ne corromps point ici la joie et les douceurs
Que ce tendre moment doit verser dans nos cœurs.
Donnons, donnons, mon frère, à ces tristes provinces,
Aux enfants de nos rois, au reste de nos princes,
L'exemple auguste et saint de la réunion,
Comme ils nous l'ont donné de la division.
Dans ce jour malheureux, que l'amitié l'emporte...

SCÈNE V.

ADÉLAÏDE.

....
Par de justes respects je vous ai répondu.

Seigneur, si votre cœur, moins prévenu, moins tendre,
Moins plein de confiance, avait daigné m'entendre,
Vous auriez honoré de plus dignes beautés
Par des soins plus heureux et bien mieux mérités.
Votre amour vous trompa : votre fatale flamme
Vous promit aisément l'empire de mon ame ;
J'étais entre vos mains, et, sans me consulter,
Vous ne soupçonniez pas qu'on pût vous résister.
Mais puisqu'il faut enfin dévoiler ce mystère,
Puisque je dois répondre, et qu'il faut vous déplaire,
Réduite à m'expliquer, je vous dirai, seigneur,
Que l'amour de mes rois est gravé dans mon cœur.

....

ADÉLAÏDE.

....

Me la conserviez-vous pour la tyranniser ?

VENDÔME.

Quoi ! vous osez... Mais non... j'ai tort... je le confesse,
De mes emportements ne voyez point l'ivresse ;
Pardonnez un reproche où j'ai pu m'abaisser.
L'amour qui vous parlait doit-il vous offenser ?
Excuse mes fureurs, toi seule en es la cause.
Ce que j'ai fait pour toi sans doute est peu de chose :
Non, tu ne me dois rien ; dans tes fers arrêté,
J'attends tout de toi seule, et n'ai rien mérité.
Te servir, t'adorer, est ma grandeur suprême ;
C'est moi qui te dois tout, puisque c'est moi qui t'aime.
Tyran que j'idolâtre, à qui je suis soumis,
Ennemi plus cruel que tous mes ennemis,
Au nom de tes attraits, de tes yeux dont la flamme
Sait calmer, sait troubler, pousse et retient mon ame,
Ne réduis point Vendôme au dernier désespoir ;
Crains d'étendre trop loin l'excès de ton pouvoir.
Tu tiens entre tes mains le destin de ma vie,
Mes sentiments, ma gloire, et mon ignominie ;
Toutes les passions sont en moi des fureurs ;
Et tu vois ma vengeance à travers mes douleurs.
Dans mes soumissions, crains-moi, crains ma colère ;
J'ai chéri la vertu, mais c'était pour te plaire :
Laisse-la dans mon cœur ; c'est assez qu'à jamais
Ta beauté dangereuse en ait chassé la paix.

ADÉLAÏDE.

Je plains votre tendresse, et je plains davantage
Les excès où s'emporte un si noble courage.
Votre amour est barbare, il est rempli d'horreurs;
Il ressemble à la haine, il s'exhale en fureurs :
Seigneur, il nous rendrait malheureux l'un et l'autre.
Abandonnez un cœur si peu fait pour le vôtre,
Qui gémit de vous plaire et de vous affliger.

VENDÔME.

Eh bien! c'en est donc fait?

ADÉLAÏDE.

Oui, je ne peux changer.
Calmez cette colère où votre ame est ouverte,
Respectez-vous assez pour dédaigner ma perte.
Pour vous, pour votre honneur encor plus que pour moi ;
Renvoyez-moi plutôt à la cour de mon roi;
Loin de ses ennemis souffrez qu'il me revoie.

VENDÔME.

Me punisse le ciel si je vous y renvoie!
Apprenez que ce roi, l'objet de mon courroux,
Je le hais d'autant plus qu'il est servi par vous.
Un rival insolent à sa cour vous rappelle!
Quel qu'il soit, frémissez, tremblez pour lui, cruelle...

SCÈNE VI.

VENDÔME.

Adélaïde! ingrate! ah! tant de fermeté,
Sa funeste douceur, sa tranquille fierté,
L'orgueil de ses vertus, redoublent mon injure.
Quel amant, quel héros, contre moi la rassure?
Par qui mon tendre amour est-il donc traversé?
Ce n'est point le dauphin, d'autres yeux l'ont blessé.
Ce n'est point Richemont, La Trimouille, La Hire ;
On sait de quels appas ils ont suivi l'empire:
C'est encor moins mon frère; et d'ailleurs, à ses yeux,
Le sort n'offrit jamais ses charmes odieux.
Que l'on cherche Coucy; je ne sais, mais peut-être,
Sous les traits d'un héros, mon ami n'est qu'un traître.
Mon cœur de noirs soupçons se sent empoisonner.
Quoi! toujours vers son prince elle veut retourner!
Quoi! dans le même instant, Coucy, plus infidèle,

Vient me parler de paix, et s'entend avec elle
L'aime-t-il? pourrait-il à ce point m'insulter?
Puisqu'il l'a vue, il l'aime; il n'en faut point douter.
Les conseils de Coucy, les vœux d'Adélaïde,
Leurs secrets entretiens, tout m'annonce... Ah! perfide!

SCÈNE VII.

COUCY.

.... Aimez-moi, prince, au lieu de me louer:
Et sur vos intérêts souffrez que je m'explique.
Vous m'avez soupçonné de trop de politique,
Quand j'ai dit que bientôt on verrait réunis
Les débris dispersés de l'empire des lis.

....

COUCY.

Mais qu'importent pour vous ses vœux et ses desseins?
Est-ce donc à l'amour à régler nos destins?
Ce bras victorieux met-il dans la balance
Le plaisir et la gloire, une femme et la France?
Verrai-je un si grand cœur à ce point s'avilir?
Le salut de l'état dépend-il d'un soupir?
Aimez, mais en héros qui possède son ame,
Qui gouverne à-la-fois sa maîtresse et sa flamme.

....

Et vous devez en tout l'exemple des vertus.

VENDÔME.

Ah! je n'en puis donner jamais que de faiblesse.
Mon cœur désespéré cherche et craint la sagesse;
Je la vois, je la fuis, j'aime en vain ses attraits,
Et j'embrasse en pleurant les erreurs que je hais.
Ma chaine est trop pesante, elle est affreuse et chère;
Si tu brisas la tienne, elle fut bien légère;
D'un feu peu violent ton cœur fut enflammé;
Non, tu n'as point vaincu, tu n'avais pas aimé.
De la pure amitié l'amour eût été maître.
Par moi, par mon supplice, apprends à le connaître;
Vois à quel désespoir il peut nous entraîner;
Sers-moi, plains-moi du moins, mais sans me condamner.
Malgré tous tes conseils, il faut qu'Adélaïde
Gouverne mes destins, ou m'égare, ou me guide.

ACTE TROISIÈME.

SCÈNE II.

ADÉLAÏDE.

. . . .
. . . .
Juste ciel! quel regard et quel accueil glacé!

NEMOURS.

Vous prenez trop de soin de mon destin funeste.
Que vous importe, ô dieux! ce déplorable reste
De ces jours conservés par le ciel en courroux,
De ces jours détestés qui ne sont plus à vous?

ADÉLAÏDE.

Qui ne sont plus pour moi! Nemours, pouvez-vous croire....

NEMOURS.

J'ai trop vécu pour vous, trop vécu pour ma gloire.
Mes yeux qui se fermaient se rouvrent-ils au jour
Pour voir trahir mon roi, la France, et mon amour?
Grand Dieu! qui m'as rendu ma chère Adélaïde,
Me la rends-tu sans foi, me la rends-tu perfide?
Instruite en l'art affreux des infidélités,
Après tant de serments...

ADÉLAÏDE.

Non, Nemours, arrêtez.
Je vous pardonne, hélas! cette fureur extrême,
Tout, jusqu'à vos soupçons; jugez si je vous aime!

NEMOURS.

. . . .
Et je suis son vainqueur, étant aimé de vous.
Mais qui peut enhardir sa superbe espérance?
Qui de ses vœux ardents nourrit la confiance?
Comment à cet hymen se peut-il préparer?
Qu'avez-vous répondu? qu'ose-t-il espérer?

ADÉLAÏDE.

Prince, j'ai renfermé dans le fond de mon ame
Le secret de ma vie et celui de ma flamme.
Tremblante, j'ai parlé de la constante foi
Que le sang de Guesclin doit garder à son roi.

VARIANTES

Mais, hélas! cette foi, plus tendre et plus sacrée,
Que je dois à vos feux, que je vous ai jurée,
Qui de tous mes devoirs est le plus précieux,
Voilà ce que je crains qui n'éclate à ses yeux.

SCÈNE III.
VENDÔME.

....
Et par un prompt aveu, qui m'eût guéri sans doute,
M'épargner les affronts que ma bonté me coûte.
Vous avez attendu que ce cœur désolé
Eût tout quitté pour vous, vous eût tout immolé.
Vous vouliez à loisir consommer mon outrage;
Jouir de mon opprobre et de mon esclavage;
Appesantir mes fers quand vous les dédaignez,
Et déchirer en paix un cœur où vous régnez.
Mes maux vous ont instruit du pouvoir de vos charmes;
Votre orgueil s'est nourri du tribut de mes larmes.
Je n'en suis point surpris; et ces séductions
Qui vont au fond des cœurs chercher nos passions,
Tous ces piéges secrets, tendus à nos faiblesses,
L'art de nous captiver, d'engager sans promesses,
Sont les armes d'un sexe aussi trompeur que vain.

ADÉLAÏDE.

....
Je vous en fais l'aveu; je m'y vois condamnée.
Mais je mériterais la haine et le mépris
Du héros dont mon cœur en secret est épris,
Si jamais d'un coup d'œil l'indigne complaisance
Avait à votre amour laissé quelque espérance.
Vous le savez, seigneur, et malgré ce courroux,
Votre estime est encor ce que j'attends de vous.
Trop tôt pour tous les trois, vous apprendrez peut-être
Quel héros de mon cœur en effet est le maître,
De quel feu vertueux nos cœurs sont embrasés,
Et vous m'en punirez alors, si vous l'osez.

SCÈNE IV.
VENDOME, NEMOURS.

VENDÔME.

Elle me fuit, l'ingrate! elle emporte ma vie:

O honte qui m'accable! ô ma bonté trahie!
Rappelez-la, mon frère, apaisez son courroux;
Je prétends lui parler, soyez juge entre nous.
Mes discours imprudents l'ont sans doute offensée;
Fléchissez-la pour moi.

NEMOURS.

Quelle est votre pensée?
Parlez, que voulez-vous?

VENDÔME.

Qui, moi! ce que je veux!
Je veux... je dois briser ce joug impérieux.
Je prétends qu'elle parte, et qu'une fuite prompte
Emporte mon amour, et m'arrache à ma honte.
Qu'elle étale à la cour ses charmes dangereux,
Qu'elle me laisse.

NEMOURS.

Eh bien! votre cœur généreux
Écoute son devoir, et cède à la justice:
Je lui vais annoncer ce juste sacrifice.
Sans doute que son cœur, sensible à vos bontés,
Se souviendra toujours...

VENDÔME.

Non, Nemours, arrêtez,
Je n'y puis consentir; Nemours, qu'elle demeure.
Je sens qu'en la perdant il faudrait que je meure.
Eh quoi! vous rougissez des contrariétés
Dont le flux orageux trouble mes volontés!
Vous en étonnez-vous? Je perds tout ce que j'aime.
Je me hais, je me crains, je me combats moi-même.
Mon frère, si l'amour a jamais eu vos soins,
Si vous avez aimé, vous m'excusez du moins.

NEMOURS.

Mon frère, de l'amour j'ai trop senti les charmes:
J'éprouvai, comme vous, ses cruelles alarmes:
J'ai combattu long-temps, j'ai cédé sous ses coups,
Et je me crois peut-être à plaindre autant que vous.

VENDÔME.

Vous, mon frère?

NEMOURS.

Après tout, puisqu'il est impossible
Que jamais à vos feux son cœur soit accessible,
Écoutez votre gloire et vos premiers desseins.
Raffermissez un trône ébranlé par vos mains;

THÉATRE. II.

Empêchez que l'Anglais n'opprime et ne partage
De nos rois, nos aïeux, le sanglant héritage;
Et que, par les Bourbons tout l'état soutenu...

VENDÔME.

Adélaïde, hélas! aurait tout obtenu.
Je cédais à l'ingrate une entière victoire.
Mon frère, vous m'aimez, du moins j'aime à le croire :
Vous avez, il est vrai, combattu contre moi;
Telle était, dites-vous, la volonté du roi.
Telle était sa fureur, et vous l'avez servie;
Je vous l'ai pardonné, pour jamais je l'oublie.
Dans ces lieux, s'il le faut, partagez mon pouvoir;
Mais si mon infortune a pu vous émouvoir,
Si vous plaignez ma peine, apprenez-moi, mon frère,
Quel est l'heureux amant qu'à Vendôme on préfère.
Ne connaîtrai-je point l'objet de mon courroux?
Porterai-je au hasard ma vengeance et mes coups?
Ne soupçonnez-vous point à qui je dois ma rage?
Vous connaissez la cour, ses mœurs, et son langage;
Vous savez que sur nous, sur nos secrets amours,
Des oisifs courtisans les yeux veillent toujours.
Qui nomme-t-on? du moins, qui pense-t-on qu'elle aime?

NEMOURS.

Eh! de quels nouveaux traits vous percez-vous vous-même!
De quelque heureux objet dont son cœur soit charmé,
Ne vous suffit-il pas qu'un autre en soit aimé?

VENDÔME.

Quel plaisir vous sentez, cruel, à me le dire!
Je ne suis point aimé! quoi! lâche, je soupire!
Mais, encore une fois, qui puis-je soupçonner?
Aidez ma jalousie à se déterminer.
Je ne suis point aimé! Malheur à qui peut l'être!
Malheur à l'ennemi que je pourrai connaître!
J'ai soupçonné Coucy : sa fausse probité
Peut-être se jouait de ma crédulité.
A tout ce que je dis vous détournez la vue;
L'ingrate, je le sais, vous était inconnue;
Vous n'avez vu qu'ici ses funestes appas,
Et ma tendre amitié ne vous soupçonne pas.
Peut-être qu'elle aura, pour combler mon injure,
Choisi mon ennemi dans une foule obscure.
Dans son abaissement elle a mis son honneur;

Sa fierté s'applaudit de braver ma grandeur,
Et de sacrifier au rang le plus vulgaire
Tout l'orgueil de mon rang, oublié pour lui plaire.

NEMOURS.

Pourquoi d'un choix indigne osez-vous l'accuser?

VENDÔME.

Ah! pourquoi dans mon cœur osez-vous l'excuser?
Quoi! toujours de vos mains déchirer ma blessure!
Allez, je vous croirais l'auteur de mon injure,
Si... Mais est-il bien vrai, n'aviez-vous vu jamais
Cet objet dangereux que j'aime et que je hais?
Est-il vrai?... Pardonnez ma jalouse furie. —

NEMOURS.

Au nom de la nature et du sang qui nous lie,
Mon frère, permettez que, dès ce même jour,
Pour vous unir au roi, je revole à la cour :
Ces soins détourneront le soin qui vous dévore.

VENDÔME.

Non, périsse plutôt cette cour que j'abhorre!
Périsse l'univers dont mon cœur est jaloux!

NEMOURS.

Eh bien! où courez-vous, mon frère?

VENDÔME.

Loin de vous,
Loin de tous les témoins des affronts que j'endure.
Laissez-moi me cacher à toute la nature;
Laissez-moi...

SCÈNE V.

NEMOURS.

Que veut-il? quel serait son dessein?
Ses yeux fermés sur nous s'ouvriraient-ils enfin?
Allons, n'attendons pas que son inquiétude
De ses premiers soupçons passe à la certitude :
Arrachons ce que j'aime à ses transports affreux,
Dussions-nous pour jamais nous en priver tous deux.
Guerre civile, amour, attentats nécessaires,
Hélas! à quel état réduisez-vous deux frères!

ACTE QUATRIÈME.

SCÈNE I.

ADÉLAÏDE, TAÏSE.

ADÉLAÏDE.

Eh bien ! c'en est donc fait, ma fuite est assurée ?
TAÏSE.

Votre heureuse retraite est déjà préparée.
ADÉLAÏDE.

Déjà quitter Nemours !
TAÏSE.

Vous partez cette nuit.
ADÉLAÏDE.

Ma gloire me l'ordonne, et l'amour me conduit.
Je fuis d'un furieux l'empressement farouche ;
Moi-même je me fuis, je tremble que ma bouche,
Mon silence, mes yeux ne vinssent à trahir
Un secret que mon cœur ne peut plus contenir.
Alors je reverrai le parti le plus juste,
J'implorerai l'appui de ce monarque auguste,
D'un roi qui, comme moi par le sort combattu,
Dans les calamités épura sa vertu.
Enfin Nemours le veut, ce mot seul doit suffire :
Ma faible volonté fléchit sous son empire ;
Il le veut. Ah ! Taïse... ah ! trop fatal amour !
Combien de changements, que de maux en un jour !
Mon amant expirait, et quand la destinée
Conserve cette vie à la mienne enchaînée,
Quand mon cœur loin de moi vole pour le chercher,
Quand je le vois, lui parle, il faut m'en arracher.

SCÈNE II.

NEMOURS, ADÉLAÏDE, DANGESTE.

NEMOURS.

Oui, je viens vous presser de combler ma misère,
D'accabler votre amant d'un malheur nécessaire,

De me priver de vous; au nom de nos liens,
Au nom de tant d'amour, de vos pleurs, et des miens,
Partez, Adélaïde.

ADÉLAÏDE.

Il faut que je vous quitte?

NEMOURS.

Il le faut.

ADÉLAÏDE.

Ah! Nemours...

NEMOURS.

De cette heureuse fuite,
Dans l'ombre de la nuit, cet ami prendra soin;
Ceux qu'il a su gagner vous conduiront plus loin.
* De la Flandre à sa voix on doit ouvrir la porte;
* Du roi sous les remparts il trouvera l'escorte;
* Le temps presse, évitez un ennemi jaloux.

ADÉLAÏDE.

* Je vois qu'il faut partir... mais si tôt... et sans vous!

NEMOURS.

* Prisonnier sur ma foi, dans l'horreur qui me presse
* Je suis plus enchaîné par ma seule promesse
* Que si de cet état les tyrans inhumains
* Des fers les plus pesants avaient chargé mes mains.
* Au pouvoir de mon frère ici l'honneur me livre.
* Je peux mourir pour vous, mais je ne peux vous suivre;
Et j'ai du moins la gloire, en des malheurs si grands,
De sauver vos vertus des mains de vos tyrans.
Allez; le juste ciel, qui pour nous se déclare,
Prêt à nous réunir, un moment nous sépare.
Demain le roi s'avance et vient venger mes fers.
Aux étendards des lis ces murs seront ouverts;
Pour lui des citoyens la moitié s'intéresse;
Leurs bras seconderont sa fidèle noblesse.
Hélas! si vous m'aimez, dérobez-vous aux traits
De la foudre qui gronde autour de ce palais,
* Au tumulte, au carnage, au désordre effroyable,
* Dans des murs pris d'assaut malheur inévitable;
Mais craignez encor plus les fureurs d'un jaloux,
Dont les yeux alarmés semblent veiller sur nous.
Vendôme est violent, non moins que magnanime,
Instruit à la vertu, mais capable du crime:
Prévenez sa vengeance, éloignez-vous, partez.

VARIANTES

ADÉLAÏDE.

Vous restez exposé seul à ses cruautés.

NEMOURS.

* Ne craignant rien pour vous, je craindrai peu mon frère.
Que dis-je ? mon appui lui devient nécessaire ;
Son captif aujourd'hui, demain son protecteur,
Je saurai de mon roi lui rendre la faveur ;
Et fidèle à-la-fois aux lois de la nature,
Fidèle à vos bontés, à cette ardeur si pure,
A ces sacrés liens qui m'attachent à vous,
J'attendrai mon bonheur de mon frère et de vous.

ADÉLAÏDE.

Je vous crois, j'y consens, j'accepte un tel augure.
Favorisez, ô ciel, une flamme si pure !
Je ne m'en défends plus : mes pas vous sont soumis.
Je l'ai voulu, je pars... cependant je frémis :
* Je ne sais, mais enfin, la fortune jalouse
* M'a toujours envié le nom de votre épouse.

NEMOURS.

Ah ! que m'avez-vous dit ? vous doutez de ma foi !
Ne suis-je plus à vous ? n'êtes-vous plus à moi ?
Toutes nos factions et tous les rois ensemble
Pourraient-ils affaiblir le nœud qui nous rassemble ?
Non : je suis votre époux. La pompe des autels,
* Ces voiles, ces flambeaux, ces témoins solennels,
* Inutiles garants d'une foi si sacrée,
* La rendront plus connue, et non plus assurée.
* Vous, mânes des Bourbons, princes, rois mes aïeux,
* Du séjour des héros tournez ici les yeux !
* J'ajoute à votre gloire en la prenant pour femme.
* Confirmez mes serments, ma tendresse, et ma flamme ;
* Adoptez-la pour fille ; et puisse son époux
* Se montrer à jamais digne d'elle et de vous !

ADÉLAÏDE.

Tous mes vœux sont comblés ; mes sincères tendresses
Sont loin de soupçonner la foi de vos promesses ;
Je n'ai craint que le sort qui va nous séparer.
Mais je ne le crains plus, j'ose tout espérer ;
* Rempli de vos bontés, mon cœur n'a plus d'alarmes.
* Cher amant, cher époux...

NEMOURS.

Quoi ! vous versez des larmes ;
C'est trop tarder, adieu. Ciel ! quel tumulte affreux !

SCÈNE III.

VENDOME, gardes, ADÉLAÏDE, NEMOURS.

VENDÔME.

Je l'entends, c'est lui-même... arrête, malheureux!
Lâche qui me trahis, lâche rival, arrête!

NEMOURS.

Ton frère est sans défense, il t'offre ici sa tête.
Frappe.

ADÉLAÏDE.

C'est votre frère... ah, prince! pouvez-vous...

VENDÔME.

Perfide! il vous sied bien de fléchir mon courroux...
Vous-même, frémissez... Soldats, qu'on le saisisse!

NEMOURS.

Va, tu peux te venger au gré de ton caprice;
Ordonne, tu peux tout, hors m'inspirer l'effroi.
Mais apprends tous nos maux : écoute, et connais-moi.
Oui, je suis ton rival; et depuis deux années
Le plus secret amour unit nos destinées.
C'est toi, dont les fureurs ont voulu m'arracher
Le seul bien sur la terre où j'ai pu m'attacher.
Tu fais depuis trois mois les horreurs de ma vie
Les maux que j'éprouvais passaient ta jalousie.
Juge de mes transports par tes égarements;
J'ai voulu dérober à tes emportements,
A l'amour effréné dont tu l'as poursuivie,
Celle qui te déteste et que tu m'as ravie.
C'est pour te l'arracher que je t'ai combattu;
J'ai fait taire le sang, peut-être la vertu;
Malheureux, aveuglé, jaloux, comme toi-même,
J'ai tout fait, tout tenté, pour t'ôter ce que j'aime.
Je ne te dirai point que, sans ce même amour,
J'aurais pour te servir voulu perdre le jour;
Que si tu succombais à tes destins contraires,
Tu trouverais en moi le plus tendre des frères;
Que Nemours, qui t'aimait, aurait quitté pour toi
Tout dans le monde entier, tout, hors elle et mon roi.
Je ne veux point en lâche apaiser ta vengeance,
Je suis ton ennemi, je suis en ta puissance,
L'amour fut dans mon cœur plus fort que l'amitié,
Sois cruel comme moi, punis-moi sans pitié.

* Aussi bien, tu ne peux t'assurer ta conquête,
Tu ne peux l'épouser qu'aux dépens de ma tête.
* A la face des cieux je lui donne ma foi;
* Je te fais de nos vœux le témoin, malgré toi.
* Frappe, et qu'après ce coup, ta cruauté jalouse
* Traîne aux pieds des autels ta sœur et mon épouse.
* Frappe, dis-je : oses-tu ?

VENDÔME.

Traître !... c'en est assez :
a Qu'on me l'ôte des yeux ; soldats, obéissez.

ADÉLAÏDE.

* Non, demeurez, cruels ! Ah ! prince, est-il possible
* Que la nature en vous trouve une ame inflexible?
(à Vendôme.)
Nemours... Frère inhumain, pouvez-vous oublier...

NEMOURS, à Adélaïde.

Vous êtes mon épouse, et daignez le prier !
(à Vendôme.)
* Va, je suis dans ces lieux plus puissant que toi-même ;
* Je suis vengé de toi : l'on te hait, et l'on m'aime.

ADÉLAÏDE.

(à Nemours.)   (à Vendôme.)
* Ah! cher prince !... Ah! seigneur! voyez à vos genoux...

VENDÔME.

(aux gardes.)   (à Adélaïde.)
* Qu'on m'en réponde, allez. Madame, levez-vous;
Je suis assez instruit du soin qui vous engage,
Je n'en demande point un nouveau témoignage.
Vos pleurs auprès de moi sont d'un puissant secours;
Allez, rentrez, madame.

ADÉLAÏDE.

O ciel, sauvez Nemours!

SCÈNE IV.

VENDÔME.

Sur qui faut-il d'abord que ma vengeance éclate?
Que je te vais punir !... Adélaïde !... ingrate,
Qui joins la haine au crime, et la fourbe aux rigueurs.
Eh quoi ! je te déteste, et verse encor des pleurs !
Quoi ! même en m'irritant tu m'attendris encore,
Tu déchires mon ame, et ma fureur t'adore !
Frère indigne du jour, tu m'as seul outragé,

Et mon bras dans ton sang n'est point encor plongé!
....
Ainsi donc ma bonté, ma flamme était trahie.
Par qui? par des ingrats dont j'ai sauvé la vie!
Par un frère! ah, perfide! ah, déplaisir mortel!
Qui des deux dans mon cœur est le plus criminel?
....
Qu'il meure; vengeons-nous: c'est lui, c'est le perfide,
Dont les mains m'ont frayé la route au parricide.
Et toi, le prix du crime, et que j'aimais en vain,
Je cours te retrouver, mais sa tête à la main.

SCÈNE V.

VENDOME, COUCY.

COUCY.

Que votre vertu, prince, ici se renouvelle:
Recevez de ma bouche une triste nouvelle:
Apprenez...

VENDÔME.

Je sais tout: je sais qu'on me trahit.
Nemours, l'ingrat, le traître!

COUCY.

Eh quoi! qui vous a dit?...

VENDÔME.

Avec quel artifice, avec quelle bassesse,
Ils ont trompé tous deux ma crédule tendresse!
Cruelle Adélaïde!

COUCY.

Ah! qu'entends-je à mon tour?
Je vous parle de guerre, et vous parlez d'amour?
Votre sort se décide, et vous brûlez encore?
Le roi sous ces remparts arrive avec l'aurore;
La force et l'artifice ont uni leurs efforts;
Le trouble est au-dedans, le péril au-dehors.
Je vois des citoyens la constance ébranlée;
Leur ame vers le roi semble être rappelée;
Soit qu'enfin le malheur et le nom de ce roi
Dans leurs cœurs fatigués retrouve un peu de foi,
Soit que plutôt Nemours, en faveur de son maître,
Ait préparé ce feu qui commence à paraître.

VARIANTES

VENDÔME.

Nemours! de tous côtés le perfide me nuit.
Partout il m'a trompé, partout il me poursuit.
Mon frère!

COUCY.

Il n'a rien fait que votre heureuse audace
N'eût tenté dans la guerre, et n'eût fait à sa place.
Mais, quoi qu'il ait osé, quels que soient ses desseins,
Songez à vous, seigneur, et faites vos destins.
Vous pouvez conjurer ou braver la tempête;
Quoi que vous ordonniez, ma main est toute prête.
Commandez : voulez-vous, par un secret traité,
Apaiser avec gloire un monarque irrité?
Je me rends dans son camp, je lui parle, et j'espère
Signer en votre nom cette paix salutaire.
Voulez-vous sur ces murs attendre son courroux?
Je revole à la brèche, et j'y meurs près de vous.
Prononcez; mais surtout, songez que le temps presse.

VENDÔME.

Oui, je me fie à vous, et j'ai votre promesse
Que vous immolerez à mon amour trahi
Le rival insolent pour qui j'étais haï.
Allez venger ma flamme, allez servir ma haine.
Le lâche est découvert, on l'arrête, on l'entraîne;
Je le mets dans vos mains, et vous m'en répondez.
Conduisez-le à la tour où vous seul commandez;
Là, sans perdre de temps, qu'on frappe ma victime,
Dans son indigne sang lavez son double crime.
On l'aime, il est coupable, il faut qu'il meure; et moi,
Je vais chercher la mort, ou la donner au roi.

COUCY.

L'arrêt est-il porté?... Ferme en votre colère,
Voulez-vous en effet la mort de votre frère?

VENDÔME.

Si je la veux, grand Dieu! s'il la sut mériter!
Si ma vengeance est juste! en pouvez-vous douter?

COUCY.

Et vous me chargez, moi, du soin de son supplice!

VENDÔME.

Oui, j'attendais de vous une prompte justice;
Mais je n'en veux plus rien, puisque vous hésitez :
Vos froideurs sont un crime à mes vœux irrités.

J'attendais plus de zèle et veux moins de prudence;
Et qui doit me venger, me trahit s'il balance.
* Je suis bien malheureux, bien digne de pitié!
* Trahi dans mon amour, trahi dans l'amitié!
* Ah! trop heureux dauphin, que je te porte envie!
* Ton amitié du moins n'a pas été trahie;
* Et Tanguy Du Châtel, quand tu fus offensé,
* T'a servi sans scrupule, et n'a pas balancé.
* Allez, Vendôme encor, dans le sort qui le presse,
* Trouvera des amis qui tiendront leur promesse;
* D'autres me vengeront, et n'allégueront pas
* Une fausse vertu, l'excuse des ingrats.

COUCY.

Non, prince, je me rends, et, soit crime ou justice,
* Vous ne vous plaindrez pas que Coucy vous trahisse.
* Je ne souffrirai pas que d'un autre que moi,
* Dans de pareils moments, vous éprouviez la foi;
* Et vous reconnaîtrez, au succès de mon zèle,
* Si Coucy vous aimait, et s'il vous fut fidèle.

VENDÔME.

Ah! je vous reconnais: vengez-moi, vengez-vous.
Perdez un ennemi qui nous trahissait tous.
* Qu'à l'instant de sa mort, à mon impatience,
* Le canon des remparts annonce ma vengeance.
Courez: j'irai moi-même annoncer son trépas
A l'odieux objet dont j'aimai les appas.
Volez: que vois-je? arrête. Hélas! c'est elle encore.

SCÈNE VI.

VENDOME, COUCY, ADÉLAÏDE.

ADÉLAÏDE.

Écoutez-moi, Coucy; c'est vous seul que j'implore.

VENDÔME, à Coucy.

Non, fuis, ne l'entends pas, ou tu vas me trahir;
Fuis... mais attends mon ordre avant de me servir.

ADÉLAÏDE, à Coucy.

Quel est cet ordre affreux? cruel! qu'allez-vous faire?

COUCY.

Croyez-moi, c'est à vous de fléchir sa colère;
Vous pouvez tout.

SCÈNE VII.

VENDOME, ADÉLAÏDE.

ADÉLAÏDE.

Cruel! pardonnez à l'effroi
Qui me ramène à vous, qui parle malgré moi.
Je n'en suis pas maîtresse : éplorée et confuse,
Ce n'est pas que d'un crime, hélas! je vous accuse :
Non, vous ne serez point, seigneur, assez cruel
Pour tremper votre main dans le sang fraternel.
Je le crains cependant : vous voyez mes alarmes ;
Ayez pitié d'un frère, et regardez mes larmes.
Vous baissez devant moi ce visage interdit!
Ah ciel! sur votre front son trépas est écrit!
Auriez-vous résolu ce meurtre abominable?

VENDÔME.

Oui, tout est préparé pour la mort du coupable.

ADÉLAÏDE.

Quoi! sa mort!

VENDÔME.

Vous pouvez disposer de ses jours :
Sauvez-le, sauvez-moi...

ADÉLAÏDE.

Je sauverais Nemours!
Ah! parlez, j'obéis : parlez, que faut-il faire?

VENDÔME.

Je ne puis vous haïr, et, malgré ma colère,
Je sens que vous régnez dans ce cœur ulcéré,
Par vous toujours vaincu, toujours désespéré.
Je brûle encor pour vous, cruelle que vous êtes.
Écoutez : mes fureurs vont être satisfaites,
Et votre ordre à l'instant suspend le coup mortel.
* Voilà ma main : venez, sa grace est à l'autel.

ADÉLAÏDE.

Moi, seigneur!

VENDÔME.

Il mourra.

ADÉLAÏDE.

Moi, que je le trahisse!
* Arrêtez...

VENDÔME.

Répondez.

ADÉLAÏDE.
Je ne puis.
VENDÔME.
Qu'il périsse!
ADÉLAÏDE.
Arrêtez... Je consens...
VENDÔME.
Un mot fait nos destins ;
Achevez.
ADÉLAÏDE.
Je consens... de périr par vos mains.
Rien ne vous lie à moi, je vous suis étrangère ;
Baignez-vous dans mon sang, mais sauvez votre frère ;
Ce frère en son enfance avec vous élevé,
Qu'au péril de vos jours vous eussiez conservé,
Que vous aimiez, hélas! qui sans doute vous aime.
Que dis-je? en ce moment n'en croyez que vous-même :
Rentrez dans votre cœur, examinez les traits
Que la main du devoir y grava pour jamais.
Regardez-y Nemours... voyez s'il est possible
Qu'on garde à ce héros un courroux inflexible,
Si l'on peut le haïr...
VENDÔME.
Ah! c'est trop me braver :
Et c'est trop me forcer moi-même à m'en priver.
Votre amour le condamne, et ce dernier outrage
A redoublé son crime, et ma honte, et ma rage.
Je vais...
ADÉLAÏDE.
Au nom du Dieu que nous adorons tous,
Seigneur, écoutez-moi...

SCÈNE VIII.

VENDOME, ADÉLAÏDE, UN OFFICIER.

L'OFFICIER.
Seigneur, songez à vous.
De lâches citoyens une foule ennemie,
Par vos périls nouveaux contre vous enhardie,
Lève enfin dans ces murs un front séditieux.
La trahison éclate, elle marche en ces lieux ;
Ils s'assemblent en foule, ils veulent reconnaître
Et Nemours pour leur chef, et Charles pour leur maître.

Au pied de la tour même ils demandent Nemours,
####### VENDÔME.
Il leur sera rendu, c'en est fait; et j'y cours.
Il vous faut donc, cruelle, immoler vos victimes,
Et je vais commencer votre ouvrage et mes crimes.

SCÈNE IX.
ADÉLAÏDE, TAÏSE.
####### ADÉLAÏDE.
Ah, barbare! ah, tyran! que faire, où recourir?
Quel secours implorer? Nemours, tu vas périr!
On me retient : on craint la douleur qui m'enflamme.
####### (aux soldats.)
Cruels, si la pitié peut entrer dans votre ame,
Allez chercher Coucy, courez sans différer;
Allez, que je lui parle avant que d'expirer.
####### TAÏSE.
Hélas! et de Coucy que pouvez-vous attendre?
####### ADÉLAÏDE.
Puisqu'il a vu Nemours, il le saura défendre.
Je sais quel est Coucy, son cœur est vertueux,
Le crime s'épouvante, et fuit devant ses yeux;
Il ne permettra pas cette horrible injustice.
####### TAÏSE.
Eh! qui sait si lui-même il n'en est point complice?
Vous voyez qu'à Vendôme il veut tout immoler;
Sa froide politique a craint de vous parler.
Il soupira pour vous, et sa flamme outragée
Par les crimes d'un autre aime à se voir vengée.
####### ADÉLAÏDE.
Quoi! de tous les côtés on me perce le cœur!
Quoi! chez tous les humains l'amour devient fureur!
Cher Nemours, cher amant, ma bouche trop fidèle
Vient donc de prononcer ta sentence mortelle!
####### (aux gardes.)
Eh bien! souffrez du moins que ma timide voix
S'adresse à votre maître une seconde fois,
Que je lui parle.
####### TAÏSE.
Eh quoi! votre main se prépare
A s'unir aux autels à la main d'un barbare?
Pourriez-vous?...

ADÉLAÏDE.
Je peux tout dans cet affreux moment,
Et je saurai sauver ma gloire et mon amant.

ACTE CINQUIÈME.

SCÈNE I.
VENDOME, SUITE.

VENDÔME.
Eh bien! leur troupe indigne est-elle terrassée?
UN OFFICIER.
* Seigneur, ils vous ont vu; leur foule est dispersée.
VENDÔME.
* Ce soldat qu'en secret vous m'avez amené,
* Va-t-il exécuter l'ordre que j'ai donné?
L'OFFICIER.
Vers la tour, à grands pas, vous voyez qu'il s'avance.
VENDÔME.
* Je vais donc à la fin jouir de ma vengeance!
* Allez, qu'on se prépare à des périls nouveaux;
Que sur nos murs sanglants on porte nos drapeaux.
Hâtez-vous, déployez l'appareil de la guerre;
Qu'on allume ces feux renfermés sous la terre;
Que l'on vole à la brèche; et s'il nous faut périr,
* Vous recevrez de moi l'exemple de mourir.
(Il reste seul.)
* Le sang, l'indigne sang qu'a demandé ma rage,
* Sera du moins pour moi le signal du carnage.
Vainement à Coucy je m'étais confié:
Ai-je pu m'en remettre à sa faible amitié,
A son esprit tranquille, à sa vertu sauvage,
Qui ne sait ni sentir, ni venger mon outrage?
* Un bras vulgaire et sûr va punir mon rival.
. . . .
Et cette même main va chercher dans son flanc
La moitié de moi-même, et le sang de mon sang.
Autour de moi, grand Dieu! que j'ai creusé d'abîmes!

VARIANTES

Que l'amour m'a changé, qu'il me coûte de crimes!
Remords toujours puissants, toujours en vain bannis,
Je voulais me venger, c'est moi que je punis.
Funeste passion dont la fureur m'égare!
* Non, je n'étais pas né pour devenir barbare.
* Je sens combien le crime est un fardeau cruel,
. . . .

SCÈNE III.

VENDOME, ADÉLAÏDE.

VENDÔME.

. . . .
* Oui, j'ai tué mon frère, et l'ai tué pour vous.
Sans vous je l'eusse aimé; sans ma funeste flamme,
La nature et le sang triomphaient dans mon ame.
Je n'ai pris qu'en vos yeux le malheureux poison
Qui m'ôta l'innocence, ainsi que la raison.
Vengez sur ce barbare, indigne de vous plaire,
* Tous les crimes affreux que vous m'avez fait faire.
. . . .

ADÉLAÏDE.

* Nemours est mort!... Nemours!

VENDÔME.

                          Oui, mais c'est de ta main
* Que son sang veut ici le sang de l'assassin.

ADÉLAÏDE.

Ote-toi de ma vue...

VENDÔME.

               Achève ta vengeance :
Ma mort doit la finir, mon remords la commence.

ADÉLAÏDE.

Va, porte ailleurs ton crime et ton vain désespoir,
Et laisse-moi mourir sans l'horreur de te voir.

VENDÔME.

Cette horreur est trop juste, elle m'est trop bien due;
Je vais te délivrer de ma funeste vue;
Je vais, plein d'un amour qui, même en ce moment,
Est de tous mes forfaits le plus grand châtiment,
Je vais mêler ce sang qu'Adélaïde abhorre,
Au sang que j'ai versé, mais qui m'est cher encore.

ADÉLAÏDE.

Nemours n'est plus! arrête, exécrable assassin!
Réunis deux amants: tu me retiens en vain;
Monstre, que cette épée...

VENDÔME.

Eh bien! Adélaïde,
* Prends ce fer, arme-toi... mais contre un parricide:
* Je ne méritais pas de mourir de tes coups...
* Que ma main les conduise...

SCÈNE IV.

VENDÔME, ADÉLAÏDE, COUCY.

....
....

VENDÔME.

Hélas! je te l'avoue, oui, dans ma frénésie,
Moi-même à mon rival j'eusse arraché la vie.
Je n'étais plus à moi; ce délire odieux
Précipitait ma rage, et m'aveuglait les yeux.
* L'amour, le fol amour, de mes sens toujours maître,
* En m'ôtant la raison, m'eût excusé peut-être.
* Mais toi, dont la sagesse et les réflexions
* Ont calmé dans ton sein toutes les passions;
* Toi, dont j'ai craint cent fois l'esprit ferme et rigide,
* Avec tranquillité commettre un parricide!

ADÉLAÏDE.

Barbare!

COUCY.

Ainsi l'horreur et l'exécration,
Qui suivent de si près cette indigne action,
D'un repentir utile ont pénétré votre ame;
Et malgré tout l'excès de votre injuste flamme,
* Au prix de votre sang vous voudriez sauver
* Ce sang dont vos fureurs ont voulu vous priver?

VENDÔME.

Plût au ciel être mort avant ce coup funeste!

ADÉLAÏDE.

Ah! cessez des regrets que ma douleur déteste:
Tournez sur moi vos mains, achevez vos fureurs.

COUCY.

(à Vendôme.)   (à Adélaïde.)
Conservez vos remords; et vous, séchez vos pleurs.

VARIANTES

VENDÔME.

Coucy, que dites-vous?

ADÉLAÏDE.

Quel bonheur, quel mystère?...

COUCY, en fesant avancer Nemours.

** Venez, paraissez, prince, embrassez votre frère.

. . . .

SCÈNE V.

VENDOME, ADÉLAÏDE, NEMOURS, COUCY.

VENDÔME.

. . . . Ah! mon appui, mon père!

COUCY.

Que j'aime à voir en vous cette douleur sincère!

VENDÔME.

Nemours... mon frère... hélas! mon crime est devant moi :
Mes yeux n'osent encor se retourner vers toi :
De quel œil revois-tu ce monstre parricide?

NEMOURS.

Je suis entre tes mains avec Adélaïde.
Nos cœurs te sont connus; et tu vas décider
De quel œil désormais je te dois regarder.

ADÉLAÏDE.

J'ai vu vos sentiments si purs, si magnanimes.

VENDÔME.

J'étais né vertueux, vous avez fait mes crimes.

COUCY.

Ah! ne rappelez plus cet affreux souvenir.

NEMOURS.

* Quel est donc ton dessein? parle.

VENDÔME.

De me punir.

. . . .

VENDÔME.

* Ah! c'est trop me montrer mes malheurs et ma perte!
Éloignez-vous plutôt, et fuyez-moi tous deux ;
Je m'arrache le cœur en vous rendant heureux.
De ce cœur malheureux ménagez la blessure ;
Ce n'est qu'en frémissant qu'il cède à la nature.
Craignez mon repentir, profitez d'un effort
Plus douloureux pour moi, plus cruel que la mort.

SCÈNE VI.

VENDOME, NEMOURS, COUCY, OFFICIER DES GARDES.

L'OFFICIER.

Seigneur, qu'à vos guerriers votre ordre se déclare :
Le roi paraît, il marche, et l'assaut se prépare.

COUCY.

Eh bien ! seigneur ?

NEMOURS.

Mon frère, à quoi te résous-tu ?
N'est-ce donc qu'à demi que ton cœur s'est rendu ?
Ta générosité vient de me faire grace,
Ne veux-tu pas souffrir que ton roi te la fasse ?
Veux-tu haïr la France, et perdre ton pays,
Pour de fiers étrangers qui nous ont tant haïs ?
Es-tu notre ennemi ? ton maître est à tes portes :
Eh bien ?...

VENDÔME.

Je suis Français, mon frère, tu l'emportes :
Va, mon cœur est vaincu, je me rends tout entier.
Je veux oublier tout, et tout sacrifier.
*Trop fortunés époux, oui, mon ame attendrie, etc.

FIN DES VARIANTES D'ADÉLAÏDE DU GUESCLIN.

LE DUC
D'ALENÇON,

ou

LES FRÈRES ENNEMIS,

TRAGÉDIE EN TROIS ACTES.

1751.

AVERTISSEMENT[1].

En 1751, pendant son séjour en Prusse, M. de Voltaire transforma sa tragédie d'*Adélaïde* en celle du *Duc de Foix*, et l'envoya à Paris, où elle fut représentée l'année suivante. Il avait alors pour confident de ses travaux littéraires le roi de Prusse, qui, frappé du sujet de cette pièce, témoigna un vif désir de la voir représenter sur son théâtre de Potsdam, par les princes de sa famille. C'était un de leurs délassements ordinaires. Souvent les acteurs, et surtout les actrices, ne se trouvant pas en nombre suffisant pour les pièces, le répertoire en était nécessairement borné. Pour surmonter cet inconvénient dans l'occasion dont il s'agit, le roi pressa M. de Voltaire d'arranger sa tragédie en trois actes, en retranchant les rôles de femmes. C'est ce qui fut exécuté dans le *Duc d'Alençon ou les Frères ennemis*. La pièce fut ainsi représentée plusieurs fois à Potsdam, à la grande satisfaction de ce monarque. Les rôles furent très bien remplis, et le prince Henri, son frère, s'y distinguait surtout par un talent rare, dont M. de Voltaire, nombre d'années après, parlait encore avec beaucoup d'intérêt.

La copie s'en est trouvée, avec celle d'*Alamire*[2], dans les papiers de l'auteur.

---

[1] Cet *Avertissement* inédit est de feu Decroix, qui me l'a fait passer avec un manuscrit, au texte duquel je me suis conformé. Le *Duc d'Alençon* a été imprimé, pour la première fois, à Paris, en 1821.
Le nombre des vers du *Duc d'Alençon*, qu'on retrouve dans *Adélaïde* et dans le *Duc de Foix*, est si considérable, qu'il eût fallu mettre des étoiles à presque tous; c'est pourquoi on n'en a mis à aucun. B.

[2] Sur *Alamire*, voyez ma note page 284. B.

PERSONNAGES.

LE DUC D'ALENÇON.
NEMOURS, son frère.
LE SIRE DE COUCY.
DANGESTE, frère d'Adélaïde Du Guesclin.
UN OFFICIER.

La scène est dans la ville de Lusignan, en Poitou.

LE DUC D'ALENÇON.

ACTE PREMIER.

SCÈNE I.
DANGESTE, COUCY.

COUCY.

Seigneur, en arrivant dans ce séjour d'alarmes,
Je dérobe un instant au tumulte des armes.
Frère d'Adélaïde, et, comme elle, engagé
Au parti du dauphin par le ciel protégé,
Vous me voyez jeté dans le parti contraire;
Mais je suis votre ami plus que votre adversaire.
Vous sûtes mes desseins, vous connaissez mon cœur;
Vous m'aviez destiné vous-même à votre sœur.
Mais il faut vous parler, et vous faire connaître
L'ame d'un vrai soldat, digne de vous, peut-être.

DANGESTE.

Seigneur, vous pouvez tout.

COUCY.

Mes mains, aux champs de Mars,
Du prince d'Alençon portent les étendards.

Je l'aimai dans la paix, je le sers dans la guerre ;
Je combats pour lui seul, et non pour l'Angleterre,
Et, dans ces temps affreux de discorde et d'horreur,
Je n'ai d'autre parti que celui de mon cœur.
Non que pour ce héros mon ame prévenue
Prétende à ses défauts fermer toujours la vue :
Je ne m'aveugle pas ; je vois avec douleur
De ses emportements l'indiscrète chaleur.
Je vois que de ses sens l'impétueuse ivresse
L'abandonne aux excès d'une ardente jeunesse ;
Et ce torrent fougueux, que j'arrête avec soin,
Trop souvent me l'arrache, et l'emporte trop loin.
Mais il a des vertus qui rachètent ses vices.
Eh ! qui saurait, seigneur, où placer ses services,
S'il ne nous fallait suivre et ne chérir jamais
Que des cœurs sans faiblesse et des princes parfaits ?
Tout mon sang est à lui ; mais enfin cette épée
Dans le sang des Français à regret s'est trempée.
Le dauphin généreux...

DANGESTE.
Osez le nommer roi.

COUCY.
Jusqu'aujourd'hui, seigneur, il ne l'est pas pour moi.
Je voudrais, il est vrai, lui porter mon hommage ;
Tous mes vœux sont pour lui, mais l'amitié m'engage.
Le duc a mes serments : je ne peux, aujourd'hui,
Ni servir, ni traiter, ni changer qu'avec lui.
Le malheur de nos temps, nos discordes sinistres,
La cour abandonnée aux brigues des ministres,
Dans ce cruel parti tout l'a précipité.
Je ne peux à mon choix fléchir sa volonté ;

J'ai souvent, de son cœur aigrissant les blessures,
Révolté sa fierté par des vérités dures.
Votre sœur aux vertus le pourrait rappeler,
Seigneur, et c'est de quoi je cherche à vous parler.
J'aimais Adélaïde en un temps plus tranquille,
Avant que Lusignan fût votre heureux asile ;
Je crus qu'elle pouvait, approuvant mon dessein,
Accepter sans mépris mon hommage et ma main.
Bientôt par les Anglais elle fut enlevée ;
A de nouveaux destins elle fut réservée.
Que fesais-je? Où le ciel emportait-il mes pas ?
Le duc, plus fortuné, la sauva de leurs bras.
La gloire en est à lui, qu'il en ait le salaire :
Il a par trop de droits mérité de lui plaire.
Il est prince, il est jeune, il est votre vengeur ;
Ses bienfaits et son nom, tout parle en sa faveur.
La justice et l'amour la pressent de se rendre.
Je ne l'ai point vengée, et n'ai rien à prétendre.
Je me tais... Cependant, s'il faut la mériter,
A tout autre qu'à lui j'irai la disputer.
Je céderais à peine aux enfants des rois même ;
Mais ce prince est mon chef ; il me chérit, je l'aime.
Coucy, ni vertueux ni superbe à demi,
Aurait bravé le prince, et cède à son ami.
Je fais plus : de mes sens maîtrisant la faiblesse,
J'ose de mon rival appuyer la tendresse,
Vous montrer votre gloire, et ce que vous devez
Au héros qui vous sert et par qui vous vivez.
Je verrai, d'un œil sec et d'un cœur sans envie,
Cet hymen qui pouvait empoisonner ma vie ;
Je réunis pour vous mon service et mes vœux :

Ce bras, qui fut à lui, combattra pour tous deux.
Amant d'Adélaïde, ami noble et fidèle,
Soldat de son époux, et plein du même zèle,
Je servirai sous lui, comme il faudra qu'un jour,
Quand je commanderai, l'on me serve à mon tour.
Voilà mes sentiments; si je me sacrifie,
L'amitié me l'ordonne, et surtout la patrie.
Songez que, si l'hymen la range sous sa loi,
Si le prince la sert, il servira son roi.

DANGESTE.

Qu'avec étonnement, seigneur, je vous contemple!
Que vous donnez au monde un rare et grand exemple!
Quoi! ce cœur (je le crois sans feinte et sans détour)
Connaît l'amitié seule et peut braver l'amour!
Il faut vous admirer, quand on sait vous connaître:
Vous servez votre ami, vous servirez mon maître.
Un cœur si généreux doit penser comme moi;
Tous ceux de votre sang sont l'appui de leur roi;
Mais du duc d'Alençon la fatale poursuite...

SCÈNE II.

LE DUC D'ALENÇON, COUCY, DANGESTE.

LE DUC, à Dangeste.

Est-ce elle qui m'échappe? est-ce elle qui m'évite?
Dangeste, demeurez. Vous connaissez trop bien
Les transports douloureux d'un cœur tel que le mien;
Vous savez si je l'aime, et si je l'ai servie;
Si j'attends d'un regard le destin de ma vie.
Qu'elle n'étende pas l'excès de son pouvoir
Jusqu'à porter ma flamme au dernier désespoir.

Je hais ces vains respects, cette reconnaissance,
Que sa froideur timide oppose à ma constance;
Le plus léger délai m'est un cruel refus,
Un affront que mon cœur ne pardonnera plus.
C'est en vain qu'à la France, à son maître fidèle,
Elle étale à mes yeux le faste de son zèle;
Je prétends que tout cède à mon amour, à moi,
Qu'elle trouve en moi seul sa patrie et son roi.
Elle me doit la vie, et jusqu'à l'honneur même;
Et moi je lui dois tout, puisque c'est moi qui l'aime.
Unis par tant de droits, c'est trop nous séparer;
L'autel est prêt, j'y cours; allez l'y préparer.

SCÈNE III.

LE DUC D'ALENÇON, COUCY.

COUCY.

Seigneur, songez-vous bien que de cette journée
Peut-être de l'état dépend la destinée?

LE DUC.

Oui, vous me verrez vaincre ou mourir son époux.

COUCY.

Le dauphin s'avançait, et n'est pas loin de nous.

LE DUC.

Je l'attends sans le craindre, et je vais le combattre.
Crois-tu que ma faiblesse ait pu jamais m'abattre?
Penses-tu que l'amour, mon tyran, mon vainqueur,
De la gloire en mon ame ait étouffé l'ardeur?
Si l'ingrate me hait, je veux qu'elle m'admire;
Elle a sur moi sans doute un souverain empire,

Et n'en a point assez pour flétrir ma vertu.
Ah! trop sévère ami, que me reproches-tu?
Non, ne me juge point avec tant d'injustice.
Est-il quelque Français que l'amour avilisse?
Amants aimés, heureux, ils vont tous aux combats,
Et du sein du bonheur ils volent au trépas.
Je mourrai digne au moins de l'ingrate que j'aime.

COUCY.

Que mon prince plutôt soit digne de lui-même.
Le salut de l'état m'occupait en ce jour;
Je vous parle du vôtre, et vous parlez d'amour.
Le Bourguignon, l'Anglais, dans leur triste alliance,
Ont creusé par nos mains les tombeaux de la France.
Votre sort est douteux. Vos jours sont prodigués
Pour nos vrais ennemis qui nous ont subjugués.
Songez qu'il a fallu trois cents ans de constance
Pour frapper par degrés cette vaste puissance.
Le dauphin vous offrait une honorable paix...

LE DUC.

Non, de ses favoris je ne l'aurai jamais.
Ami, je hais l'Anglais; mais je hais davantage
Ces lâches conseillers dont la faveur m'outrage,
Ce fils de Charles six, cette odieuse cour:
Ces maîtres insolents m'ont aigri sans retour;
De leurs sanglants affronts mon ame est trop frappée.
Contre Charle, en un mot, quand j'ai tiré l'épée,
Ce n'est pas, cher Coucy, pour la mettre à ses pieds,
Pour baisser dans sa cour nos fronts humiliés,
Pour servir lâchement un ministre arbitraire.

COUCY.

Non, c'est pour obtenir une paix nécessaire.

Eh! quel autre intérêt pourriez-vous écouter?
LE DUC.
L'intérêt d'un courroux que rien ne peut dompter.
COUCY.
Vous poussez à l'excès l'amour et la colère.
LE DUC.
Je le sais; je n'ai pu fléchir mon caractère.
COUCY.
On le doit, on le peut; je ne vous flatte pas;
Mais, en vous condamnant, je suivrai tous vos pas;
Il faut à son ami montrer son injustice,
L'éclairer, l'arrêter au bord du précipice.
Je l'ai dû, je l'ai fait malgré votre courroux;
Vous y voulez tomber, et j'y cours avec vous.
LE DUC.
Ami, que m'as-tu dit?

SCÈNE IV.

LE DUC D'ALENÇON, COUCY, un officier.

L'OFFICIER.
Seigneur, l'assaut s'apprête:
Ces murs sont entourés.
COUCY.
Marchez à notre tête.
LE DUC.
Je ne suis pas en peine, ami, de résister
Aux téméraires mains qui viennent m'insulter.
De tous les ennemis qu'il faut combattre encore,
Je n'en redoute qu'un, c'est celui que j'adore.

FIN DU PREMIER ACTE.

ACTE SECOND.

SCÈNE I.
LE DUC D'ALENÇON, COUCY.

LE DUC.
La victoire est à nous, vos soins l'ont assurée;
Vos conseils ont guidé ma jeunesse égarée.
C'est vous dont l'esprit ferme et les yeux pénétrants
Veillaient pour ma défense en cent lieux différents.
Que n'ai-je, comme vous, ce tranquille courage,
Si froid dans le danger, si calme dans l'orage!
Coucy m'est nécessaire aux conseils, aux combats,
Et c'est à sa grande ame à diriger mon bras.

COUCY.
Prince, ce feu guerrier qu'en vous on voit paraître,
Sera maître de tout quand vous en serez maître.
Vous l'avez su régler, et vous avez vaincu;
Ayez dans tous les temps cette utile vertu;
Qui sait se posséder, peut commander au monde.
Pour moi, de qui le bras faiblement vous seconde,
Je connais mon devoir, et l'ai bien mal suivi;
Dans l'ardeur du combat je vous ai peu servi;
Nos guerriers sur vos pas marchaient à la victoire,
Et suivre les Bourbons, c'est voler à la gloire.
Ce chef des assaillants, sur nos remparts monté,
Par vos vaillantes mains trois fois précipité,

Sans doute au pied des murs exhalant sa furie,
A payé cet assaut des restes de sa vie.
LE DUC.
Quel est donc, cher ami, ce chef audacieux
Qui, cherchant le trépas, se cachait à nos yeux?
Son casque était fermé : quel charme inconcevable
Même en le combattant le rendait respectable!
Est-ce l'unique effet de sa rare valeur
Qui m'en impose encore, et parle en sa faveur?
Tandis que contre lui je mesurais mes armes,
J'ai senti malgré moi de nouvelles alarmes;
Un je ne sais quel trouble en moi s'est élevé,
Soit que ce triste amour dont je suis captivé,
Sur mes sens égarés répandant sa tendresse,
Jusqu'au sein des combats m'ait prêté sa faiblesse,
Qu'il ait voulu marquer toutes mes actions
De la noble douceur de ses impressions;
Soit plutôt que la voix de ma triste patrie
Parle encore en secret au cœur qui l'a trahie,
Ou que le trait fatal enfoncé dans mon cœur
Corrompe en tous les temps ma gloire et mon bonheur.
COUCY.
Quant aux traits dont votre ame a senti la puissance,
Tous les conseils sont vains : agréez mon silence;
Mais ce sang des Français que nos mains font couler,
Mais l'état, la patrie, il faut vous en parler.
Je prévois que bientôt cette guerre fatale,
Ces troubles intestins de la maison royale,
Ces tristes factions céderont au danger
D'abandonner la France aux mains de l'étranger.
Ses droits sont odieux, sa race est peu chérie;

On hait l'usurpateur, on aime la patrie;
Et le sang des Capets est toujours adoré.
Tôt ou tard il faudra que de ce tronc sacré
Les rameaux divisés et courbés par l'orage,
Plus unis et plus beaux, soient notre unique ombrage.
Vous, placé près du trône, à ce trône attaché,
Si les malheurs des temps vous en ont arraché,
A des nœuds étrangers s'il fallut vous résoudre,
L'intérêt les forma, l'honneur peut les dissoudre :
Tels sont mes sentiments, que je ne peux trahir.

LE DUC.

Quoi! toujours à mes yeux elle craint de s'offrir!
Quoi! lorsqu'à ses genoux soumettant ma fortune,
Me dérobant aux cris d'une foule importune,
Aux acclamations du soldat qui me suit,
Je cherchais auprès d'elle un bonheur qui me fuit,
Adélaïde encore évite ma présence;
Elle insulte à ma flamme, à ma persévérance;
Sa tranquille fierté, prodiguant ses rigueurs,
Jouit de ma faiblesse, et rit de mes douleurs!
Oh! si je le croyais, si cet amour trop tendre...

COUCY.

Seigneur, à mon devoir il est temps de me rendre;
Je vais en votre nom, par des soins assidus,
Honorer les vainqueurs, soulager les vaincus,
Calmer les différents des Anglais et des vôtres :
Voilà vos intérêts; je n'en connais point d'autres.

LE DUC.

Tu ne m'écoutes pas, tu parles de devoir
Quand mon cœur dans le tien répand son désespoir.
Va donc, rempli des soins dont je suis incapable,

Va, laisse un malheureux au dépit qui l'accable;
Je rougis devant toi; mais, sans me repentir,
Je chéris mes erreurs, et n'en veux point sortir.
Va, laisse-moi, te dis-je, à ma douleur profonde;
Ce que j'aime me fuit, et je fuis tout le monde;
Va, tu condamnes trop les transports de mon cœur.

COUCY.

Non, je plains sa faiblesse, et j'en crains la fureur.

SCÈNE II.

LE DUC D'ALENÇON, seul.

O ciel! qu'il est heureux, et que je porte envie
A la libre fierté de cette ame hardie!
Il voit sans s'alarmer, il voit sans s'éblouir
La funeste beauté que je voudrais haïr.
Cet astre impérieux qui préside à ma vie
N'a ni feux ni rayons que son œil ne défie;
Et moi je sers en lâche, et j'offre à ses appas
Des vœux que je déteste, et qu'on ne reçoit pas!
Dangeste la soutient, et la rend plus sévère.
Que je les hais tous deux! Fuyons du moins le frère!
Laissons là ce captif qu'il amène en ces lieux.
Tout, hors Adélaïde, ici blesse mes yeux.

SCÈNE III.

LE DUC DE NEMOURS, DANGESTE.

NEMOURS.

Enfin, après trois ans, tu me revois, Dangeste!

Mais en quels lieux, ô ciel! en quel état funeste!
DANGESTE.
Vos jours sont en péril, et ce sang agité...
NEMOURS.
Mes déplorables jours sont trop en sûreté;
Ma blessure est légère, elle m'est insensible;
Que celle de mon cœur est profonde et terrible!
DANGESTE.
Rendez graces au ciel de ce qu'il a permis
Que vous soyez tombé sous de tels ennemis,
Non sous le joug affreux d'une main étrangère.
NEMOURS.
Qu'il est dur bien souvent d'être aux mains de son frère!
DANGESTE.
Mais, ensemble élevés, dans des temps plus heureux,
La plus tendre amitié vous unissait tous deux.
NEMOURS.
Il m'aimait autrefois, c'est ainsi qu'on commence;
Mais bientôt l'amitié s'envole avec l'enfance.
Ah! combien le cruel s'est éloigné de moi!
Infidèle à l'état, à la nature, au roi,
On dirait qu'il a pris d'une race étrangère
La farouche hauteur et le dur caractère!
Il ne sait pas encor ce qu'il me fait souffrir,
Et mon cœur déchiré ne saurait le haïr.
DANGESTE.
Il ne soupçonne pas qu'il ait en sa puissance
Un frère infortuné qu'animait la vengeance.
NEMOURS.
Non, la vengeance, ami, n'entra point dans mon cœur;
Qu'un soin trop différent égara ma valeur!

Ah! parle : est-il bien vrai ce que la renommée
Annonçait dans la France à mon ame alarmée ;
Est-il vrai qu'un objet illustre, malheureux,
Un cœur trop digne, hélas! de captiver ses vœux,
Adélaïde, enfin, le tient sous sa puissance?
Qu'a-t-on dit? que sais-tu de leur intelligence?

DANGESTE.

Prisonnier comme vous dans ces murs odieux,
Ces mystères secrets offenseraient mes yeux;
Et tout ce que j'ai su... Mais je le vois paraître.

NEMOURS.

O honte! ô désespoir dont je ne suis pas maître!

SCÈNE IV.

LE DUC D'ALENÇON, NEMOURS, DANGESTE, SUITE.

LE DUC, à sa suite.

Après avoir montré cette rare valeur,
Peut-il rougir encor de m'avoir pour vainqueur?
Il détourne la vue.

NEMOURS.

O sort! ô jour funeste,
Qui de ma triste vie arrachera le reste!
En quelles mains, ô ciel, mon malheur m'a remis!

LE DUC.

Qu'entends-je, et quels accents ont frappé mes esprits!

NEMOURS.

M'as-tu pu méconnaître?

LE DUC.

Ah! Nemours, ah! mon frère.

NEMOURS.

Ce nom jadis si cher, ce nom me désespère.
Je ne le suis que trop, ce frère infortuné,
Ton ennemi vaincu, ton captif enchaîné.

LE DUC.

Tu n'es plus que mon frère, et mon cœur te pardonne;
Mais, je te l'avouerai, ta cruauté m'étonne.
Si ton roi me poursuit, Nemours, était-ce à toi
A briguer, à remplir cet odieux emploi?
Que t'ai-je fait?

NEMOURS.

Tu fais le malheur de ma vie;
Je voudrais qu'aujourd'hui ta main me l'eût ravie.

LE DUC.

De nos troubles civils quel effet malheureux!

NEMOURS.

Les troubles de mon cœur sont encor plus affreux.

LE DUC.

J'eusse aimé contre un autre à montrer mon courage:
Hélas! que je te plains!

NEMOURS.

Je te plains davantage
De haïr ton pays, de trahir sans remords
Et le roi qui t'aimait, et le sang dont tu sors.

LE DUC.

Arrête, épargne-moi l'infame nom de traître!
A cet indigne mot je m'oublierais peut-être.
Non, mon frère, jamais je n'ai moins mérité
Ce reproche odieux de l'infidélité.
Je suis près de donner à nos tristes provinces,
A la France sanglante, au reste de nos princes,

L'exemple auguste et saint de la réunion,
Après l'avoir donné de la division.
NEMOURS.
Toi! tu pourrais...
LE DUC.
Ce jour, qui semble si funeste,
Des feux de la discorde éteindra ce qui reste.
NEMOURS.
Ce jour est trop horrible!
LE DUC.
Il va combler mes vœux.
NEMOURS.
Comment?
LE DUC.
Tout est changé, ton frère est trop heureux.
NEMOURS.
Je te crois; on disait que d'un amour extrême,
Violent, effréné (car c'est ainsi qu'on aime),
Ton cœur depuis trois mois s'occupait tout entier?
LE DUC.
J'aime, oui, la renommée a pu le publier;
Oui, j'aime avec fureur : une telle alliance
Semblait pour mon bonheur attendre ta présence;
Oui, mes ressentiments, mes droits, mes alliés,
Gloire, amis, ennemis, je mets tout à ses pieds.
(à sa suite.)
Allez, et dites-lui que deux malheureux frères,
Jetés par le destin dans des partis contraires,
Pour marcher désormais sous le même étendard,
De ses yeux souverains n'attendent qu'un regard.
(à Nemours.)
Ne blâme point l'amour où ton frère est en proie:

Pour me justifier, il suffit qu'on la voie.'
NEMOURS, à part.
(au duc.)
Cruel !... elle vous aime !
LE DUC.
Elle le doit du moins.
Il n'était qu'un obstacle au succès de mes soins :
Il n'en est plus ; je veux que rien ne nous sépare.
NEMOURS, à part.
Quels effroyables coups le cruel me prépare !
(haut.)
Écoute ! à ma douleur ne veux-tu qu'insulter ?
Me connais-tu ? sais-tu ce que j'osais tenter ?
Dans ces funestes lieux sais-tu ce qui m'amène ?
LE DUC.
Oublions ces sujets de discorde et de haine ;
Et vous, mon frère, et vous, soyez ici témoin
Si l'excès de l'amour peut emporter plus loin !
Ce que votre reproche, ou bien votre prière,
Le généreux Coucy, le roi, la France entière,
Demanderaient ensemble, et qu'ils n'obtiendraient pas,
Soumis et subjugué je l'offre à ses appas.
(à Dangeste.)
De l'ennemi des rois vous avez craint l'hommage.
Vous aimez, vous servez une cour qui m'outrage.
Eh bien ! il faut céder : vous disposez de moi.
Je n'ai plus d'alliés ; je suis à votre roi.
L'amour qui, malgré vous, nous a faits l'un pour l'autre,
Ne me laisse de choix, de parti que le vôtre ;
Vous, courez, mon cher frère ; allez de ce moment
Annoncer à la cour un si grand changement.

Soyez libre; partez, et de mes sacrifices
Allez offrir au roi les heureuses prémices.
Puissé-je à ses genoux présenter aujourd'hui
Celle qui m'a dompté, qui me ramène à lui,
Qui d'un prince ennemi fait un sujet fidèle,
Changé par ses regards, et vertueux par elle !

NEMOURS, à part.

Il fait ce que je veux, et c'est pour m'accabler.
(haut.)
O frère trop cruel !

LE DUC.
Qu'entends-je ?

NEMOURS.
Il faut parler.

LE DUC.

Que me voulez-vous dire? et pourquoi tant d'alarmes?
Vous ne connaissez pas ses redoutables charmes.

NEMOURS.

Le ciel met entre nous un obstacle éternel.

LE DUC.

Entre nous... c'en est trop. Qui vous l'a dit, cruel ?
Mais de vous, en effet, était-elle ignorée ?
Ciel ! à quel piége affreux ma foi serait livrée !
Tremblez !

NEMOURS.

Moi, que je tremble ! ah ! j'ai trop dévoré
L'inexprimable horreur où toi seul m'as livré ;
J'ai forcé trop long-temps mes transports au silence ;
Connais-moi donc, barbare, et remplis ta vengeance !
Connais un désespoir à tes fureurs égal :
Frappe ! voilà mon cœur, et voilà ton rival !

LE DUC.

Toi, cruel! toi, Nemours!

NEMOURS.

Oui, depuis deux années
L'amour le plus secret a joint nos destinées.
C'est toi dont les fureurs ont voulu m'arracher
Le seul bien sur la terre où j'ai pu m'attacher;
Tu fais depuis trois mois les horreurs de ma vie;
Les maux que j'éprouvais passaient ta jalousie.
Par tes égarements, juge de mes transports.
Nous puisâmes tous deux dans ce sang dont je sors
L'excès des passions qui dévorent une ame;
La nature à tous deux fit un cœur tout de flamme;
Mon frère est mon rival, et je l'ai combattu;
J'ai fait taire le sang, peut-être la vertu;
Furieux, aveuglé, plus jaloux que toi-même,
J'ai couru, j'ai volé pour t'ôter ce que j'aime.
Rien ne m'a retenu : ni tes superbes tours,
Ni le peu de soldats que j'avais pour secours,
Ni le lieu, ni le temps, ni surtout ton courage :
Je n'ai vu que ma flamme, et ton feu qui m'outrage.
Je ne te dirai point que, sans ce même amour,
J'aurais, pour te servir, voulu perdre le jour;
Que, si tu succombais à tes destins contraires,
Tu trouverais en moi le plus tendre des frères;
Que Nemours, qui t'aimait, eût immolé pour toi
Tout dans le monde entier, tout, hors elle et mon roi.
Je ne veux point en lâche apaiser ta vengeance:
Je suis ton ennemi, je suis en ta puissance;
L'amour fut dans mon cœur plus fort que l'amitié;
Sois cruel comme moi, punis-moi sans pitié;

Aussi bien, tu ne peux t'assurer ta conquête,
Tu ne peux l'épouser, qu'aux dépens de ma tête.
A la face des cieux je lui donne ma foi;
Je te fais de nos vœux le témoin malgré toi.
Frappe, et qu'après ce coup ta cruauté jalouse
Traîne au pied des autels ta sœur et mon épouse!
Frappe, dis-je : oses-tu?

LE DUC.

Traître! c'en est assez.
Qu'on l'ôte de mes yeux : soldats, obéissez!

SCÈNE V.

LE DUC, NEMOURS, DANGESTE, COUCY, SUITE.

COUCY.

J'allais partir, seigneur; un peuple téméraire
Se soulève en tumulte au nom de votre frère.
Le désordre est partout : vos soldats consternés
Désertent les drapeaux de leurs chefs étonnés ;
Et pour comble de maux, vers la ville alarmée,
L'ennemi rassemblé fait marcher son armée.

LE DUC.

Allez, cruel, allez! vous ne jouirez pas
Du fruit de votre haine et de vos attentats.
Rentrez : aux factieux je vais montrer leur maître.
(à Coucy.)
Dangesté, suivez-moi; vous, veillez sur ce traître.

SCÈNE VI.
NEMOURS, COUCY.

COUCY.

Le seriez-vous, seigneur? auriez-vous démenti
Le sang de ces héros dont vous êtes sorti?
Auriez-vous violé, par cette lâche injure,
Et les droits de la guerre et ceux de la nature?
Un prince à cet excès pourrait-il s'oublier?

NEMOURS.

Non ; mais suis-je réduit à me justifier?
Coucy, ce peuple est juste, il t'apprend à connaître
Que mon frère est rebelle, et que Charle est son maître.

COUCY.

Écoutez ; ce serait le comble de mes vœux
De pouvoir aujourd'hui vous réunir tous deux ;
Je vois avec regret la France désolée,
A nos dissensions la nature immolée,
Sur nos communs débris l'Anglais trop élevé,
Menaçant cet état par nous-même énervé.
Si vous avez un cœur digne de votre race,
Faites au bien public servir votre disgrace ;
Rapprochez les partis ; unissez-vous à moi
Pour calmer votre frère et fléchir votre roi,
Pour éteindre le feu de nos guerres civiles.

NEMOURS.

Ne vous en flattez pas : vos soins sont inutiles.
Si la discorde seule avait armé mon bras,
Si la guerre et la haine avaient conduit mes pas,
Vous pourriez espérer de réunir deux frères

ACTE II, SCÈNE VI.

L'un de l'autre écartés dans des partis contraires ;
Un obstacle plus grand s'oppose à ce retour.

COUCY.

Et quel est-il, seigneur ?

NEMOURS.

Ah ! reconnais l'amour ;
Reconnais la fureur qui de nous deux s'empare,
Qui m'a fait téméraire, et qui le rend barbare.

COUCY.

Ciel ! faut-il voir ainsi, par des caprices vains,
Anéantir le fruit des plus nobles desseins,
L'amour subjuguer tout, ses cruelles faiblesses
Du sang qui se révolte étouffer les tendresses,
Des frères se haïr, et naître en tous climats
Des passions des grands le malheur des états !
Prince, de vos amours laissons là le mystère.
Je vous plains tous les deux, mais je sers votre frère ;
Je vais le seconder, je vais me joindre à lui
Contre un peuple insolent, qui se fait votre appui.
Le plus pressant danger est celui qui m'appelle ;
Je vois qu'il peut avoir une fin bien cruelle ;
Je vois les passions plus puissantes que moi,
Et l'amour seul ici me fait frémir d'effroi.
Mais le prince m'attend ; je vous laisse, et j'y vole ;
Soyez mon prisonnier, mais sur votre parole ;
Elle me suffira.

NEMOURS.

Je vous la donne.

COUCY.

Et moi,

Je voudrais de ce pas porter la sienne au roi ;
Je voudrais cimenter, dans l'ardeur de lui plaire,
Du sang de nos tyrans une union si chère ;
Mais ces fiers ennemis sont bien moins dangereux
Que ce fatal amour qui vous perdra tous deux.

FIN DU SECOND ACTE.

ACTE TROISIÈME.

SCÈNE I.

NEMOURS, DANGESTE.

NEMOURS.

Non, non, ce peuple en vain s'armait pour ma défense ;
Mon frère, teint de sang, enivré de vengeance,
Devenu plus jaloux, plus fier, et plus cruel,
Va traîner à mes yeux sa victime à l'autel.
Je ne suis donc venu disputer ma conquête,
Que pour être témoin de cette horrible fête ?
Et dans le désespoir où je me sens plonger,
Par sa fuite du moins mon cœur peut se venger.
Juste ciel !

DANGESTE.

Ah ! seigneur, où l'avez-vous conduite ?
Quoi ! vous l'abandonnez, vous ordonnez sa fuite !
Elle ne veut partir qu'en suivant son époux ;
Laissez-moi seul du prince affronter le courroux.

NEMOURS.

Prisonnier sur ma foi, dans l'horreur qui me presse,
Je suis plus enchaîné par ma seule promesse
Que si de cet état les tyrans inhumains
Des fers les plus pesants avaient chargé mes mains.
Au pouvoir de mon frère ici l'honneur me livre.
Je puis mourir pour elle, et je ne peux la suivre.

On la conduit déjà par des détours obscurs,
Qui la rendront bientôt sous ces coupables murs :
L'amour nous a rejoint, que l'amour nous sépare.

DANGESTE.

Cependant vous restez au pouvoir d'un barbare.
Seigneur, de votre sang l'Anglais est altéré ;
Ce sang à votre frère est-il donc si sacré ?
Craindra-t-il d'accorder, dans son courroux funeste,
Aux alliés qu'il aime un rival qu'il déteste ?

NEMOURS.

Il n'oserait.

DANGESTE.

Son cœur ne connaît point de frein.
Il vous a menacé : menace-t-il en vain ?

NEMOURS.

Il tremblera bientôt : le roi vient et nous venge ;
La moitié de ce peuple à ses drapeaux se range.
Ne craignons rien, ami... Ciel ! quel tumulte affreux !

SCÈNE II.

LE DUC, NEMOURS, DANGESTE, GARDES.

LE DUC.

Je l'entends. C'est lui-même. Arrête, malheureux !
Lâche qui me trahis, rival indigne, arrête !

NEMOURS.

Il ne te trahit point, mais il t'offre sa tête.
Porte à tous les excès ta haine et ta fureur.
Va, ne perds point de temps : le ciel arme un vengeur.
Tremble ! ton roi s'approche ; il vient, il va paraître ;
Tu n'as vaincu que moi : redoute encor ton maître.

ACTE III, SCÈNE II.

LE DUC.

Il pourra te venger, mais non te secourir ;
Et ton sang...

DANGESTE.

Non, cruel, c'est à moi de mourir.
J'ai tout fait, c'est par moi que ta garde est séduite ;
J'ai gagné tes soldats, j'ai préparé sa fuite.
Punis ces attentats et ces crimes si grands,
De sortir d'esclavage et de fuir ses tyrans ;
Mais respecte ton frère, et sa femme, et toi-même.
Il ne t'a point trahi, c'est un frère qui t'aime :
Il voulait te servir quand tu veux l'opprimer ;
Est-ce à toi de punir, quand le crime est d'aimer ?

LE DUC.

Qu'on les garde tous deux ; allez, qu'on m'obéisse !
Allez, dis-je ; leur vue augmente mon supplice.

NEMOURS.

Cruel, de notre sang je connais les ardeurs :
Toutes les passions sont en nous des fureurs.
J'attends la mort de toi ; mais, dans mon malheur même,
Je suis assez vengé : l'on te hait, et l'on m'aime.

SCÈNE III.

LE DUC D'ALENÇON, COUCY.

LE DUC.

On t'aime, et tu mourras ! que d'horreurs à-la-fois !
L'amour, l'indigne amour nous a perdu tous trois !

COUCY.

Il ne se connaît plus, il succombe à sa rage.

LE DUC.

Eh bien! souffriras-tu ma honte et mon outrage?
Le temps presse : veux-tu qu'un rival odieux
Enlève la perfide, et l'épouse à mes yeux?
Tu crains de me répondre. Attends-tu que le traître
Ait soulevé mon peuple, et me livre à son maître?

COUCY.

Je vois trop en effet que le parti du roi
Dans ces cœurs fatigués fait chanceler la foi.
De la sédition la flamme réprimée
Vit encor, dans les cœurs en secret rallumée.
Croyez-moi, tôt ou tard on verra réunis
Les débris dispersés de l'empire des lis;
L'amitié des Anglais est toujours incertaine;
Les étendards de France ont paru dans la plaine,
Et vous êtes perdu, si le peuple excité
Croit dans la trahison trouver sa sûreté;
Vos dangers sont accrus.

LE DUC.

Cruel, que faut-il faire?

COUCY.

Les prévenir; dompter l'amour et la colère.
Ayons encor, mon prince, en cette extrémité,
Pour prendre un parti sûr assez de fermeté.
Nous pouvons conjurer ou braver la tempête;
Quoi que vous décidiez, ma main est toute prête.
Vous vouliez ce matin, par un heureux traité,
Apaiser avec gloire un monarque irrité.
Ne vous rebutez pas; ordonnez, et j'espère
Signer en votre nom cette paix salutaire.
Mais s'il vous faut combattre et courir au trépas,

ACTE III, SCÈNE III.

Vous savez qu'un ami ne vous survivra pas.

LE DUC.

Ami, dans le tombeau laisse-moi seul descendre;
Vis pour servir ma cause, et pour venger ma cendre.
Mon destin s'accomplit, et je cours l'achever.
Qui cherche bien la mort est sûr de la trouver;
Mais je la veux terrible, et lorsque je succombe,
Je veux voir mon rival entraîné dans ma tombe.

COUCY.

Comment! de quelle horreur vos sens sont possédés!

LE DUC.

Il est dans cette tour où vous seul commandez.

COUCY.

Quoi! votre frère?

LE DUC.

Lui? Nemours est-il mon frère?
Il brave mon amour, il brave ma colère;
Il me livre à son maître; il m'a seul opprimé;
Il soulève mon peuple; enfin il est aimé;
Contre moi dans un jour il commet tous les crimes!
Partage mes fureurs, elles sont légitimes;
Toi seul après ma mort en cueilleras le fruit;
Le chef de ces Anglais, dans la ville introduit,
Demande au nom des siens la tête du parjure.

COUCY.

Vous leur avez promis de trahir la nature?

LE DUC.

Dès long-temps du perfide ils ont proscrit le sang.

COUCY.

Et, pour leur obéir, vous lui percez le flanc!

LE DUC.

Non, je n'obéis point à leur haine étrangère :
J'obéis à ma rage, et veux la satisfaire.
Que m'importent l'état et mes vains alliés ?

COUCY.

Ainsi donc à l'amour vous le sacrifiez,
Et vous me chargez, moi, du soin de son supplice !

LE DUC.

Je n'attends pas de vous cette prompte justice.
Je suis bien malheureux, bien digne de pitié,
Trahi dans mon amour, trahi dans l'amitié.
Ah ! trop heureux dauphin, c'est ton sort que j'envie :
Ton amitié, du moins, n'a point été trahie,
Et Tangui Du Châtel, quand tu fus offensé,
T'a servi sans scrupule, et n'a pas balancé.

COUCY.

Il a payé bien cher cet affreux sacrifice.

LE DUC.

Le mien coûtera plus, mais je veux ce service.
Oui, je le veux : ma mort à l'instant le suivra ;
Mais, du moins, mon rival avant moi périra.
Allez, je puis encor, dans le sort qui me presse,
Trouver de vrais amis qui tiendront leur promesse.
D'autres me serviront, et n'allégueront pas
Cette triste vertu, l'excuse des ingrats.

COUCY, après un long silence.

Non, j'ai pris mon parti ; soit crime, soit justice,
Vous ne vous plaindrez pas qu'un ami vous trahisse.
Je me rends, non à vous, non à votre fureur,
Mais à d'autres raisons qui parlent à mon cœur :
Je vois qu'il est des temps pour les partis extrêmes ;

Que les plus saints devoirs peuvent se taire eux-mêmes.
Je ne souffrirai pas que d'un autre que moi,
Dans de pareils moments, vous éprouviez la foi ;
Et vous reconnaîtrez, au succès de mon zèle,
Si Coucy vous aimait, et s'il vous fut fidèle.

SCÈNE IV.

LE DUC D'ALENÇON, GARDES.

LE DUC.

Non, sa froide amitié ne me servira pas ;
Non ; je n'ai point d'amis : tous les cœurs sont ingrats.
    (à un soldat.)
Écoutez : vers la tour allez en diligence...
    (il lui parle bas.)
Vous m'entendez ; volez, et servez ma vengeance.
                    (le soldat sort.)
Sur l'incertain Coucy mon cœur a trop compté.
Il a vu ma fureur avec tranquillité ;
On ne soulage point des douleurs qu'on méprise ;
Il faut qu'en d'autres mains ma vengeance soit mise.
Vous, que sur nos remparts on porte nos drapeaux ;
Allez, qu'on se prépare à des périls nouveaux !
                    (il reste seul.)
Eh bien ! c'en est donc fait : une femme perfide
Me conduit au tombeau, chargé d'un parricide !...
Qui, moi, je tremblerais des coups qu'on va porter !
Je chéris la vengeance, et ne puis la goûter ;
Je frissonne, une voix gémissante et sévère
Crie au fond de mon cœur : Arrête, il est ton frère !
Ah ! prince infortuné, dans ta haine affermi,

Songe à des droits plus saints; Nemours fut ton ami.
O jours de notre enfance! ô tendresses passées!
Il fut le confident de toutes mes pensées.
Avec quelle innocence et quels épanchements
Nos cœurs se sont appris leurs premiers sentiments!
Que de fois, partageant mes naissantes alarmes,
D'une main fraternelle essuya-t-il mes larmes!
Et c'est moi qui l'immole, et cette même main
D'un frère que j'aimai déchirerait le sein!
Funeste passion dont la fureur m'égare!
Non, je n'étais point né pour devenir barbare;
Je sens combien le crime est un fardeau cruel...
Mais, que dis-je? Nemours est le seul criminel.
Je reconnais mon sang, mais c'est à sa furie :
Il m'enlève l'objet dont dépendait ma vie;
Il aime Adélaïde... Ah! trop jaloux transport!
Il l'aime, est-ce un forfait qui mérite la mort?
Mais lui-même il m'attaque, il brave ma colère,
Il me trompe, il me hait... N'importe, il est mon frère.
C'est à lui seul de vivre : on l'aime, il est heureux;
C'est à moi de mourir; mais mourons généreux.
Je n'ai point entendu le signal homicide,
L'organe des forfaits, la voix du parricide;
Il en est temps encor.

SCÈNE V.

LE DUC, UN OFFICIER.

LE DUC.

Que tout soit suspendu :
Vole à la tour.

ACTE III, SCÈNE V.

L'OFFICIER.

Seigneur...

LE DUC.

De quoi t'alarmes-tu ?
Ciel ! tu pleures.

L'OFFICIER.

J'ai vu, non loin de cette porte,
Un corps souillé de sang qu'en secret on emporte.
C'est Coucy qui l'ordonne, et je crains que le sort...

LE DUC.

(on entend le canon.)

Quoi ! déjà ! dieux ! qu'entends-je ? ah ciel ! mon frère est mort !
Il est mort ! et je vis, et la terre entr'ouverte,
Et la foudre en éclats n'a point vengé sa perte !
Ennemi de l'état, factieux, inhumain,
Frère dénaturé, ravisseur, assassin,
O ciel ! autour de moi j'ai creusé les abîmes.
Que l'amour m'a changé, qu'il me coûte de crimes !
Le voile est déchiré, je m'étais mal connu.
Au comble des forfaits je suis donc parvenu !
Ah, Nemours ! ah, mon frère ! ah, jour de ma ruine !
Je sais que tu m'aimais, et mon bras t'assassine !...
Mon frère !

L'OFFICIER.

Adélaïde, avec empressement,
Veut, seigneur, en secret vous parler un moment.

LE DUC.

Chers amis, empêchez que la cruelle avance ;
Je ne puis soutenir ni souffrir sa présence ;
Je ne mérite pas de périr à ses yeux.
Dites-lui que mon sang.... (il tire son épée.)

SCÈNE VI.

LE DUC D'ALENÇON, COUCY, GARDES.

COUCY.

                Quels transports furieux !

LE DUC.

Laissez-moi me punir et me rendre justice.
              (à Coucy.)
Quoi ! d'un assassinat tu t'es fait le complice !
Ministre de mon crime; as-tu pu m'obéir ?

COUCY.

Je vous avais promis, seigneur, de vous servir.

LE DUC.

Malheureux que je suis ! ta sévère rudesse
A cent fois de mes sens combattu la faiblesse :
Ne devais-tu te rendre à mes tristes souhaits
Que quand ma passion t'ordonnait des forfaits ?
Tu ne m'as obéi que pour perdre mon frère !

COUCY.

Lorsque j'ai refusé ce sanglant ministère,
Votre aveugle courroux n'allait-il pas soudain
Du soin de vous venger charger une autre main ?

LE DUC.

L'amour, le seul amour, de mes sens toujours maître,
En m'ôtant la raison, m'eût excusé peut-être.
Mais toi, dont la sagesse et les réflexions
Ont calmé dans ton sein toutes les passions,
Toi, dont j'avais tant craint l'esprit ferme et rigide,
Avec tranquillité permettre un parricide !

COUCY.

Eh bien ! puisque la honte, et que le repentir,
Par qui la vertu parle à qui peut la trahir,
D'un si juste remords ont pénétré votre ame ;
Puisque, malgré l'excès de votre aveugle flamme,
Au prix de votre sang vous voudriez sauver
Ce sang dont vos fureurs ont voulu vous priver,
Je peux donc m'expliquer ; je peux donc vous apprendre
Que de vous-même enfin Coucy sait vous défendre ;
Connaissez-moi, seigneur, et calmez vos douleurs.
(Dangeste entre.)
(à Dangeste.)
Mais gardez vos remords ; et vous, séchez vos pleurs.
Que ce jour à tous trois soit un jour salutaire :
Venez, paraissez, prince ; embrassez votre frère !
(Le duc de Nemours paraît.)

SCÈNE VII.

LE DUC, NEMOURS, COUCY, DANGESTE.

DANGESTE.

Seigneur.....

LE DUC.

Mon frère....

DANGESTE.

Ah ! ciel !

LE DUC.

Qui l'aurait pu penser ?

NEMOURS, s'avançant du fond du théâtre.

J'ose encor te revoir, te plaindre, et t'embrasser.

LE DUC.

Mon crime en est plus grand, puisque ton cœur l'oublie.

DANGESTE.

Coucy, digne héros, qui lui donnes la vie....

LE DUC.

Il la donne à tous trois.

COUCY.

Un indigne assassin
Sur Nemours à mes yeux avait levé la main :
J'ai frappé le barbare ; et prévenant encore
Les aveugles fureurs du feu qui vous dévore,
J'ai fait donner soudain le signal odieux,
Sûr que dans quelque temps vous ouvririez les yeux.

LE DUC.

Après ce grand exemple et ce service insigne,
Le prix que je t'en dois, c'est de m'en rendre digne.

NEMOURS.

Tous deux auprès du roi nous voulions te servir.
Quel est donc ton dessein ?... parle.

LE DUC.

De me punir ;
De nous rendre à tous trois une égale justice ;
D'expier devant vous par le plus grand supplice
Le plus grand des forfaits, où la fatalité,
L'amour et le courroux m'avaient précipité.
J'aimais Adélaïde, et ma flamme cruelle
Dans mon cœur désolé s'irrite encor pour elle.
Coucy sait à quel point j'adorais ses appas,
Quand ma jalouse rage ordonnait ton trépas ;
Toujours persécuté du feu qui me possède,
Je l'adore encor plus, et mon amour la cède.
Je m'arrache le cœur en vous rendant heureux :
Aimez-vous, mais au moins pardonnez-moi tous deux.

NEMOURS.

Ah! ton frère à tes pieds, digne de ta clémence,
Égale tes bienfaits par sa reconnaissance.

DANGESTE.

Oui, seigneur, avec lui j'embrasse vos genoux ;
La plus tendre amitié va me rejoindre à vous :
Vous nous payez trop bien de nos douleurs souffertes.

LE DUC.

Ah ! c'est trop me montrer mes malheurs et mes pertes;
Mais vous m'apprenez tous à suivre la vertu.
Ce n'est point à demi que mon cœur est rendu.

(à Nemours.)

Je suis en tout ton frère ; et mon âme attendrie
Imite votre exemple et chérit sa patrie.
Allons apprendre au roi, pour qui vous combattez,
Mon crime, mes remords, et vos félicités.
Oui, je veux égaler votre foi, votre zèle,
Au sang, à la patrie, à l'amitié fidèle,
Et vous faire oublier, après tant de tourments,
A force de vertus, tous mes égarements.

FIN DU DUC D'ALENÇON.

AMÉLIE,

ou

LE DUC DE FOIX,

TRAGÉDIE EN CINQ ACTES,

REPRÉSENTÉE, POUR LA PREMIÈRE FOIS, A PARIS, LE 17 AOUT 1752[1].

---

[1] Voyez les notes pages 281 et 284. B.

PERSONNAGES.

LE DUC DE FOIX.
AMÉLIE.
VAMIR, frère du duc de Foix.
LISOIS.
TAÏSE, confidente d'Amélie.
UN OFFICIER DU DUC DE FOIX.
ÉMAR, confident de Vamir.

La scène est dans le palais du duc de Foix.

AMÉLIE,

OU

LE DUC DE FOIX[1].

ACTE PREMIER.

SCÈNE I.

AMÉLIE, LISOIS.

LISOIS.

* Souffrez qu'en arrivant dans ce séjour d'alarmes,
* Je dérobe un moment au tumulte des armes :
Le grand cœur d'Amélie est du parti des rois ;
Contre eux, vous le savez, je sers le duc de Foix ;
Ou plutôt je combats ce redoutable maire,
Ce Pepin qui, du trône heureux dépositaire,
En subjuguant l'état, en soutient la splendeur,
Et de Thierri son maître ose être protecteur.
Le duc de Foix ici vous tient sous sa puissance :
J'ai de sa passion prévu la violence ;
Et sur lui, sur moi-même, et sur votre intérêt,
Je viens ouvrir mon cœur, et dicter mon arrêt.

[1] On a indiqué par des astérisques les vers qui sont dans *Adélaïde*. K.

*Écoutez-moi, madame, et vous pourrez connaître
*L'ame d'un vrai soldat, digne de vous, peut-être.

AMÉLIE.

*Je sais quel est Lisois; sa noble intégrité.
*Sur ses lèvres toujours plaça la vérité.
*Quoi que vous m'annonciez, je vous croirai sans peine.

LISOIS.

*Sachez que si dans Foix mon zèle me ramène,
Si de ce prince altier j'ai suivi les drapeaux,
Si je cours pour lui seul à des périls nouveaux,
*Je n'approuvai jamais la fatale alliance
*Qui le soumet au Maure, et l'enlève à la France;
*Mais, dans ces temps affreux de discorde et d'horreur,
*Je n'ai d'autre parti que celui de mon cœur.
*Non que pour ce héros mon ame prévenue
*Prétende à ses défauts fermer toujours ma vue :
*Je ne m'aveugle pas; je vois avec douleur
*De ses emportements l'indiscrète chaleur;
*Je vois que de ses sens l'impétueuse ivresse
*L'abandonne aux excès d'une ardente jeunesse;
*Et ce torrent fougueux, que j'arrête avec soin,
*Trop souvent me l'arrache, et l'emporte trop loin.
*Mais il a des vertus qui rachètent ses vices.
*Eh! qui saurait, madame, où placer ses services,
*S'il ne nous fallait suivre et ne chérir jamais
*Que des cœurs sans faiblesse, et des princes parfaits?
*Tout le mien est à lui; mais enfin cette épée
*Dans le sang des Français à regret s'est trempée;
Je voudrais à l'état rendre le duc de Foix.

AMÉLIE.

Seigneur, qui le peut mieux que le sage Lisois?

Si ce prince égaré chérit encor sa gloire,
C'est à vous de parler, et c'est vous qu'il doit croire.
Dans quel affreux parti s'est-il précipité!

LISOIS.

* Je ne peux à mon choix fléchir sa volonté.
* J'ai souvent, de son cœur aigrissant les blessures,
* Révolté sa fierté par des vérités dures :
* Vous seule à votre roi le pourriez rappeler,
* Et c'est de quoi surtout je cherche à vous parler.
Dans des temps plus heureux j'osai, belle Amélie,
Consacrer à vos lois le reste de ma vie;
* Je crus que vous pouviez, approuvant mon dessein,
* Accepter sans mépris mon hommage et ma main;
Mais à d'autres destins je vous vois réservée.
Par les Maures cruels dans Leucate enlevée,
Lorsque le sort jaloux portait ailleurs mes pas,
Cet heureux duc de Foix vous sauva de leurs bras :
* La gloire en est à lui, qu'il en ait le salaire;
* Il a par trop de droits mérité de vous plaire;
* Il est prince, il est jeune, il est votre vengeur :
* Ses bienfaits et son nom, tout parle en sa faveur.
* La justice et l'amour vous pressent de vous rendre :
* Je n'ai rien fait pour vous, je n'ai rien à prétendre :
* Je me tais... Cependant, s'il faut vous mériter,
* A tout autre qu'à lui j'irais vous disputer :
* Je céderais à peine aux enfants des rois même;
* Mais ce prince est mon chef, il me chérit, je l'aime;
* Lisois, ni vertueux, ni superbe à demi,
* Aurait bravé le prince, et cède à son ami.
* Je fais plus; de mes sens maîtrisant la faiblesse,
* J'ose de mon rival appuyer la tendresse,

THÉATRE. II.

* Vous montrer votre gloire, et ce que vous devez
* Au héros qui vous sert et par qui vous vivez.
* Je verrai d'un œil sec, et d'un cœur sans envie,
* Cet hymen qui pouvait empoisonner ma vie.
* Je réunis pour vous mon service et mes vœux;
* Ce bras qui fut à lui combattra pour tous deux :
* Voilà mes sentiments. Si je me sacrifie,
* L'amitié me l'ordonne, et surtout la patrie.
* Songez que si l'hymen vous range sous sa loi,
* Si le prince est à vous, il est à votre roi.

AMÉLIE.

* Qu'avec étonnement, seigneur, je vous contemple!
* Que vous donnez au monde un rare et grand exemple!
* Quoi! ce cœur (je le crois sans feinte et sans détour)
* Connaît l'amitié seule, et peut braver l'amour!
* Il faut vous admirer, quand on sait vous connaître :
* Vous servez votre ami, vous servirez mon maître.
* Un cœur si généreux doit penser comme moi :
* Tous ceux de votre sang sont l'appui de leur roi.
* Eh bien! de vos vertus je demande une grace.

LISOIS.

* Vos ordres sont sacrés : que faut-il que je fasse?

AMÉLIE.

* Vos conseils généreux me pressent d'accepter
* Ce rang dont un grand prince a daigné me flatter.
* Je ne me cache point combien son choix m'honore;
* J'en vois toute la gloire; et quand je songe encore
* Qu'avant qu'il fût épris de ce funeste amour,
* Il daigna me sauver et l'honneur et le jour,
* Tout ennemi qu'il est de son roi légitime,
* Tout allié du Maure, et protecteur du crime,

* Accablée à ses yeux du poids de ses bienfaits,
* Je crains de l'affliger, seigneur, et je me tais.
* Mais, malgré son service et ma reconnaissance,
* Il faut par des refus répondre à sa constance;
* Sa passion m'afflige; il est dur à mon cœur,
* Pour prix de ses bontés, de causer son malheur.
Non, seigneur, il lui faut épargner cet outrage.
Qui pourrait mieux que vous gouverner son courage?
Est-ce à ma faible voix d'annoncer son devoir?
Je suis loin de chercher ce dangereux pouvoir.
* Quel appareil affreux! quel temps pour l'hyménée!
* Des armes de mon roi la ville environnée
N'attend que des assauts, ne voit que des combats;
Le sang de tous côtés coule ici sous mes pas.
Armé contre mon maître, armé contre son frère!
Que de raisons... Seigneur, c'est en vous que j'espère.
Pardonnez... achevez vos desseins généreux;
Qu'il me rende à mon roi, c'est tout ce que je veux.
Ajoutez cet effort à l'effort que j'admire;
Vous devez sur son cœur avoir pris quelque empire.
Un esprit mâle et ferme, un ami respecté,
Fait parler le devoir avec autorité;
Ses conseils sont des lois.

LISOIS.

Il en est peu, madame,
Contre les passions qui subjuguent son ame;
Et son emportement a droit de m'alarmer.
Le prince est soupçonneux, et j'osai vous aimer.
* Quels que soient les ennuis dont votre cœur soupire,
* Je vous ai déjà dit ce que j'ai dû vous dire.
Laissez-moi ménager son esprit ombrageux;

Je crains d'effaroucher ses feux impétueux ;
* Je sais à quel excès irait sa jalousie,
* Quel poison mes discours répandraient sur sa vie :
* Je vous perdrais peut-être, et mes soins dangereux,
* Madame, avec un mot, feraient trois malheureux.
* Vous, à vos intérêts rendez-vous moins contraire,
* Pesez sans passion l'honneur qu'il vous veut faire.
* Moi, libre entre vous deux, souffrez que, dès ce jour,
* Oubliant à jamais le langage d'amour,
* Tout entier à la guerre, et maître de mon ame,
* J'abandonne à leur sort et vos vœux et sa flamme.
* Je crains de l'outrager; je crains de vous trahir;
* Et ce n'est qu'aux combats que je dois le servir.
* Laissez-moi d'un soldat garder le caractère,
* Madame; et puisque enfin la France vous est chère,
* Rendez-lui ce héros qui serait son appui :
* Je vous laisse y penser; et je cours près de lui.

SCÈNE II.
AMÉLIE, TAISE.

AMÉLIE.

Ah ! s'il faut à ce prix le donner à la France,
Un si grand changement n'est pas en ma puissance,
Taïse, et cet hymen est un crime à mes yeux.

TAÏSE.

Quoi ! le prince à ce point vous serait odieux ?
* Quoi ! dans ces tristes temps de ligues et de haines,
* Qui confondent des droits les bornes incertaines,
* Où le meilleur parti semble encor si douteux,
* Où les enfants des rois sont divisés entre eux;

*Vous qu'un astre plus doux semblait avoir formée
Pour l'unique douceur d'aimer et d'être aimée,
Pouvez-vous n'opposer qu'un sentiment d'horreur
Aux soupirs d'un héros qui fut votre vengeur?
Vous savez que ce prince au rang de ses ancêtres
Compte les premiers rois que la France eut pour maîtres.
D'un puissant apanage il est né souverain;
Il vous aime, il vous sert, il vous offre sa main.
Ce rang à qui tout cède, et pour qui tout s'oublie,
Brigué par tant d'appas, objet de tant d'envie,
*Ce rang qui touche au trône, et qu'on met à vos pieds,
*Peut-il causer les pleurs dont vos yeux sont noyés?

AMÉLIE.

Quoi! pour m'avoir sauvée, il faudra qu'il m'opprime!
De son fatal secours je serai la victime!
Je lui dois tout sans doute, et c'est pour mon malheur.

TAÏSE.

C'est être trop injuste.

AMÉLIE.

Eh bien! connais mon cœur,
Mon devoir, mes douleurs, le destin qui me lie;
Je mets entre tes mains le secret de ma vie:
De ta foi désormais c'est trop me défier,
Et je me livre à toi pour me justifier.
Vois combien mon devoir à ses vœux est contraire;
Mon cœur n'est point à moi, ce cœur est à son frère.

TAÏSE.

Quoi! ce vaillant Vamir?

AMÉLIE.

Nos serments mutuels
Devançaient les serments réservés aux autels.

J'attendais, dans Leucate en secret retirée,
Qu'il y vînt dégager la foi qu'il m'a jurée,
Quand les Maures cruels, inondant nos déserts,
Sous mes toits embrasés me chargèrent de fers.
Le duc est l'allié de ce peuple indomptable;
Il me sauva, Taïse, et c'est ce qui m'accable.
Mes jours à mon amant seront-ils réservés?
* Jours tristes, jours affreux, qu'un autre a conservés!

TAÏSE.

Pourquoi donc, avec lui vous obstinant à feindre,
Nourrir en lui des feux qu'il vous faudrait éteindre?
Il eût pu respecter ces saints engagements.
Vous eussiez mis un frein à ses emportements.

AMÉLIE.

Je ne le puis; le ciel, pour combler mes misères,
Voulut l'un contre l'autre animer les deux frères.
Vamir, toujours fidèle à son maître, à nos lois,
A contre un révolté vengé l'honneur des rois.
De son rival altier tu vois la violence;
J'oppose à ses fureurs un douloureux silence.
Il ignore, du moins, qu'en des temps plus heureux
Vamir a prévenu ses desseins amoureux :
S'il en était instruit, sa jalousie affreuse
Le rendrait plus à craindre, et moi plus malheureuse.
C'en est trop, il est temps de quitter ses états :
Fuyons des ennemis, mon roi me tend les bras.
Ces prisonniers, Taïse, à qui le sang te lie,
De ces murs en secret méditent leur sortie :
Ils pourront me conduire, ils pourront m'escorter;
Il n'est point de péril que je n'ose affronter.
Je hasarderai tout, pourvu qu'on me délivre

De la prison illustre où je ne saurais vivre.
TAÏSE.
Madame, il vient à vous.
AMÉLIE.
Je ne puis lui parler,
Il verrait trop mes pleurs toujours prêts à couler.
Que ne puis-je à jamais éviter sa poursuite!

SCÈNE III.
LE DUC DE FOIX, LISOIS, TAISE.

LE DUC, à Taïse.
Est-ce elle qui m'échappe? est-ce elle qui m'évite?
Taïse, demeurez; vous connaissez trop bien
Les transports douloureux d'un cœur tel que le mien.
Vous savez si je l'aime, et si je l'ai servie,
Si j'attends d'un regard le destin de ma vie.
Qu'elle n'étende pas l'excès de son pouvoir
Jusqu'à porter ma flamme au dernier désespoir :
Je hais ces vains respects, cette reconnaissance,
Que sa froideur timide oppose à ma constance.
Le plus léger délai m'est un cruel refus,
Un affront que mon cœur ne pardonnera plus.
C'est en vain qu'à la France, à son maître fidèle,
Elle étale à mes yeux le faste de son zèle;
Il est temps que tout cède à mon amour, à moi;
Qu'elle trouve en moi seul sa patrie et son roi.
Elle me doit la vie, et jusqu'à l'honneur même;
*Et moi je lui dois tout, puisque c'est moi qui l'aime.
Unis par tant de droits, c'est trop nous séparer;
L'autel est prêt, j'y cours; allez l'y préparer.

SCÈNE IV.

LE DUC, LISOIS.

LISOIS.

Seigneur, songez-vous bien que de cette journée
Peut-être de l'état dépend la destinée?

LE DUC.

Oui, vous me verrez vaincre, ou mourir son époux.

LISOIS.

L'ennemi s'avançait, et n'est pas loin de nous.

LE DUC.

Je l'attends sans le craindre, et je vais le combattre.
Crois-tu que ma faiblesse ait pu jamais m'abattre?
Penses-tu que l'amour, mon tyran, mon vainqueur,
De la gloire en mon ame ait étouffé l'ardeur?
Si l'ingrate me hait, je veux qu'elle m'admire;
Elle a sur moi sans doute un souverain empire,
Et n'en a point assez pour flétrir ma vertu.
Ah! trop sévère ami, que me reproches-tu?
Non, ne me juge point avec tant d'injustice.
*Est-il quelque Français que l'amour avilisse?
*Amants aimés, heureux, ils vont tous aux combats,
Et du sein du bonheur ils volent au trépas.
Je mourrai digne au moins de l'ingrate que j'aime.

LISOIS.

Que mon prince plutôt soit digne de lui-même!
Le salut de l'état m'occupait en ce jour;
*Je vous parle du vôtre, et vous parlez d'amour!
Seigneur, des ennemis j'ai visité l'armée;
Déjà de tous côtés la nouvelle est semée

ACTE I, SCÈNE IV.

Que Vamir votre frère est armé contre nous.
Je sais que dès long-temps il s'éloigna de vous.
Vamir ne m'est connu que par la renommée :
Mais si, par le devoir, par la gloire animée,
Son ame écoute encor ces premiers sentiments
Qui l'attachaient à vous dans la fleur de vos ans,
Il peut vous ménager une paix nécessaire ;
Et mes soins...

LE DUC.

Moi, devoir quelque chose à mon frère !
Près de mes ennemis mendier sa faveur !
Pour le haïr sans doute il en coûte à mon cœur ;
Je n'ai point oublié notre amitié passée ;
Mais puisque ma fortune est par lui traversée,
Puisque mes ennemis l'ont détaché de moi,
Qu'il reste au milieu d'eux, qu'il serve sous un roi.
Je ne veux rien de lui.

LISOIS.

Votre fière constance
D'un monarque irrité brave trop la vengeance.

LE DUC.

Quel monarque ! un fantôme, un prince efféminé,
Indigne de sa race, esclave couronné,
Sur un trône avili soumis aux lois d'un maire !
De Pepin son tyran je crains peu la colère ;
Je déteste un sujet qui croit m'intimider,
Et je méprise un roi qui n'ose commander :
Puisqu'il laisse usurper sa grandeur souveraine,
Dans mes états au moins je soutiendrai la mienne.
Ce cœur est trop altier pour adorer les lois
De ce maire insolent, l'oppresseur de ses rois ;

Et Clovis, que je compte au rang de mes ancêtres,
N'apprit point à ses fils à ramper sous des maîtres.
Les Arabes du moins s'arment pour me venger,
Et tyran pour tyran, j'aime mieux l'étranger.

LISOIS.

Vous haïssez un maire, et votre haine est juste;
Mais ils ont des Français sauvé l'empire auguste,
Tandis que nous aidons l'Arabe à l'opprimer;
Cette triste alliance a de quoi m'alarmer;
Nous préparons peut-être un avenir horrible.
L'exemple de l'Espagne est honteux et terrible;
Ces brigands africains sont des tyrans nouveaux,
Qui font servir nos mains à creuser nos tombeaux.
Ne vaudrait-il pas mieux fléchir avec prudence?

LE DUC.

Non, je ne peux jamais implorer qui m'offense.

LISOIS.

Mais vos vrais intérêts, oubliés trop long-temps...

LE DUC.

Mes premiers intérêts sont mes ressentiments.

LISOIS.

Ah! vous écoutez trop l'amour et la colère.

LE DUC.

Je le sais, je ne peux fléchir mon caractère.

LISOIS.

On le peut, on le doit, je ne vous flatte pas;
Mais en vous condamnant, je suivrai tous vos pas.
Il faut à son ami montrer son injustice,
*L'éclairer, l'arrêter au bord du précipice.
*Je l'ai dû, je l'ai fait, malgré votre courroux;
*Vous y voulez tomber, et j'y cours avec vous.

LE DUC.

Ami, que m'as-tu dit?

LISOIS.

Ce que j'ai dû vous dire.
Écoutez un peu plus l'amitié qui m'inspire.
Quel parti prendrez-vous?

LE DUC.

Quand mes brûlants desirs
Auront soumis l'objet qui brave mes soupirs;
Quand l'ingrate Amélie, à son devoir rendue,
Aura remis la paix dans cette ame éperdue;
Alors j'écouterai tes conseils généreux.
Mais jusqu'à ce moment sais-je ce que je veux?
Tant d'agitations, de tumulte, d'orages,
Ont sur tous les objets répandu des nuages.
Puis-je prendre un parti? puis-je avoir un dessein?
Allons près du tyran qui seul fait mon destin;
Que l'ingrate à son gré décide de ma vie,
Et nous déciderons du sort de la patrie.

FIN DU PREMIER ACTE.

ACTE SECOND.

SCÈNE I.
LE DUC.

Osera-t-elle encor refuser de me voir ?
Ne craindra-t-elle point d'aigrir mon désespoir ?
Ah ! c'est moi seul ici qui tremble de déplaire.
Ame superbe et faible ! esclave volontaire !
Cours aux pieds de l'ingrate abaisser ton orgueil ;
Vois tes jours dépendant d'un mot et d'un coup d'œil.
Lâche, consume-les dans l'éternel passage
Du dépit aux respects, et des pleurs à la rage.
Pour la dernière fois je prétends lui parler.
Allons...

SCÈNE II.
LE DUC, AMÉLIE ET TAISE dans le fond.

AMÉLIE.
J'espère encore, et tout me fait trembler.
Vamir tenterait-il une telle entreprise ?
Que de dangers nouveaux ! Ah ! que vois-je, Taïse ?

LE DUC.
J'ignore quel objet attire ici vos pas,
Mais vos yeux disent trop qu'ils ne me cherchent pas.
Quoi ! vous les détournez ? Quoi ! vous voulez encore
Insulter aux tourments d'un cœur qui vous adore,

Et, de la tyrannie exerçant le pouvoir,
Nourrir votre fierté de mon vain désespoir ?
C'est à ma triste vie ajouter trop d'alarmes,
Trop flétrir des lauriers arrosés de mes larmes,
Et qui me tiendront lieu de malheur et d'affront,
S'ils ne sont par vos mains attachés sur mon front;
*Si votre incertitude, alarmant mes tendresses,
*Peut encor démentir la foi de vos promesses.

AMÉLIE.

*Je ne vous promis rien : vous n'avez point ma foi;
*Et la reconnaissance est tout ce que je doi.

LE DUC.

*Quoi! lorsque de ma main je vous offrais l'hommage?..

AMÉLIE.

*D'un si noble présent j'ai vu tout l'avantage;
*Et sans chercher ce rang qui ne m'était pas dû,
*Par de justes respects je vous ai répondu.
*Vos bienfaits, votre amour, et mon amitié même,
*Tout vous flattait sur moi d'un empire suprême;
*Tout vous a fait penser qu'un rang si glorieux,
*Présenté par vos mains, éblouirait mes yeux.
*Vous vous trompiez : il faut rompre enfin le silence.
*Je vais vous offenser; je me fais violence;
*Mais, réduite à parler, je vous dirai, seigneur,
*Que l'amour de mes rois est gravé dans mon cœur.
Votre sang est auguste, et le mien est sans crime;
Il coula pour l'état, que l'étranger opprime.
Cominge, mon aïeul, dans mon cœur a transmis
*La haine qu'un Français doit à ses ennemis;
*Et sa fille jamais n'acceptera pour maître
*L'ami de nos tyrans, quelque grand qu'il puisse être.

*Voilà les sentiments que son sang m'a tracés;
*Et s'ils vous font rougir, c'est vous qui m'y forcez.

LE DUC.

*Je suis, je l'avouerai, surpris de ce langage;
*Je ne m'attendais pas à ce nouvel outrage,
*Et n'avais pas prévu que le sort en courroux,
*Pour m'accabler d'affronts, dût se servir de vous.
*Vous avez fait, madame, une secrète étude
*Du mépris, de l'insulte, et de l'ingratitude;
*Et votre cœur, enfin, lent à se déployer,
*Hardi par ma faiblesse, a paru tout entier.
*Je ne connaissais pas tout ce zèle héroïque,
*Tant d'amour pour l'état, et tant de politique.
*Mais, vous qui m'outragez, me connaissez-vous bien?
*Vous reste-t-il ici de parti que le mien?
M'osez-vous reprocher une heureuse alliance,
Qui fait ma sûreté, qui soutient ma puissance,
Sans qui vous gémiriez dans la captivité,
A qui vous avez dû l'honneur, la liberté?
*Est-ce donc là le prix de vous avoir servie?

AMÉLIE.

*Oui, vous m'avez sauvée; oui, je vous dois la vie;
*Mais de mes tristes jours ne puis-je disposer?
*Me les conserviez-vous pour les tyranniser?

LE DUC.

*Je deviendrai tyran, mais moins que vous, cruelle;
*Mes yeux lisent trop bien dans votre ame rebelle;
*Tous vos prétextes faux m'apprennent vos raisons,
*Je vois mon déshonneur, je vois vos trahisons.
*Quel que soit l'insolent que ce cœur me préfère,
*Redoutez mon amour, tremblez de ma colère;

*C'est lui seul désormais que mon bras va chercher ;
*De son cœur tout sanglant j'irai vous arracher ;
*Et si, dans les horreurs du sort qui nous accable,
*De quelque joie encor ma fureur est capable,
*Je la mettrai, perfide, à vous désespérer.

AMÉLIE.

*Non, seigneur, la raison saura vous éclairer.
*Non, votre ame est trop noble, elle est trop élevée,
*Pour opprimer ma vie, après l'avoir sauvée.
*Mais si votre grand cœur s'avilissait jamais
*Jusqu'à persécuter l'objet de vos bienfaits,
*Sachez que ces bienfaits, vos vertus, votre gloire,
*Plus que vos cruautés, vivront dans ma mémoire.
*Je vous plains, vous pardonne, et veux vous respecter ;
*Je vous ferai rougir de me persécuter ;
*Et je conserverai, malgré votre menace,
*Une ame sans courroux, sans crainte, et sans audace.

LE DUC.

*Arrêtez ; pardonnez aux transports égarés,
*Aux fureurs d'un amant que vous désespérez.
*Je vois trop qu'avec vous Lisois d'intelligence,
*D'une cour qui me hait embrasse la défense ;
*Que vous voulez tous deux m'unir à votre roi,
*Et de mon sort enfin disposer malgré moi.
*Vos discours sont les siens. Ah ! parmi tant d'alarmes,
*Pourquoi recourez-vous à ces nouvelles armes ?
*Pour gouverner mon cœur, l'asservir, le changer,
*Aviez-vous donc besoin d'un secours étranger ?
*Aimez, il suffira d'un mot de votre bouche.

AMÉLIE.

*Je ne vous cache point que du soin qui me touche,

*A votre ami, seigneur, mon cœur s'était remis ;
*Je vois qu'il a plus fait qu'il ne m'avait promis.
*Ayez pitié des pleurs que mes yeux lui confient ;
*Vous les faites couler, que vos mains les essuient.
*Devenez assez grand pour apprendre à dompter
*Des feux que mon devoir me force à rejeter.
*Laissez-moi tout entière à la reconnaissance.

LE DUC.

*Ainsi le seul Lisois a votre confiance !
*Mon outrage est connu ; je sais vos sentiments.

AMÉLIE.

*Vous les pourrez, seigneur, connaître avec le temps ;
*Mais vous n'aurez jamais le droit de les contraindre,
*Ni de les condamner, ni même de vous plaindre.
*Du généreux Lisois j'ai recherché l'appui ;
*Imitez sa grande ame, et pensez comme lui.

SCÈNE III.

LE DUC.

*Eh bien ! c'en est donc fait ; l'ingrate, la parjure,
*A mes yeux sans rougir étale mon injure :
*De tant de trahisons l'abîme est découvert ;
*Je n'avais qu'un ami, c'est lui seul qui me perd.
*Amitié, vain fantôme, ombre que j'ai chérie,
*Toi qui me consolais des malheurs de ma vie,
*Bien que j'ai trop aimé, que j'ai trop méconnu,
*Trésor cherché sans cesse, et jamais obtenu !
*Tu m'as trompé, cruelle, autant que l'amour même ;
*Et maintenant, pour prix de mon erreur extrême,

*Détrompé des faux biens, trop faits pour me charmer,
*Mon destin me condamne à ne plus rien aimer.
*Le voilà cet ingrat qui, fier de son parjure,
*Vient encor de ses mains déchirer ma blessure.

SCÈNE IV.

LE DUC, LISOIS.

LISOIS.

A vos ordres, seigneur, vous me voyez rendu.
D'où vient sur votre front ce chagrin répandu?
Votre ame, aux passions long-temps abandonnée,
A-t-elle en liberté pesé sa destinée?

LE DUC.

Oui.

LISOIS.

Quel est le projet où vous vous arrêtez?

LE DUC.

D'ouvrir enfin les yeux aux infidélités,
De sentir mon malheur, et d'apprendre à connaître
La perfide amitié d'un rival et d'un traître.

LISOIS.

Comment?

LE DUC.

C'en est assez.

LISOIS.

C'en est trop, entre nous.
Ce traître, quel est-il?

LE DUC.

Me le demandez-vous?
De l'affront inouï qui vient de me confondre,

Quel autre était instruit ? quel autre en doit répondre ?
*Je sais trop qu'Amélie ici vous a parlé ;
*En vous nommant à moi, l'infidèle a tremblé ;
*Vous affectez sur elle un odieux silence ;
*Interprète muet de votre intelligence.
Je ne sais qui des deux je dois plus détester.

LISOIS.

Vous sentez-vous capable au moins de m'écouter ?

LE DUC.

*Je le veux.

LISOIS.

Pensez-vous que j'aime encor la gloire ?
*M'estimez-vous encore, et pouvez-vous me croire ?

LE DUC.

*Oui, jusqu'à ce moment je vous crus vertueux,
*Je vous crus mon ami.

LISOIS.

Ces titres précieux
Ont été jusqu'ici la règle de ma vie ;
Mais vous, méritez-vous que je me justifie ?
*Apprenez qu'Amélie avait touché mon cœur,
*Avant que, de sa vie heureux libérateur,
*Vous eussiez, par vos soins, par cet amour sincère,
*Surtout par vos bienfaits, tant de droits de lui plaire.
*Moi, plus soldat que tendre, et dédaignant toujours
*Ce grand art de séduire, inventé dans les cours,
*Ce langage flatteur, et souvent si perfide,
*Peu fait pour mon esprit peut-être trop rigide,
*Je lui parlai d'hymen ; et ce nœud respecté,
*Resserré par l'estime et par l'égalité,
*Pouvait lui préparer des destins plus propices

*Qu'un rang plus élevé, mais sur des précipices.
*Hier avec la nuit je vins dans vos remparts ;
*Tout votre cœur parut à mes premiers regards.
*Aujourd'hui j'ai revu cet objet de vos larmes,
*D'un œil indifférent j'ai regardé ses charmes,
Et je me suis vaincu, sans rendre de combats.
J'ai fait valoir vos feux, que je n'approuve pas ;
*J'ai de tous vos bienfaits rappelé la mémoire,
*L'éclat de votre rang ; celui de votre gloire,
*Sans cacher vos défauts, vantant votre vertu ;
*Et pour vous, contre moi, j'ai fait ce que j'ai dû.
*Je m'immole à vous seul, et je me rends justice ;
*Et si ce n'est assez d'un pareil sacrifice,
*S'il est quelque rival qui vous ose outrager,
*Tout mon sang est à vous, et je cours vous venger.

LE DUC.

Que tout ce que j'entends t'élève et m'humilie !
Ah ! tu devais sans doute adorer Amélie :
Mais qui peut commander à son cœur enflammé ?
Non, tu n'as pas vaincu ; tu n'avais point aimé.

LISOIS.

J'aimais ; et notre amour suit notre caractère.

LE DUC.

Je ne peux t'imiter : mon ardeur m'est trop chère.
Je t'admire avec honte, il le faut avouer.
*Mon cœur...

LISOIS.

Aimez-moi, prince, au lieu de me louer ;
*Et si vous me devez quelque reconnaissance,
*Faites votre bonheur, il est ma récompense.
*Vous voyez quelle ardente et fière inimitié

29.

*Votre frère nourrit contre votre allié :
La suite, croyez-moi, peut en être funeste ;
Vous êtes sous un joug que ce peuple déteste.
Je prévois que bientôt on verra réunis
*Les débris dispersés de l'empire des lis.
Chaque jour nous produit un nouvel adversaire ;
Hier le Béarnais, aujourd'hui votre frère.
*Le pur sang de Clovis est toujours adoré ;
*Tôt ou tard il faudra que de ce tronc sacré
*Les rameaux divisés et courbés par l'orage,
*Plus unis et plus beaux, soient notre unique ombrage.
Vous, placé près du trône, à ce trône attaché,
Si les malheurs des temps vous en ont arraché,
A des nœuds étrangers s'il fallut nous résoudre,
L'intérêt qui les forme a droit de les dissoudre.
On pourrait balancer avec dextérité
Des maires du palais la fière autorité ;
Et bientôt par vos mains leur puissance affaiblie...

LE DUC.

Je le souhaite au moins ; mais crois-tu qu'Amélie
*Dans son cœur amolli partagerait mes feux,
*Si le même parti nous unissait tous deux ?
*Penses-tu qu'à m'aimer je pourrais la réduire ?

LISOIS.

*Dans le fond de son cœur je n'ai point voulu lire ;
*Mais qu'importent pour vous ses vœux et ses desseins ?
*Faut-il que l'amour seul fasse ici nos destins ?
Lorsque le grand Clovis, aux champs de la Touraine,
Détruisit les vainqueurs de la grandeur romaine ;
*Quand son bras arrêta, dans nos champs inondés,
*Des Ariens sanglants les torrents débordés,

*Tant d'honneurs étaient-ils l'effet de sa tendresse?
*Sauva-t-il son pays pour plaire à sa maîtresse?
Mon bras contre un rival est prêt à vous servir;
*Je voudrais faire plus, je voudrais vous guérir.
*On connaît peu l'amour, on craint trop son amorce;
*C'est sur nos passions qu'il a fondé sa force;
*C'est nous qui, sous son nom, troublons notre repos;
*Il est tyran du faible, esclave du héros.
*Puisque je l'ai vaincu, puisque je le dédaigne,
*Sur le sang de nos rois souffrirez-vous qu'il règne?
*Vos autres ennemis par vous sont abattus;
*Et vous devez en tout l'exemple des vertus.

LE DUC.

*Le sort en est jeté, je ferai tout pour elle :
*Il faut bien à la fin désarmer la cruelle.
*Ses lois seront mes lois, son roi sera le mien :
*Je n'aurai de parti, de maître que le sien.
*Possesseur d'un trésor où s'attache ma vie,
*Avec mes ennemis je me réconcilie.
*Je lirai dans ses yeux mon sort et mon devoir.
*Mon cœur est enivré de cet heureux espoir.
Je n'ai point de rival, j'avais tort de me plaindre;
Si tu n'es point aimé, quel mortel ai-je à craindre?
Qui pourrait, dans ma cour, avoir poussé l'orgueil
Jusqu'à laisser vers elle échapper un coup d'œil?
*Enfin plus de prétexte à ses refus injustes;
*Raison, gloire, intérêt, et tous ces droits augustes
*Des princes de mon sang et de mes souverains,
*Sont des liens sacrés resserrés par ses mains.
*Du roi, puisqu'il le faut, soutenons la couronne;
*La vertu le conseille, et la beauté l'ordonne.

*Je veux entre tes mains, dans ce fortuné jour,
*Sceller tous les serments que je fais à l'amour.
*Quant à mes intérêts, que toi seul en décide.

LISOIS.

*Souffrez donc près du roi que mon zèle me guide.
*Peut-être il eût fallu que ce grand changement
*Ne fût dû qu'au héros, et non pas à l'amant;
*Mais si d'un si grand cœur une femme dispose,
*L'effet en est trop beau pour en blâmer la cause;
*Et mon cœur, tout rempli de cet heureux retour,
*Bénit votre faiblesse, et rend grace à l'amour.

SCÈNE V.

LE DUC, LISOIS, UN OFFICIER.

L'OFFICIER.

Seigneur, auprès des murs les ennemis paraissent :
On prépare l'assaut; le temps, les périls pressent :
Nous attendons votre ordre.

LE DUC.

Eh bien ! cruels destins,
Vous l'emportez sur moi, vous trompez mes desseins.
Plus d'accord, plus de paix, je vole à la victoire;
Méritons Amélie en me couvrant de gloire.
Je ne suis pas en peine, ami, de résister
Aux téméraires mains qui m'osent insulter.
De tous les ennemis qu'il faut combattre encore,
Je n'en redoute qu'un, c'est celui que j'adore.

FIN DU SECOND ACTE.

ACTE TROISIÈME.

SCÈNE I.

LE DUC, LISOIS.

LE DUC.

La victoire est à nous, vos soins l'ont assurée.
Vous avez su guider ma jeunesse égarée.
*Lisois m'est nécessaire aux conseils, aux combats,
*Et c'est à sa grande âme à diriger mon bras.

LISOIS.

*Prince, ce feu guerrier, qu'en vous on voit paraître,
*Sera maître de tout, quand vous en serez maître :
*Vous l'avez pu régler, et vous avez vaincu.
*Ayez dans tous les temps cette heureuse vertu :
L'effet en est illustre, autant qu'il est utile.
Le faible est inquiet, le grand homme est tranquille.

LE DUC.

Ah! l'amour est-il fait pour la tranquillité?
Mais le chef inconnu sur nos remparts monté,
Qui tint seul si long-temps la victoire en balance,
Qui m'a rendu jaloux de sa haute vaillance,
Que devient-il?

LISOIS.

Seigneur, environné de morts,
Il a seul repoussé nos plus puissants efforts.
Mais ce qui me confond, et qui doit vous surprendre,

Pouvant nous échapper, il est venu se rendre;
Sans vouloir se nommer, et sans se découvrir,
Il accusait le ciel, et cherchait à mourir.
Un seul de ses suivants auprès de lui partage
La douleur qui l'accable, et le sort qui l'outrage.

LE DUC.

Quel est donc, cher ami, ce chef audacieux,
Qui, cherchant le trépas, se cachait à nos yeux?
Son casque était fermé. Quel charme inconcevable,
Quand je l'ai combattu, le rendait respectable?
*Un je ne sais quel trouble en moi s'est élevé:
*Soit que ce triste amour, dont je suis captivé,
*Sur mes sens égarés répandant sa tendresse,
*Jusqu'au sein des combats m'ait prêté sa faiblesse;
*Qu'il ait voulu marquer toutes mes actions
*Par la molle douceur de ses impressions;
*Soit plutôt que la voix de ma triste patrie
*Parle encore en secret au cœur qui l'a trahie,
Ou que le trait fatal enfoncé dans ce cœur,
Corrompe en tous les temps ma gloire et mon bonheur.

LISOIS.

Quant aux traits dont votre ame a senti la puissance,
Tous les conseils sont vains, agréez mon silence.
Mais ce sang des Français, que nos mains font couler,
Mais l'état, la patrie, il faut vous en parler.
Vos nobles sentiments peuvent encor paraître:
*Il est beau de donner la paix à votre maître:
*Son égal aujourd'hui, demain dans l'abandon,
*Vous vous verriez réduit à demander pardon.
Sûr enfin d'Amélie et de votre fortune,
Fondez votre grandeur sur la cause commune;

ACTE III, SCÈNE II. 457

Ce guerrier, quel qu'il soit, remis entre vos mains,
Pourra servir lui-même à vos justes desseins :
*De cet heureux moment saisissons l'avantage.

LE DUC.

Ami, de ma parole Amélie est le gage ;
Je la tiendrai : je vais dès ce même moment
Préparer les esprits à ce grand changement.
A tes conseils heureux tous mes sens s'abandonnent ;
La gloire, l'hyménée, et la paix, me couronnent ;
Et, libre des chagrins où mon cœur fut noyé,
Je dois tout à l'amour, et tout à l'amitié.

SCÈNE II.

LISOIS; VAMIR, ÉMAR, dans le fond du théâtre.

LISOIS.

Je me trompe, ou je vois ce captif qu'on amène ;
Un des siens l'accompagne ; il se soutient à peine ;
Il paraît accablé d'un désespoir affreux.

VAMIR.

Où suis-je ? où vais-je ? ô ciel !

LISOIS.

Chevalier généreux,
Vous êtes dans des murs où l'on chérit la gloire,
Où l'on n'abuse point d'une faible victoire,
Où l'on sait respecter de braves ennemis :
C'est en de nobles mains que le sort vous a mis.
Ne puis-je vous connaître ? et faut-il qu'on ignore
De quel grand prisonnier le duc de Foix s'honore ?

VAMIR.

Je suis un malheureux, le jouet des destins,

Dont la moindre infortune est d'être entre vos mains.
Souffrez qu'au souverain de ce séjour funeste
Je puisse au moins cacher un sort que je déteste :
Me faut-il des témoins encor de mes douleurs ?
On apprendra trop tôt mon nom et mes malheurs.

LISOIS.

Je ne vous presse point, seigneur, je me retire ;
Je respecte un chagrin dont votre cœur soupire.
Croyez que vous pourrez retrouver parmi nous
Un destin plus heureux et plus digne de vous.

SCÈNE III.

VAMIR, ÉMAR.

VAMIR.

Un destin plus heureux ! mon cœur en désespère :
J'ai trop vécu.

ÉMAR.

Seigneur, dans un sort si contraire,
*Rendez graces au ciel de ce qu'il a permis
*Que vous soyez tombé sous de tels ennemis,
Non sous le joug affreux d'une main étrangère.

VAMIR.

Qu'il est dur bien souvent d'être aux mains de son frère !

ÉMAR.

Mais ensemble élevés, dans des temps plus heureux,
La plus tendre amitié vous unissait tous deux.

VAMIR.

Il m'aimait autrefois, c'est ainsi qu'on commence ;
Mais bientôt l'amitié s'envole avec l'enfance :
Il ne sait pas encor ce qu'il me fait souffrir,

ACTE III, SCÈNE III. 459

Et mon cœur déchiré ne saurait le haïr.

ÉMAR.

Il ne soupçonne pas qu'il ait en sa puissance
Un frère infortuné qu'animait la vengeance.

VAMIR.

Non, la vengeance, ami, n'entra point dans mon cœur;
Qu'un soin trop différent égara ma valeur!
Juste ciel! est-il vrai ce que la renommée
Annonçait dans la France à mon ame alarmée?
Est-il vrai qu'Amélie, après tant de serments,
Ait violé la foi de ses engagements?
Et pour qui? juste ciel! ô comble de l'injure!
O nœuds du tendre amour! ô lois de la nature!
Liens sacrés des cœurs, êtes-vous tous trahis?
Tous les maux dans ces lieux sont sur moi réunis.
Frère injuste et cruel!

ÉMAR.

Vous disiez qu'il ignore
Que parmi tant de biens qu'il vous enlève encore,
Amélie en effet est le plus précieux;
Qu'il n'avait jamais su le secret de vos feux.

VAMIR.

Elle le sait, l'ingrate; elle sait que ma vie
Par d'éternels serments à la sienne est unie;
Elle sait qu'aux autels nous allions confirmer
Ce devoir que nos cœurs s'étaient fait de s'aimer,
Quand le Maure enleva mon unique espérance :
Et je n'ai pu sur eux achever ma vengeance!
Et mon frère a ravi le bien que j'ai perdu!
Il jouit des malheurs dont je suis confondu.
Quel est donc en ces lieux le dessein qui m'entraîne?

La consolation, trop funeste et trop vaine,
De faire avant ma mort à ses traîtres appas
Un reproche inutile, et qu'on n'entendra pas?
Allons; je périrai, quoi que le ciel décide,
Fidèle au roi mon maître, et même à la perfide.
Peut-être, en apprenant ma constance et mon sort,
Dans les bras de mon frère elle plaindra ma mort.

ÉMAR.

Cachez vos sentiments; c'est lui qu'on voit paraître.

VAMIR.

Des troubles de mon cœur puis-je me rendre maître?

SCÈNE IV.

LE DUC, VAMIR, ÉMAR.

LE DUC.

Ce mystère m'irrite, et je prétends savoir
Quel guerrier les destins ont mis en mon pouvoir :
Il semble avec horreur qu'il détourne la vue.

VAMIR.

O lumière du jour, pourquoi m'es-tu rendue?
Te verrai-je, infidèle! en quels lieux? à quel prix?

LE DUC.

Qu'entends-je? et quels accents ont frappé mes esprits?

VAMIR.

*M'as-tu pu méconnaître?

LE DUC.

Ah, Vamir! ah, mon frère!

VAMIR.

*Ce nom jadis si cher, ce nom me désespère.

*Je ne le suis que trop ce frère infortuné,
*Ton ennemi vaincu, ton captif enchaîné.

LE DUC.

*Tu n'es plus que mon frère, et mon cœur te pardonne.
Mais, je te l'avouerai, ta cruauté m'étonne.
Si ton roi me poursuit, Vamir, était-ce à toi
A briguer, à remplir cet odieux emploi?
Que t'ai-je fait?

VAMIR.

Tu fais le malheur de ma vie;
Je voudrais qu'aujourd'hui ta main me l'eût ravie.

LE DUC.

De nos troubles civils quels effets malheureux!

VAMIR.

Les troubles de mon cœur sont encor plus affreux.

LE DUC.

*J'eusse aimé contre un autre à montrer mon courage.
*Vamir, que je te plains!

VAMIR.

Je te plains davantage
*De haïr ton pays, de trahir sans remords,
*Et le roi qui t'aimait, et le sang dont tu sors.

LE DUC.

*Arrête: épargne-moi l'infame nom de traître!
*A cet indigne mot je m'oublierais peut-être.
Non, mon frère, jamais je n'ai moins mérité
Le reproche odieux de l'infidélité.
Je suis prêt de donner à nos tristes provinces,
A la France sanglante, au reste de nos princes,
L'exemple auguste et saint de la réunion,
Après l'avoir donné de la division.

VAMIR.

Toi, tu pourrais...?

LE DUC.

Ce jour, qui semble si funeste,
Des feux de la discorde éteindra ce qui reste.

VAMIR.

Ce jour est trop horrible.

LE DUC.

Il va combler mes vœux.

VAMIR.

Comment ?

LE DUC.

Tout est changé, ton frère est trop heureux.

VAMIR.

*Je le crois; on disait que d'un amour extrême,
*Violent, effréné (car c'est ainsi qu'on aime),
*Ton cœur depuis trois mois s'occupait tout entier?

LE DUC.

*J'aime; oui, la renommée a pu le publier;
*Oui, j'aime avec fureur : une telle alliance
*Semblait pour mon bonheur attendre ta présence :
*Oui, mes ressentiments, mes droits, mes alliés,
*Gloire, amis, ennemis, je mets tout à ses pieds.

(à sa suite.)

*Allez, et dites-lui que deux malheureux frères,
*Jetés par le destin dans des partis contraires,
*Pour marcher désormais sous le même étendard,
*De ses yeux souverains n'attendent qu'un regard.

(à Vamir.)

*Ne blâme point l'amour où ton frère est en proie :
*Pour me justifier il suffit qu'on la voie.

VAMIR.

*Cruel!... elle vous aime?

LE DUC.

Elle le doit du moins :
*Il n'était qu'un obstacle au succès de mes soins :
*Il n'en est plus; je veux que rien ne nous sépare.

VAMIR.

*Quels effroyables coups le cruel me prépare!
*Écoute; à ma douleur ne veux-tu qu'insulter?
*Me connais-tu? sais-tu ce que j'osais tenter?
*Dans ces funestes lieux sais-tu ce qui m'amène?

LE DUC.

*Oublions ces sujets de discorde et de haine.

SCÈNE V.

LE DUC, VAMIR, AMÉLIE.

AMÉLIE.

Ciel! qu'est-ce que je vois? Je me meurs.

LE DUC.

Écoutez.
Mon bonheur est venu de nos calamités :
*J'ai vaincu, je vous aime, et je retrouve un frère;
*Sa présence à mes yeux vous rend encor plus chère.
*Et vous, mon frère, et vous, soyez ici témoin
*Si l'excès de l'amour peut emporter plus loin.
*Ce que votre reproche, ou bien votre prière,
*Le généreux Lisois, le roi, la France entière,
Demanderaient ensemble, et qu'ils n'obtiendraient pas,
*Soumis et subjugué, je l'offre à ses appas.

De l'ennemi des rois vous avez craint l'hommage :
Vous aimez, vous servez une cour qui m'outrage ;
Eh bien ! il faut céder ; vous disposez de moi ;
Je n'ai plus d'alliés ; je suis à votre roi.
*L'amour qui, malgré vous, nous a faits l'un pour l'autre,
*Ne me laisse de choix, de parti que le vôtre.
*Vous, courez, mon cher frère, allez dès ce moment
*Annoncer à la cour un si grand changement.
*Soyez libre, partez ; et de mes sacrifices
*Allez offrir au roi les heureuses prémices.
*Puissé-je à ses genoux présenter aujourd'hui
*Celle qui m'a dompté, qui me ramène à lui,
*Qui d'un prince ennemi fait un sujet fidèle,
*Changé par ses regards, et vertueux par elle !

VAMIR, à part.

*Il fait ce que je veux, et c'est pour m'accabler.
(à Amélie.)
*Prononcez notre arrêt, madame, il faut parler.

LE DUC.

*Eh quoi ! vous demeurez interdite et muette !
*De mes soumissions êtes-vous satisfaite ?
*Est-ce assez qu'un vainqueur vous implore à genoux ?
*Faut-il encor ma vie, ingrate ? elle est à vous.
Un mot peut me l'ôter ; la fin m'en sera chère.
Je vivais pour vous seule, et mourrai pour vous plaire.

AMÉLIE.

Je demeure éperdue, et tout ce que je vois
Laisse à peine à mes sens l'usage de la voix.
Ah ! seigneur, si votre ame, en effet attendrie,
Plaint le sort de la France, et chérit la patrie,
Un si noble dessein, des soins si vertueux,

ACTE III, SCÈNE V.

Ne seront point l'effet du pouvoir de mes yeux :
*Ils auront dans vous-même une source plus pure.
*Vous avez écouté la voix de la nature;
*L'amour a peu de part où doit régner l'honneur.

LE DUC.

*Non, tout est votre ouvrage, et c'est là mon malheur.
*Sur tout autre intérêt ce triste amour l'emporte.
*Accablez-moi de honte, accusez-moi, n'importe!
*Dussé-je vous déplaire et forcer votre cœur,
*L'autel est prêt; venez.

VAMIR.
Vous osez?...

AMÉLIE.
Non, seigneur.
*Avant que je vous cède, et que l'hymen nous lie,
*Aux yeux de votre frère arrachez-moi la vie.
*Le sort met entre nous un obstacle éternel.
*Je ne puis être à vous.

LE DUC.
Vamir... Ingrate... Ah ciel!
*C'en est donc fait... mais non... mon cœur sait se contraindre:
*Vous ne méritez pas que je daigne m'en plaindre.
*Je vous rends trop justice; et ces séductions,
*Qui vont au fond des cœurs chercher nos passions,
*L'espoir qu'on donne à peine afin qu'on le saisisse,
*Ce poison préparé des mains de l'artifice,
*Sont les effets d'un charme aussi trompeur que vain,
*Que l'œil de la raison regarde avec dédain.
*Je suis libre par vous : cet art que je déteste,
*Cet art qui m'enchaîna, brise un joug si funeste;
*Et je ne prétends pas, indignement épris,

* Rougir devant mon frère, et souffrir des mépris.
* Montrez-moi seulement ce rival qui se cache;
* Je lui cède avec joie un poison qu'il m'arrache;
* Je vous dédaigne assez tous deux pour vous unir,
* Perfide! et c'est ainsi que je dois vous punir.

AMÉLIE.

* Je devrais seulement vous quitter et me taire;
* Mais je suis accusée, et ma gloire m'est chère.
* Votre frère est présent, et mon honneur blessé
* Doit repousser les traits dont il est offensé.
* Pour un autre que vous ma vie est destinée;
* Je vous en fais l'aveu, je m'y vois condamnée.
* Oui, j'aime; et je serais indigne, devant vous,
* De celui que mon cœur s'est promis pour époux,
* Indigne de l'aimer, si, par ma complaisance,
* J'avais à votre amour laissé quelque espérance.
* Vous avez regardé ma liberté, ma foi,
* Comme un bien de conquête, et qui n'est plus à moi.
* Je vous devais beaucoup; mais une telle offense
* Ferme à la fin mon cœur à la reconnaissance:
* Sachez que des bienfaits qui font rougir mon front
* A mes yeux indignés ne sont plus qu'un affront.
* J'ai plaint de votre amour la violence vaine;
* Mais, après ma pitié, n'attirez point ma haine.
* J'ai rejeté vos vœux, que je n'ai point bravés;
* J'ai voulu votre estime, et vous me la devez.

LE DUC.

* Je vous dois ma colère, et sachez qu'elle égale
* Tous les emportements de mon amour fatale.
* Quoi donc! vous attendiez, pour oser m'accabler,
* Que Vamir fût présent, et me vît immoler?

* Vous vouliez ce témoin de l'affront que j'endure ?
* Allez, je le croirais l'auteur de mon injure,
* Si... Mais il n'a point vu vos funestes appas ;
* Mon frère trop heureux ne vous connaissait pas.
* Nommez donc mon rival : mais gardez-vous de croire
* Que mon lâche dépit lui cède la victoire.
* Je vous trompais, mon cœur ne peut feindre long-temps :
* Je vous traîne à l'autel, à ses yeux expirants ;
* Et ma main, sur sa cendre, à votre main donnée,
* Va tremper dans le sang les flambeaux d'hyménée.
* Je sais trop qu'on a vu, lâchement abusés,
* Pour des mortels obscurs, des princes méprisés ;
* Et mes yeux perceront, dans la foule inconnue,
* Jusqu'à ce vil objet qui se cache à ma vue.

VAMIR.

* Pourquoi d'un choix indigne osez-vous l'accuser ?

LE DUC.

* Et pourquoi, vous, mon frère, osez-vous l'excuser ?
* Est-il vrai que de vous elle était ignorée ?
* Ciel ! à ce piége affreux ma foi serait livrée !
* Tremblez !

VAMIR.

Moi ! que je tremble ! ah ! j'ai trop dévoré
* L'inexprimable horreur où toi seul m'as livré.
* J'ai forcé trop long-temps mes transports au silence :
* Connais-moi donc, barbare, et remplis ta vengeance !
* Connais un désespoir à tes fureurs égal :
* Frappe, voilà mon cœur, et voilà ton rival !

LE DUC.

* Toi, cruel ! toi, Vamir !

VAMIR.

Oui, depuis deux années,
*L'amour la plus secrète a joint nos destinées.
*C'est toi dont les fureurs ont voulu m'arracher
*Le seul bien sur la terre où j'ai pu m'attacher.
*Tu fais depuis trois mois les horreurs de ma vie;
*Les maux que j'éprouvais passaient ta jalousie :
*Par tes égarements juge de mes transports.
*Nous puisâmes tous deux dans ce sang dont je sors
*L'excès des passions qui dévorent une ame;
*La nature à tous deux fit un cœur tout de flamme.
*Mon frère est mon rival, et je l'ai combattu;
*J'ai fait taire le sang, peut-être la vertu.
*Furieux, aveuglé, plus jaloux que toi-même,
*J'ai couru, j'ai volé, pour t'ôter ce que j'aime;
*Rien ne m'a retenu, ni tes superbes tours,
*Ni le peu de soldats que j'avais pour secours,
*Ni le lieu, ni le temps, ni surtout ton courage;
*Je n'ai vu que ma flamme, et ton feu qui m'outrage.
*L'amour fut dans mon cœur plus fort que l'amitié;
*Sois cruel comme moi, punis-moi sans pitié :
*Aussi bien tu ne peux t'assurer ta conquête,
*Tu ne peux l'épouser qu'aux dépens de ma tête.
*A la face des cieux je lui donne ma foi;
*Je te fais de nos vœux le témoin malgré toi.
*Frappe, et qu'après ce coup, ta cruauté jalouse
*Traîne au pied des autels ta sœur et mon épouse !
*Frappe, dis-je : oses-tu ?

LE DUC.

Traître, c'en est assez.
*Qu'on l'ôte de mes yeux : soldats, obéissez !

ACTE III, SCÈNE V.

AMÉLIE.
(aux soldats.)   (au duc.)
* Non : demeurez, cruels !... Ah ! prince, est-il possible
* Que la nature en vous trouve une ame inflexible ?
* Seigneur !

VAMIR.
Vous, le prier ! plaignez-le plus que moi.
* Plaignez-le : il vous offense, il a trahi son roi.
* Va, je suis dans ces lieux plus puissant que toi-même ;
* Je suis vengé de toi : l'on te hait, et l'on m'aime.

AMÉLIE.
(à Vamir.)   (au duc.)
* Ah, cher prince !... Ah, seigneur ! voyez à vos genoux...

LE DUC.
(aux gardes.)   (à Amélie.)
* Qu'on m'en réponde, allez ! Madame, levez-vous.
* Vos prières, vos pleurs, en faveur d'un parjure,
* Sont un nouveau poison versé sur ma blessure :
* Vous avez mis la mort dans ce cœur outragé ;
* Mais, perfide, croyez que je mourrai vengé.
* Adieu : si vous voyez les effets de ma rage,
* N'en accusez que vous ; nos maux sont votre ouvrage.

AMÉLIE.
* Je ne vous quitte pas : écoutez-moi, seigneur.

LE DUC.
* Eh bien ! achevez donc de déchirer mon cœur :
* Parlez.

SCÈNE VI.

LE DUC, VAMIR, AMÉLIE, LISOIS, un
OFFICIER, ETC.

LISOIS.

J'allais partir : un peuple téméraire
*Se soulève en tumulte au nom de votre frère.
*Le désordre est partout ; vos soldats consternés
*Désertent les drapeaux de leurs chefs étonnés ;
*Et, pour comble de maux, vers la ville alarmée
*L'ennemi rassemblé fait marcher son armée.

LE DUC.

*Allez, cruelle, allez ; vous ne jouirez pas
*Du fruit de votre haine et de vos attentats :
*Rentrez. Aux factieux je vais montrer leur maître.
(à l'officier.) (à Lisois.)
*Qu'on la garde. Courons. Vous, veillez sur ce traître.

SCÈNE VII.

VAMIR, LISOIS.

LISOIS.

*Le seriez-vous, seigneur ? auriez-vous démenti
*Le sang de ces héros dont vous êtes sorti ?
*Auriez-vous violé, par cette lâche injure,
*Et les droits de la guerre, et ceux de la nature ?
*Un prince à cet excès pourrait-il s'oublier ?

VAMIR.

*Non ; mais suis-je réduit à me justifier ?
*Lisois, ce peuple est juste ; il t'apprend à connaître

ACTE III, SCÈNE VII.

* Que mon frère est rebelle, et qu'il trahit son maître.

LISOIS.

* Écoutez : ce serait le comble de mes vœux
* De pouvoir aujourd'hui vous réunir tous deux.
* Je vois avec regret la France désolée,
* A nos dissensions la nature immolée,
* Sur nos communs débris l'Africain élevé,
* Menaçant cet état par nous-même énervé.
* Si vous avez un cœur digne de votre race,
« Faites au bien public servir votre disgrâce;
* Rapprochez les partis, unissez-vous à moi
* Pour calmer votre frère et fléchir votre roi,
* Pour éteindre le feu de nos guerres civiles.

VAMIR.

* Ne vous en flattez pas; vos soins sont inutiles.
* Si la discorde seule avait armé mon bras,
* Si la guerre et la haine avaient conduit mes pas,
* Vous pourriez espérer de réunir deux frères,
* L'un de l'autre écartés dans des partis contraires :
* Un obstacle plus grand s'oppose à ce retour.

LISOIS.

* Et quel est-il, seigneur?

VAMIR.

Ah! reconnais l'amour;
* Reconnais la fureur qui de nous d'eux s'empare,
* Qui m'a fait téméraire, et qui le rend barbare.

LISOIS.

* Ciel! faut-il voir ainsi, par des caprices vains,
* Anéantir le fruit des plus nobles desseins?
* L'amour subjuguer tout? ses cruelles faiblesses
* Du sang qui se révolte étouffer les tendresses?

Des frères se haïr, et naître en tous climats
Des passions des grands le malheur des états ?
Prince, de vos amours laissons là le mystère ;
Je vous plains tous les deux, mais je sers votre frère ;
Je vais le seconder, je vais me joindre à lui
Contre un peuple insolent qui se fait votre appui.
Le plus pressant danger est celui qui m'appelle ;
Je vois qu'il peut avoir une fin bien cruelle :
Je vois les passions plus puissantes que moi,
Et l'amour seul ici me fait frémir d'effroi.
Je lui dois mon secours ; je vous laisse, et j'y vole.
Soyez mon prisonnier, mais sur votre parole ;
Elle me suffira.

VAMIR.

Je vous la donne.

LISOIS.

Et moi,
Je voudrais de ce pas porter la sienne au roi ;
Je voudrais cimenter, dans l'ardeur de lui plaire,
Du sang de nos tyrans une union si chère.
Mais ces fiers ennemis sont bien moins dangereux
Que ce fatal amour qui vous perdra tous deux.

FIN DU TROISIÈME ACTE.

ACTE QUATRIÈME.

SCÈNE I.
VAMIR, AMÉLIE, ÉMAR.

AMÉLIE.

Quelle suite, grand Dieu, d'affreuses destinées !
Quel tissu de douleurs l'une à l'autre enchaînées !
Un orage imprévu m'enlève à votre amour :
Un orage nous joint; et, dans le même jour,
Quand je vous suis rendue, un autre nous sépare !
Vamir, frère adoré d'un frère trop barbare,
Vous le voulez, Vamir; je pars, et vous restez !

VAMIR.

Voyez par quels liens mes pas sont arrêtés.
*Au pouvoir d'un rival ma parole me livre :
*Je peux mourir pour vous, et je ne peux vous suivre.

AMÉLIE.

Vous l'osâtes combattre, et vous n'osez le fuir !

VAMIR.

L'honneur est mon tyran : je lui dois obéir.
Profitez du tumulte où la ville est livrée;
La retraite à vos pas déjà semble assurée;
On vous attend : le ciel a calmé son courroux.
Espérez...

AMÉLIE.

Eh ! que puis-je espérer loin de vous?

VAMIR.

Ce n'est qu'un jour.

AMÉLIE.

Ce jour est un siècle funeste.
Rendez vains mes soupçons, ciel vengeur que j'atteste !
*Seigneur, de votre sang le Maure est altéré.
*Ce sang à votre frère est-il donc si sacré ?
Il aime en furieux ; mais il hait plus encore :
Il est votre rival, et l'allié du Maure.
*Je crains...

VAMIR.

Il n'oserait....

AMÉLIE.

Son cœur n'a point de frein.
*Il vous a menacé, menace-t-il en vain ?

VAMIR.

*Il tremblera bientôt : le roi vient, et nous venge ;
*La moitié de ce peuple à ses drapeaux se range.
*Allez : si vous m'aimez, dérobez-vous aux coups
*Des foudres allumés grondants autour de nous ;
*Au tumulte, au carnage, au désordre effroyable,
*Dans des murs pris d'assaut malheur inévitable :
*Mais redoutez encor mon rival furieux ;
*Craignez l'amour jaloux qui veille dans ses yeux :
Cet amour méprisé se tournerait en rage.
Fuyez sa violence : évitez un outrage
Qu'il me faudrait laver de son sang et du mien.
Seul espoir de ma vie, et mon unique bien,
Mettez en sûreté ce seul bien qui me reste :
Ne vous exposez pas à cet éclat funeste.
*Cédez à mes douleurs ; qu'il vous perde : partez.

AMÉLIE.

*Et vous vous exposez seul à ses cruautés!

VAMIR.

*Ne craignant rien pour vous, je craindrai peu mon frère.
*Que dis-je? mon appui lui devient nécessaire.
Son captif aujourd'hui, demain son bienfaiteur,
*Je pourrai de son roi lui rendre la faveur.
*Protéger mon rival est la gloire où j'aspire.
Arrachez-vous surtout à son fatal empire:
Songez que ce matin vous quittiez ses états.

AMÉLIE.

Ah! je quittais des lieux que vous n'habitiez pas.
Dans quelque asile affreux que mon destin m'entraîne,
Vamir, j'y porterai mon amour et ma haine.
Je vous adorerai dans le fond des déserts,
Au milieu des combats, dans l'exil, dans les fers,
Dans la mort que j'attends de votre seule absence.

VAMIR.

C'en est trop; vos douleurs ébranlent ma constance:
*Vous avez trop tardé... Ciel! quel tumulte affreux!

SCÈNE II.

AMÉLIE, VAMIR, LE DUC, GARDES.

LE DUC.

*Je l'entends; c'est lui-même. Arrête, malheureux!
*Lâche qui me trahis, rival indigne, arrête!

VAMIR.

*Il ne te trahit point, mais il t'offre sa tête.
*Porte à tous les excès ta haine et ta fureur;
*Va, ne perds point de temps: le ciel arme un vengeur.

*Tremble, ton roi s'approche; il vient, il va paraître;
*Tu n'as vaincu que moi, redoute encor ton maître.

LE DUC.

*Il pourra te venger, mais non te secourir;
*Et ton sang...

AMÉLIE.

Non, cruel, c'est à moi de mourir.
*J'ai tout fait; c'est par moi que ta garde est séduite;
*J'ai gagné tes soldats, j'ai préparé ma fuite.
*Punis ces attentats et ces crimes si grands,
*De sortir d'esclavage, et de fuir ses tyrans:
*Mais respecte ton frère, et sa femme, et toi-même:
*Il ne t'a point trahi; c'est un frère qui t'aime;
*Il voulait te servir quand tu veux l'opprimer.
*Quel crime a-t-il commis, cruel, que de m'aimer?
*L'amour n'est-il en toi qu'un juge inexorable?

LE DUC.

*Plus vous le défendez, plus il devient coupable.
*C'est vous qui le perdez, vous qui l'assassinez;
*Vous, par qui tous nos jours étaient empoisonnés;
*Vous qui, pour leur malheur, armiez des mains si chères.
*Puisse tomber sur vous tout le sang des deux frères!
*Vous pleurez! mais vos pleurs ne peuvent me tromper;
*Je suis prêt à mourir, et prêt à le frapper.
*Mon malheur est au comble, ainsi que ma faiblesse.
*Oui, je vous aime encor; le temps, le péril presse:
*Vous pouvez à l'instant parer le coup mortel:
*Voilà ma main, venez: sa grace est à l'autel.

AMÉLIE.

*Moi, seigneur?

ACTE IV, SCÈNE II.

LE DUC.

C'est assez.

AMÉLIE.

Moi, que je le trahisse!

LE DUC.

*Arrêtez... répondez...

AMÉLIE.

Je ne puis.

LE DUC.

Qu'il périsse!

VAMIR.

*Ne vous laissez pas vaincre en ces affreux combats;
*Osez m'aimer assez pour vouloir mon trépas :
*Abandonnez mon sort au coup qu'il me prépare.
*Je mourrai triomphant des mains de ce barbare;
*Et si vous succombiez à son lâche courroux,
*Je n'en mourrais pas moins, mais je mourrais par vous.

LE DUC.

*Qu'on l'entraîne à la tour; allez, qu'on m'obéisse!

SCÈNE III.

LE DUC, AMÉLIE.

AMÉLIE.

*Vous, cruel, vous feriez cet affreux sacrifice?
*De son vertueux sang vous pourriez vous couvrir?
*Quoi! voulez-vous...?

LE DUC.

Je veux vous haïr et mourir,
*Vous rendre malheureuse encor plus que moi-même,
*Répandre devant vous tout le sang qui vous aime,

Et vous laisser des jours plus cruels mille fois
Que le jour où l'amour nous a perdus tous trois.
Laissez-moi : votre vue augmente mon supplice.

SCÈNE IV.
LE DUC, AMÉLIE, LISOIS.

AMÉLIE, à Lisois.

Ah ! je n'attends plus rien que de votre justice :
Lisois, contre un cruel osez me secourir.

LE DUC.

Garde-toi de l'entendre, ou tu vas me trahir.

AMÉLIE.

J'atteste ici le ciel...

LE DUC.

Éloignez de ma vue,
Amis... délivrez-moi de l'objet qui me tue.

AMÉLIE.

Va, tyran, c'en est trop : va, dans mon désespoir
J'ai combattu l'horreur que je sens à te voir.
J'ai cru, malgré ta rage à ce point emportée,
Qu'une femme du moins en serait respectée :
L'amour adoucit tout, hors ton barbare cœur ;
Tigre, je t'abandonne à toute ta fureur.
Dans ton féroce amour immole tes victimes ;
Compte dès ce moment ma mort parmi tes crimes ;
Mais compte encor la tienne. Un vengeur va venir ;
Par ton juste supplice il va tous nous unir.
Tombe avec tes remparts, tombe, et péris sans gloire ;
Meurs, et que l'avenir prodigue à ta mémoire,

*A tes feux, à ton nom, justement abhorrés,
*La haine et le mépris que tu m'as inspirés !

SCÈNE V.

LE DUC, LISOIS.

LE DUC.

*Oui, cruelle ennemie, et plus que moi farouche,
*Oui, j'accepte l'arrêt prononcé par ta bouche.
*Que la main de la haine, et que les mêmes coups
*Dans l'horreur du tombeau nous réunissent tous !

(Il tombe dans un fauteuil.)

LISOIS.

*Il ne se connaît plus; il succombe à sa rage.

LE DUC.

*Eh bien ! souffriras-tu ma honte et mon outrage ?
*Le temps presse : veux-tu qu'un rival odieux
*Enlève la perfide, et l'épouse à mes yeux ?
*Tu crains de me répondre ! Attends-tu que le traître
*Ait soulevé le peuple, et me livre à son maître ?

LISOIS.

*Je vois trop, en effet, que le parti du roi
*Des peuples fatigués fait chanceler la foi.
*De la sédition la flamme réprimée
*Vit encor dans les cœurs, en secret rallumée.

LE DUC.

*C'est Vamir qui l'allume; il nous a trahis tous.

LISOIS.

*Je suis loin d'excuser ses crimes envers vous;
*La suite en est funeste, et me remplit d'alarmes.

*Dans la plaine déjà les Français sont en armes;
*Et vous êtes perdu, si le peuple excité
*Croit dans la trahison trouver sa sûreté.
*Vos dangers sont accrus.

LE DUC.

Eh bien! que faut-il faire?

LISOIS.

*Les prévenir, dompter l'amour et la colère.
*Ayons encor, mon prince, en cette extrémité,
*Pour prendre un parti sûr assez de fermeté.
*Nous pouvons conjurer ou braver la tempête:
*Quoi que vous décidiez, ma main est toute prête.
*Vous vouliez ce matin, par un heureux traité,
*Apaiser avec gloire un monarque irrité;
*Ne vous rebutez pas: ordonnez, et j'espère
*Signer en votre nom cette paix salutaire.
*Mais s'il vous faut combattre, et courir au trépas,
*Vous savez qu'un ami ne vous survivra pas.

LE DUC.

*Ami, dans le tombeau laisse-moi seul descendre:
*Vis pour servir ma cause, et pour venger ma cendre.
*Mon destin s'accomplit, et je cours l'achever.
*Qui ne veut que la mort est sûr de la trouver:
*Mais je la veux terrible; et lorsque je succombe,
*Je veux voir mon rival entraîné dans ma tombe.

LISOIS.

*Comment! de quelle horreur vos sens sont possédés!

LE DUC.

*Il est dans cette tour, où vous seul commandez;
*Et vous m'avez promis que contre un téméraire...

LISOIS.
*De qui me parlez-vous, seigneur? de votre frère?
LE DUC.
*Non, je parle d'un traître et d'un lâche ennemi,
*D'un rival qui m'abhorre, et qui m'a tout ravi.
*Le Maure attend de moi la tête du parjure.
LISOIS.
*Vous leur avez promis de trahir la nature?
LE DUC.
*Dès long-temps du perfide ils ont proscrit le sang.
LISOIS.
*Et pour leur obéir vous lui percez le flanc?
LE DUC.
*Non, je n'obéis point à leur haine étrangère;
*J'obéis à ma rage, et veux la satisfaire.
*Que m'importent l'état et mes vains alliés?
LISOIS.
*Ainsi donc à l'amour vous le sacrifiez?
*Et vous me chargez, moi, du soin de son supplice!
LE DUC.
*Je n'attends pas de vous cette prompte justice.
*Je suis bien malheureux! bien digne de pitié!
*Trahi dans mon amour, trahi dans l'amitié!
*Allez; je puis encor, dans le sort qui me presse,
*Trouver de vrais amis qui tiendront leur promesse;
*D'autres me serviront, et n'allégueront pas
*Cette triste vertu, l'excuse des ingrats.
LISOIS, après un long silence.
*Non; j'ai pris mon parti. Soit crime, soit justice,
*Vous ne vous plaindrez plus qu'un ami vous trahisse.
Vamir est criminel : vous êtes malheureux;

THÉÂTRE. II.

Je vous aime, il suffit : je me rends à vos vœux.
Je vois qu'il est des temps pour les partis extrêmes,
Que les plus saints devoirs peuvent se taire eux-mêmes.
*Je ne souffrirai pas que d'un autre que moi,
*Dans de pareils moments, vous éprouviez la foi;
*Et vous reconnaîtrez, au succès de mon zèle,
*Si Lisois vous aimait, et s'il vous fut fidèle.

LE DUC.

Je te retrouve enfin dans mon adversité :
L'univers m'abandonne, et toi seul m'es resté.
Tu ne souffriras pas que mon rival tranquille
Insulte impunément à ma rage inutile;
Qu'un ennemi vaincu, maître de mes états,
Dans les bras d'une ingrate insulte à mon trépas.

LISOIS.

*Non; mais en vous rendant ce malheureux service,
*Prince, je vous demande un autre sacrifice.

LE DUC.

*Parle.

LISOIS.

Je ne veux pas que le Maure en ces lieux,
*Protecteur insolent, commande sous mes yeux;
*Je ne veux pas servir un tyran qui nous brave.
*Ne puis-je vous venger sans être son esclave?
*Si vous voulez tomber, pourquoi prendre un appui?
*Pour mourir avec vous ai-je besoin de lui?
*Du sort de ce grand jour laissez-moi la conduite :
*Ce que je fais pour vous peut-être le mérite.
*Les Maures avec moi pourraient mal s'accorder;
*Jusqu'au dernier moment je veux seul commander.

LE DUC.

*Oui, pourvu qu'Amélie, au désespoir réduite,
*Pleure en larmes de sang l'amant qui l'a séduite;
*Pourvu que de l'horreur de ses gémissements
*Ma douleur se repaisse à mes derniers moments,
*Tout le reste est égal, et je te l'abandonne :
*Prépare le combat, agis, dispose, ordonne.
*Ce n'est plus la victoire où ma fureur prétend;
*Je ne cherche pas même un trépas éclatant.
*Aux cœurs désespérés qu'importe un peu de gloire?
*Périsse ainsi que moi ma funeste mémoire!
*Périsse avec mon nom le souvenir fatal
*D'une indigne maîtresse et d'un lâche rival!

LISOIS.

*Je l'avoue avec vous : une nuit éternelle
*Doit couvrir, s'il se peut, une fin si cruelle:
*C'était avant ce coup qu'il nous fallait mourir :
*Mais je tiendrai parole, et je vais vous servir.

FIN DU QUATRIÈME ACTE.

ACTE CINQUIÈME.

SCÈNE I.

LE DUC, UN OFFICIER, GARDES.

LE DUC.
*O ciel! me faudra-t-il, de moments en moments,
*Voir et des trahisons, et des soulèvements?
*Eh bien! de ces mutins l'audace est terrassée?
L'OFFICIER.
*Seigneur, ils vous ont vu, leur foule est dispersée.
LE DUC.
*L'ingrat de tous côtés m'opprimait aujourd'hui;
*Mon malheur est parfait; tous les cœurs sont à lui.
Que fait Lisois?
L'OFFICIER.
Seigneur, sa prompte vigilance
A partout des remparts assuré la défense.
LE DUC.
*Ce soldat qu'en secret vous m'avez amené,
*Va-t-il exécuter l'ordre que j'ai donné?
L'OFFICIER.
*Oui, seigneur, et déjà vers la tour il s'avance.
LE DUC.
Ce bras vulgaire et sûr va remplir ma vengeance.
*Sur l'incertain Lisois mon cœur a trop compté:
*Il a vu ma fureur avec tranquillité.

*On ne soulage point des douleurs qu'on méprise;
*Il faut qu'en d'autres mains ma vengeance soit mise.
*Vous, que sur nos remparts on porte nos drapeaux;
*Allez, qu'on se prépare à des périls nouveaux.
*Vous sortez d'un combat, un autre vous appelle;
*Ayez la même audace, avec le même zèle;
*Imitez votre maître; et s'il vous faut périr,
*Vous recevrez de moi l'exemple de mourir.

(Il reste seul.)

Eh bien! c'en est donc fait : une femme perfide
Me conduit au tombeau chargé d'un parricide!
Qui? moi, je tremblerais des coups qu'on va porter?
J'ai chéri la vengeance, et ne puis la goûter.
*Je frissonne : une voix gémissante et sévère
*Crie au fond de mon cœur : Arrête, il est ton frère!
*Ah! prince infortuné, dans ta haine affermi,
*Songe à des droits plus saints; Vamir fut ton ami!
*O jours de notre enfance! ô tendresses passées!
*Il fut le confident de toutes mes pensées.
*Avec quelle innocence et quels épanchements
*Nos cœurs se sont appris leurs premiers sentiments!
*Que de fois, partageant mes naissantes alarmes,
*D'une main fraternelle essuya-t-il mes larmes!
*Et c'est moi qui l'immole! et cette même main
*D'un frère que j'aimai déchirerait le sein!
*O passion funeste! ô douleur qui m'égare!
*Non, je n'étais point né pour devenir barbare.
*Je sens combien le crime est un fardeau cruel!
*Mais que dis-je? Vamir est le seul criminel.
*Je reconnais mon sang, mais c'est à sa furie :
*Il m'enlève l'objet dont dépendait ma vie;

Ah ! de mon désespoir injuste et vain transport !
*Il l'aime; est-ce un forfait qui mérite la mort?
*Hélas! malgré le temps, et la guerre, et l'absence,
*Leur tranquille union croissait dans le silence;
*Ils nourrissaient en paix leur innocente ardeur,
*Avant qu'un fol amour empoisonnât mon cœur.
*Mais lui-même il m'attaque, il brave ma colère,
*Il me trompe, il me hait. N'importe, il est mon frère !
C'est à lui seul de vivre; on l'aime, il est heureux :
C'est à moi de mourir, mais mourons généreux.
La pitié m'ébranlait, la nature décide.
Il en est temps encor.

SCÈNE II.

LE DUC, L'OFFICIER.

LE DUC.

Préviens un parricide,
Ami, vole à la tour : que tout soit suspendu;
Que mon frère...

L'OFFICIER.

Seigneur...

LE DUC.

De quoi t'alarmes-tu?
Cours, obéis.

L'OFFICIER.

*J'ai vu, non loin de cette porte,
*Un corps souillé de sang qu'en secret on emporte;
*C'est Lisois qui l'ordonne, et je crains que le sort...

LE DUC.

*Qu'entends-je? malheureux! Ah ciel! mon frère est mort!
*Il est mort, et je vis ! Et la terre entr'ouverte,

Et la foudre en éclats n'ont point vengé sa perte !
*Ennemi de l'état, factieux, inhumain,
*Frère dénaturé, ravisseur, assassin,
O ciel ! autour de moi que j'ai creusé d'abîmes !
Que l'amour m'a changé ! qu'il me coûte de crimes !
*Le voile est déchiré, je m'étais mal connu.
*Au comble des forfaits je suis donc parvenu !
*Ah, Vamir ! ah, mon frère ! ah, jour de ma ruine !
*Je sens que je t'aimais, et mon bras t'assassine !
*Quoi ! mon frère !

L'OFFICIER.

Amélie, avec empressement,
*Veut, seigneur, en secret vous parler un moment.

LE DUC.

*Chers amis, empêchez que la cruelle avance ;
*Je ne puis soutenir ni souffrir sa présence.
*Mais non : d'un parricide elle doit se venger ;
*Dans mon coupable sang sa main doit se plonger ;
*Qu'elle entre... Ah ! je succombe, et ne vis plus qu'à peine.

SCÈNE III.

LE DUC, AMÉLIE, TAISE.

AMÉLIE.

*Vous l'emportez, seigneur, et puisque votre haine,
*(Comment puis-je autrement appeler en ce jour
*Ces affreux sentiments que vous nommez amour ?)
*Puisqu'à ravir ma foi votre haine obstinée
*Veut ou le sang d'un frère, ou ce triste hyménée....
*Mon choix est fait, seigneur, et je me donne à vous :

*A force de forfaits vous êtes mon époux.
*Brisez les fers honteux dont vous chargez un frère ;
*De vos murs sous ses pas abaissez la barrière.
*Que je ne tremble plus pour des jours si chéris ;
*Je trahis mon amant, je le perds à ce prix :
*Je vous épargne un crime, et suis votre conquête.
*Commandez, disposez, ma main est toute prête ;
*Sachez que cette main, que vous tyrannisez,
*Punira la faiblesse où vous me réduisez.
*Sachez qu'au temple même où vous m'allez conduire...
*Mais vous voulez ma foi, ma foi doit vous suffire.
*Allons... Eh quoi! d'où vient ce silence affecté?
*Quoi! votre frère encor n'est point en liberté?

LE DUC.

*Mon frère?

AMÉLIE.

Dieu puissant! dissipez mes alarmes!
*Ciel! de vos yeux cruels je vois tomber des larmes!

LE DUC.

*Vous demandez sa vie...

AMÉLIE.

Ah! qu'est-ce que j'entends?
*Vous qui m'aviez promis...

LE DUC.

Madame, il n'est plus temps.

AMÉLIE.

*Il n'est plus temps! Vamir...

LE DUC.

Il est trop vrai, cruelle!
Que l'amour a conduit cette main criminelle :
*Lisois, pour mon malheur, a trop su m'obéir.

ACTE V, SCÈNE II.

*Ah! revenez à vous, vivez pour me punir.
*Frappez : que votre main, contre moi ranimée,
*Perce un cœur inhumain qui vous a trop aimée,
*Un cœur dénaturé qui n'attend que vos coups!
*Oui, j'ai tué mon frère, et l'ai tué pour vous.
*Vengez sur un coupable, indigne de vous plaire,
*Tous les crimes affreux que vous m'avez fait faire.

AMÉLIE, se jetant entre les bras de Taïse.

*Vamir est mort? barbare!...

LE DUC.

Oui; mais c'est de ta main
*Que son sang veut ici le sang de l'assassin.

AMÉLIE, soutenue par Taïse, et presque évanouie.

*Il est mort!

LE DUC.

Ton reproche...

AMÉLIE.

Épargne ma misère :
*Laisse-moi; je n'ai plus de reproche à te faire.
*Va, porte ailleurs ton crime et ton vain repentir;
*Laisse-moi l'adorer, l'embrasser, et mourir.

LE DUC.

*Ton horreur est trop juste. Eh bien! chère Amélie,
Par pitié, par vengeance, arrache-moi la vie.
*Je ne mérite pas de mourir de tes coups;
*Que ma main les conduise....

SCÈNE IV.

LE DUC, AMÉLIE, LISOIS.

LISOIS.

Ah ciel! que faites-vous?

LE DUC. (on le désarme.)

*Laissez-moi me punir et me rendre justice.

AMÉLIE, à Lisois.

*Vous, d'un assassinat vous êtes le complice?

LE DUC.

*Ministre de mon crime, as-tu pu m'obéir?

LISOIS.

*Je vous avais promis, seigneur, de vous servir.

LE DUC.

*Malheureux que je suis! ta sévère rudesse
*A cent fois de mes sens combattu la faiblesse:
*Ne devais-tu te rendre à mes tristes souhaits
*Que quand ma passion t'ordonnait des forfaits?
*Tu ne m'as obéi que pour perdre mon frère!

LISOIS.

*Lorsque j'ai refusé ce sanglant ministère,
*Votre aveugle courroux n'allait-il pas soudain
*Du soin de vous venger charger une autre main?

LE DUC.

*L'amour, le seul amour, de mes sens toujours maître,
*En m'ôtant ma raison, m'eût excusé peut-être:
*Mais toi, dont la sagesse et les réflexions
*Ont calmé dans ton sein toutes les passions,
*Toi, dont j'avais tant craint l'esprit ferme et rigide,
*Avec tranquillité permettre un parricide!

LISOIS.

*Eh bien! puisque la honte avec le repentir,
*Par qui la vertu parle à qui peut la trahir,
*D'un si juste remords ont pénétré votre ame;
*Puisque, malgré l'excès de votre aveugle flamme,
*Au prix de votre sang vous voudriez sauver
*Le sang dont vos fureurs ont voulu vous priver;
*Je puis donc m'expliquer, je puis donc vous apprendre
*Que de vous-même enfin Lisois sait vous défendre.
*Connaissez-moi, madame, et calmez vos douleurs.

(au duc.)   (à Amélie.)

*Vous, gardez vos remords; et vous, séchez vos pleurs.
*Que ce jour à tous trois soit un jour salutaire.
*Venez, paraissez, prince, embrassez votre frère!

(Le théâtre s'ouvre, Vamir paraît.)

SCÈNE V.

LE DUC, AMÉLIE, VAMIR, LISOIS.

AMÉLIE.

*Qui? vous!

LE DUC.

Mon frère!

AMÉLIE.

Ah ciel!

LE DUC.

Qui l'aurait pu penser?

VAMIR, s'avançant du fond du théâtre.

*J'ose encor te revoir, te plaindre, et t'embrasser.

LE DUC.

*Mon crime en est plus grand, puisque ton cœur l'oublie.

AMÉLIE.

*Lisois, digne héros, qui me donnez la vie...

LE DUC.

*Il la donne à tous trois.

LISOIS.

Un indigne assassin
*Sur Vamir à mes yeux avait levé la main;
*J'ai frappé le barbare; et, prévenant encore
*Les aveugles fureurs du feu qui vous dévore,
J'ai feint d'avoir versé ce sang si précieux,
*Sûr que le repentir vous ouvrirait les yeux.

LE DUC.

*Après ce grand exemple et ce service insigne,
*Le prix que je t'en dois, c'est de m'en rendre digne.
*Le fardeau de mon crime est trop pesant pour moi;
*Mes yeux, couverts d'un voile et baissés devant toi,
*Craignent de rencontrer, et les regards d'un frère,
*Et la beauté fatale, à tous les deux trop chère.

VAMIR.

*Tous deux auprès du roi nous voulions te servir.
*Quel est donc ton dessein? parle.

LE DUC.

De me punir,
*De nous rendre à tous trois une égale justice,
*D'expier devant vous, par le plus grand supplice,
*Le plus grand des forfaits, où la fatalité,
*L'amour, et le courroux, m'avaient précipité.
*J'adorais Amélie, et ma flamme cruelle,
*Dans mon cœur désolé, s'irrite encor pour elle.

ACTE V, SCÈNE V.

* Lisois sait à quel point j'adorais ses appas,
* Quand ma jalouse rage ordonnait ton trépas;
* Dévoré, malgré moi, du feu qui me possède,
* Je l'adore encor plus... et mon amour la cède.
* Je m'arrache le cœur en vous rendant heureux :
* Aimez-vous : mais au moins pardonnez-moi tous deux.

VAMIR.

Ah! ton frère à tes pieds, digne de ta clémence,
Égale tes bienfaits par sa reconnaissance.

AMÉLIE.

* Oui, seigneur, avec lui j'embrasse vos genoux;
* La plus tendre amitié va me rejoindre à vous.
* Vous me payez trop bien de mes douleurs souffertes.

LE DUC.

* Ah! c'est trop me montrer mes malheurs et mes pertes!
* Mais vous m'apprenez tous à suivre la vertu.
* Ce n'est point à demi que mon cœur est rendu :
    (à Vamir.)
Je suis en tout ton frère ; et mon ame attendrie
* Imite votre exemple, et chérit sa patrie.
* Allons apprendre au roi, pour qui vous combattez,
* Mon crime, mes remords, et vos félicités.
Oui, je veux égaler votre foi, votre zèle,
Au sang, à la patrie, à l'amitié fidèle,
Et vous faire oublier, après tant de tourments,
A force de vertus, tous mes égarements.

FIN DU DUC DE FOIX.

TABLE

DES PIÈCES CONTENUES DANS LE SECOND VOLUME

DU THÉATRE.

ÉRIPHYLE. Avertissement des éditeurs de Kehl.   2
    Discours prononcé avant la représentation d'*Ériphyle*.   3
    Ériphyle, tragédie.   7
    Notes et Variantes de la tragédie d'*Ériphyle*.   64
SAMSON. Avertissement.   96
    Prologue.   99
    Samson, opéra.   103
    Note sur l'opéra de *Samson*.   138
ZAÏRE. Avertissement.   140
    Épitre dédicatoire à M. Falkener, marchand anglais. 1733.   141
    Seconde Épitre dédicatoire à M. le chevalier Falkener, ambassadeur d'Angleterre à la Porte ottomane. 1736.   151
    Avertissement.   158
    Zaïre, tragédie.   161
    Notes et Variantes de la tragédie de *Zaïre*.   235
TANIS ET ZÉLIDE, ou LES ROIS PASTEURS. Avertissement des éditeurs de Kehl.   241
    Tanis et Zélide, tragédie pour être mise en musique.   243
    Notes de *Tanis et Zélide*.   278
ADÉLAÏDE DU GUESCLIN. Avertissement des éditeurs de l'édition de Kehl.   281
    Adélaïde Du Guesclin, tragédie.   287
    Notes et Variantes de la tragédie d'*Adélaïde Du Guesclin*.   357
    Variantes d'*Adélaïde Du Guesclin*, d'après le manuscrit de 1734.   361
LE DUC D'ALENÇON. Avertissement.   391
    Le Duc d'Alençon, tragédie.   393
AMÉLIE, ou LE DUC DE FOIX, tragédie.   431

FIN DE LA TABLE.

www.ingramcontent.com/pod-product-compliance
Lightning Source LLC
Chambersburg PA
CBHW060226230426
43664CB00011B/1567